渋沢敬三と竜門社
「伝記資料編纂所」と「博物館準備室」の日々

大谷明史 [著]

勉誠出版

まえがき

渋沢 雅英

　はじめに、これほど緻密で、内容の濃い研究を完成されました大谷明史氏に心から感謝したいと思います。『渋沢栄一伝記資料』の編纂・刊行と、日本実業史博物館設立のための沢山の方々のご尽力の詳細が、このような形で記録・発表されましたことは、ほんとうに有り難いことです。

　渋沢栄一の没後、時が経つにつれて世の中の感じ方、考え方も変わり、特に戦争が深刻化する中で、敬三はいつも慎重に、しかし時としては大胆な意志を表明して、竜門社をはじめ周辺の方々を説得し、この二つの事業の継続を可能にしてゆきました。私自身はまだ中学生で、詳しい内容は知りませんでしたが、父親はこういうことをやっているのだと、漠然と思っていました。そのすべてが、今回鮮明に記録され、数々の数値によってその経過を見せて頂いたことは、望外の幸せでした。

　旧第一銀行の施設の一部をお借りして『伝記資料』の編集や、実業史博物館の準備を進めていたことは、栄一の跡取りだから可能になった面もあったと思いますが、それも無期限に許されることではなく、さらに昭和17年、敬三自身が日本銀行に移転し、第一銀行との縁が切れてゆくなかで、事態収拾につとめる敬三の努力は驚くべきものでした。

　博物館の移転先となる阪谷家との折衝についても、たまたま北京

から一時帰国された当主希一氏と敬三の間で、いわば「あうん」の呼吸で、きわめて短期間に、それぞれの家の運命を大きく変えるような決断が行われました。二人の間の、少年時代からの信頼関係もあったでしょうが、博物館の建設という目標に対して、ぶれることなく、てきぱきと決めてゆく敬三の生き方は大変印象的です。

　敬三はこの二つの事業に対して、自分の資産のなかから可成りの金額を拠出しています。このことは渋沢家の跡取りという立場から、当時はそれほどの関心を呼ばなかったかも知れません。確かに同族会社の資産全体からみれば、この程度の寄付は可能だったと思います。しかし、故栄一の意向で、いわば共有財産的な位置づけがあり、同族一同や渋沢事務所の意向もあり、敬三の独断で進めることは必ずしも容易ではありませんでした。

　加えて、敬三が自分の企画として進めていた常民文化の研究も、多くの研究者を擁し、全国的な調査旅行や、成果の出版も活発に展開されていましたので、当時の敬三は、いわゆる「お金持ち」とはかなり違う現実の中で生活していました。ある時は思いあまって妻の登喜子の貯蓄の一部を借用したいと申し出て、登喜子も敬三の仕事の広がりを理解して、その申し出に応じたという一幕もありました。

　戦局の重大化に伴い、国民生活全体が多くの障害に見舞われる中で、日本常民文化研究所の方々のご助力を仰いで、何とか『伝記資料』の編纂や博物館の人手不足を補ってきた背景には、敬三の掲げる目的感への深い信頼と共有があったものと思われます。戦争という無惨な環境の中で苦労を強いられている人々に対し、敬三はいつも暖かく、その苦しみに寄り添って生きているように見えました。

　終戦直前の春、前橋の予備士官学校にいた私に、三田の庭の各所

に咲き始めている花の名前やその香りや色合いについて詳しく知らせる手紙をくれました。残念ながら本文は、終戦の騒ぎの中でなくしてしまいましたが、日銀総裁の仕事の合間に、陸軍という無味乾燥な世界の中で不如意な日を送っている息子の心を、少しでも癒そうとした敬三の思いやりを、今も心から感謝しています。

　そのころの敬三は、日本銀行での激務をこなしながら、毎日朝6時半から8時半までの2時間をさいて、魚名の研究や、延喜式に見える水産物の流通など、多くのテーマについて画期的な研究を進めていました。

　今にして思えば、67年という余りにも短い人生のなかで、多種多彩な仕事に取り組み、その一つ一つを、ほとんど奇跡と思われるような結果に導いていった敬三の力量は、尋常のものではありませんでした。そしてそれらのすべてが、没後50年を超えて、現在の渋沢栄一記念財団の活動の基盤となるなど、本来願っていたとおりの形で機能し、今の日本の文化的なニーズに立派に応えています。

　大谷氏の御本からは、『渋沢栄一伝記資料』の編纂や、日本実業史博物館建設計画の詳細が、洩れなく伝えられるとともに、内外ともに緊迫した情勢の中で、遠い先の日本のあり方をいつも敏感に感知して、しかも悠揚迫らない心の姿勢を持ち続けた敬三の人生のありのままの姿が迫ってきます。本当に有り難うございました。

目　次

まえがき　渋沢雅英　1
はじめに　7

第1章　渋沢栄一永眠と竜門社　11
(1) 晩年の渋沢栄一と敬三（1909～1930年）　11
(2) 栄一永眠（1931年）　22
(3) 第1次伝記資料編纂開始（1932年）　27
(4) 伝記資料編纂の方法（1933～1935年度）　32
(5) 竜門社の財務運営状況（1933～1935年度）　47

第2章　第2次伝記資料編纂と日本実業史博物館計画(1)　67
(1) 第2次伝記資料編纂の開始（1936～1937年度）　67
(2) 日本実業史博物館建設計画（1937～1938年度）　81
(3) 伝記資料の網羅的蒐集（1938～1939年度）　91
(4) 博物館着工成らず、標本蒐集進行（1938～1939年度）　98

第3章　第2次伝記資料編纂と日本実業史博物館計画(2)　113
(1) 博物館準備室と竜門社運営（1940～1941年度）　113
(2) 「伝記資料」全体構成の確定（1940～1941年度）　127
(3) 博物館準備室の旧阪谷邸への移転（1942年度）　142
(4) 伝記資料編纂事業の終結（1942年度）　164

第4章　第2次伝記資料編纂と日本実業史博物館計画 (3) 181
　(1) 博物館開館準備と断念（1943〜1944年度） 181
　(2) 伝記資料刊行開始と中断（1943〜1944年度） 192
　(3) 渋沢敬三の戦中・戦後（略記）（1944〜1963年） 199
　(4) 伝記資料全68巻の刊行（1954〜1971年） 210
　(5) 実業史博物館への関心の進展（1963年以降） 220

第5章　昭和戦前期竜門社運営と渋沢敬三 231
　(1) 敬三における伝記資料編纂と実業史博物館計画の意味 231
　(2) 昭和戦前期竜門社における敬三の意義 239

参考資料 249

別表　財団法人竜門社決算状況（1931年度〜1942年度） 250

略年表（1909年〜1944年） 254

略系図 262

引用・参考文献一覧 263

あとがき 268

索引 275

はじめに

　渋沢敬三の生涯の事跡は政治・経済活動部門と学術貢献活動部門とに大別されるが、その学術貢献活動部門はまた、常民文化分野と社会・経済史分野とに分たれる。1921年アチックに始まる常民文化分野の活動は敬三の個人事業として実施され、その拠点は三田綱町邸内にあった。他方社会・経済史分野の学術・文化的活動は大学時代の胎動期の後、1936年より財団法人竜門社の事業として進められ、その拠点は第一銀行本店内に設置された。そこで進められたのは二つの事業、「第2次渋沢栄一伝記資料編纂」と「日本実業史博物館建設準備」とであった。本稿はこの二つの事業の進行過程の検証を通じて、昭和戦前期の敬三にとっての竜門社の意義と、竜門社にとっての敬三の意義とを複眼的に探ろうとする試みである。

　周知のように　公益財団法人渋沢栄一記念財団の前身である竜門社は、1886年（明治19）頃、渋沢栄一邸内に寄寓していた書生達の勉強会として始められた。1909年（明治42）には栄一の意向により、「道徳経済合一説」を広め実践することを目的とする団体として、規則を改訂し評議員を設置した。1924年（大正13）には資産保全の意図により財団法人となった。財団設立当時の主たる事業内容は、①会員総会の開催、②講演会等の開催、③機関誌『竜門雑誌』の発行であった。

　1931年（昭和6）11月に渋沢栄一が他界すると、竜門社の事業に

は新たに「飛鳥山庭園の管理」「渋沢栄一伝記資料の編纂」「日本実業史博物館建設計画」が加わってゆく。この内「庭園管理」は栄一の遺志に基づくものであるが、「第2次伝記資料編纂」と「博物館計画」とは敬三の提案により実施、推進された。

いま（A）財団設立時から昭和6年度（1931）の栄一他界までの8年間と（B）栄一没後、計数の入手し得る昭和17年度（1942）までの11年間の竜門社決算における「年平均支出額」を比較すれば次の通りである。[1]

財団法人竜門社　年平均支出額 (単位：円)

	(A) 大正13年度 〜昭和6年度	(B) 昭和7年度 〜同17年度	増減
事業活動費 （うち新規事業分）	5,962 (0)	43,205 (36,145)	37,243 (36,145)
青淵記念事業[2]	2,793	297	△2,496
一般管理費	3,810	5,616	1,806
臨時諸経費	1,211	5,866	4,655
基本金に繰入	8,134	910	△7,224
合　計	21,910	55,894	33,984

すなわち栄一没後の竜門社の事業活動は、年間支出額で見ると生前の時期の活動のおよそ2.5倍に拡大しており、その要因は敬三主導の新規事業などにより事業活動費が7.2倍に上ったことにあった。本稿ではその進行経緯と上記の支出増加への対処方法を確認する。

ただし、昭和戦前期竜門社の活動内容をより具体的に見る前に、その前段として、明治末期以来昭和初年に至る時期の栄一と嫡孫敬

三との関わりを一瞥しておきたい。

　なお、本書では本文は現在使われている表記を用いているが、引用は旧字のままであることをお断りしておく。

（注）

(1) 毎年度の収支計算書（『竜門雑誌』所載）より算出。
(2) 栄一の米寿祝賀会や追悼会等の費用。

第1章　渋沢栄一永眠と竜門社
——第1次伝記資料編纂(1931〜1935年度)

(1) 晩年の渋沢栄一と敬三 (1909〜1930年)

　渋沢栄一は1909年 (明治42) 古稀を迎え、第一銀行と東京貯蓄銀行との2社を除き約60社の役職を辞任して、以後は主として社会公益事業や民間外交等に意を注ぐ生活に入った。この年には、栄一に身近な団体である竜門社も新たな展開を遂げることになる。

　1886年以来渋沢邸の書生等の修養、研究の場として運営されてきた竜門社は、栄一の提案により、この1909年に評議員制を布き、「道徳経済合一説」の普及を図る団体へと転換した。最初の評議員20名は栄一に人選を依頼して決定したが、中には石井健吾、穂積陳重、堀越善重郎、尾高次郎、植村澄三郎、八十島親徳、阪谷芳郎、佐々木勇之助、清水釘吉、諸井恒平、杉田富などがおり、社会的に盛名ある人士を多く含む集団であった。栄一は唯一の名誉会員に推されて就任した。この組織改正により、今日の渋沢栄一記念財団に至る道筋が形成されたわけである。およそ20年間旧竜門社の社長を勤めてきた渋沢篤二 (栄一長男) は、従来の社長単独運営方式から栄一の理念を体した評議員合議体制に転換するための準備に尽力し、組織変更発表会席上、その趣旨と経緯について的確な報告を行った。その篤二は、翌1910年頃に、渋沢宗家を嗣ぐべきコースからの逃避行に入る。竜門社の組織変更との直接の関連性は判じ難

いが、(些か想像を逞しくすれば) 同族間での自身の責任感と存在感とに多少の軽みを覚えたのかも知れない。篤二の長子敬三は中学生で将来生物学者になることを夢見ていた。しかし旧制高校進学に当り、祖父栄一の願いを受けて生物学への道を断念して経済学を修めることになる。

栄一は渋沢家一族の将来を慮り、三井家など旧家の例に倣って夙に同族会を組成して自家の資産管理機関とし、かつ定例的に会合を開催して結束を固めてきた。老齢の栄一は、1912年1月の同族会に自らの「遺書」を提議し、女婿たる穂積陳重、阪谷芳郎、明石照男を含む一族の同意を得た。その要点は「榮一の相続人は敬三とする事」「財産の不足に備え、榮一死後は飛鳥山邸を売却して基本財産に加える事」「今後の情勢に依っては同族會を會社組織にする方途もあり得る事」等であった。この最後の事項は、1915年に実行され、渋沢同族株式会社が設立されたが、栄一自身は役職に就かず、旧制高校入学直前であった敬三を社長に選任した。渋沢宗家を嗣ぐ敬三の位置を明示したのであった。

敬三は、同族会社設立当時及びその後の事務所員として、八十島親徳、尾高幸五郎、増田明六、渡辺得男、白石喜太郎、杉本行雄、高田利吉、高橋毅一らの名を挙げているが、このうち増田、渡辺、白石は竜門社においても役員として、また高橋は事務局責任者として、その運営管理に尽瘁することになる。

同族会社設立の翌1916年に喜寿を迎えた栄一は第一銀行頭取と東京貯蓄銀行会長の職も辞任して、実業界の役職から全く退いた。第一銀行頭取には佐々木勇之助が就任した。栄一が進めてきた「徳川慶喜公伝」編纂事業が1917年に終了したが、同族会ではその編纂委員に栄一伝の編纂を依嘱した。栄一還暦の1900年に竜門社で

は、阪谷芳郎編纂による『青淵先生六十年史』を刊行していたが、その後も20年近く栄一は実業界の指導者として活動を続けてきたわけである。第一銀行経営からも離れ、実業界を完全に引退した形になったのを機に、（恐らく穂積、阪谷らが提言して）専門史家による伝記編纂が企図されたものであろう。もっとも、形の上で引退したといっても、現実には実業界に生起する様々な問題が持ち込まれることに変りはなく、また民間外交の代表者として再三渡米するなど、老年の栄一が依然多忙な日々を送っていたことは知られる通りである。

敬三は1918年（旧制）第二高等学校を卒業し、東京帝国大学法科大学経済学科（翌年経済学部になる）に進学した。二高から同学科に進んだ学友には土屋喬雄、住谷悦治などがいた。生涯の親友中山正則とは中学から大学まで共に学んだ。二高の同期生には、河上肇の指導を受けるべく京都帝国大学に入学した小林輝次のような学生もいた。土屋は大学3年の夏に京都に行き小林の紹介で河上に会っているが、その時河上は日本経済史研究の重要性を説き聞かせたという。大学では諸井貫一や向坂逸郎らと同期生になった。[10]

1920年、大学で土屋と共に山崎覚次郎に師事していた敬三は、カール・ビュッヒャーの工業経営段階論を我が国に適用して調査、考察した論文を提出している。[11]日本実業史研究の第一歩と見られよう。この年栄一は子爵に昇進、竜門社では青淵文庫の建設、進呈を計画し、目録を栄一に贈った。

敬三は1921年東京帝国大学を卒業し、自らの希望により横浜正金銀行に入行した。翌1922年にはロンドン支店に赴任、1925年まで滞英した。その間度々欧州大陸も訪問、歴史や学芸の神髄に触れている。

1923年関東大震災が発生、兜町の渋沢事務所は全焼し、書類・帳簿はもとより、徳川慶喜公伝、渋沢栄一伝編纂のため蒐集した記録、史料も、また論語関連古典籍も尽く烏有に帰した。栄一は直ちに被災者の救済、復興のための募金等に奔走、海外からも協力を得るなど力を尽した。(12)一方歴史学者達により編纂が進められてきた渋沢栄一伝は、中途部分までの印刷稿本ができており、幸いにその若干部は焼失を免れたが、以後執筆を続けるための資料が総て消滅し、編纂事業はここで断念された。1925年には清水組施工により青淵文庫が竣工したが、これに収めて保存し活用する筈であった多数の貴重な文書や書籍は震災のため既に無く、流石の栄一も深く嘆いたという。

 1909年の変革以後会員数も増え、資産も10万円を超えるに至った竜門社は、資産の保全管理体制確立のため、明石照男らの提案に基づき、1924年財団法人になった。評議員会長には佐々木勇之助が、理事長には阪谷芳郎が就き、執行責任者たる常務理事は明石照男と増田明六が担当した。評議員には、石井健吾、服部金太郎、穂積重遠、大川平三郎、渡辺得男、神田鏽蔵、成瀬隆蔵、植村澄三郎、古河虎之助、浅野総一郎、渋沢篤二、渋沢正雄、渋沢元治、清水釘吉、諸井恒平、杉田富らが居並んだ。(13)

 1925年、敬三は米国経由で帰国した後、横浜正金銀行を退職した。大学卒業前後の頃から中山正則らとアチックミューゼアム(14)の会合を始めたが、海外赴任のため中断、帰国後再開復活した。翌1926年4月敬三は竜門社評議員に推され、(15)7月に第一銀行に入り取締役に就任した。(16)10月には渋沢事務所の事業として（第3次）雨夜譚会を開始した。(17)敬三が主宰して栄一に事績の説明を訊く催しである。

第1章　渋沢栄一永眠と竜門社

　1926年10月15日夕刻、飛鳥山渋沢邸洋館応接室において雨夜譚会の第1回会合が開かれた。出席者は栄一、敬三、増田明六、白石喜太郎、高田利吉、岡田純夫の6名で、高田は震災のため未完に終った伝記編纂事業の編纂員の一人であった。会は、震災により中止された栄一伝編纂事業に対する敬三の率直な批判を以て始まった。[18]

> 　前の御伝記編纂のやり方はどうも感心出来ませんでした。殊にそれに依て出来るものは事実の羅列に止まる観があって面白くないと、穂積の伯父様（引用者注――穂積陳重）などは極力不賛成の意を表せられ、同族会でも問題になりました。其内、大震災で自然消滅になりました事は寧ろ好都合でありました。

この批判に続けて敬三は自らの信念を表明する。

> 　一体おぢい様の伝記に付て私の意見としては、同族なり又事務所なりで書き上げると、兎角我田引水的になり勝ちであり、又よしや左様でなくとも我田引水的であると見られるから面白くない。竜門社で書くのでさへ同様の理由で感心しない。故に伝記を書くのは全然外部の人に願ひ度いと思って居ります。

> 　……然し我々としては、伝記として書き上げないからと云うて全然関らぬと云ふのは又よろしくない。資料は是非我々の手で出来るだけ蒐集して置かねばならぬ。如何なる微細な事でも、又一見つまらぬ様な事でもありのままに出来得る限り集めて置かねばならぬ。そして、後に伝記を書く人に自由に使用させねばならぬと斯様考へて居ります。

伝記編纂よりもまず資料を蒐集せよというのが敬三の理念であった。敬三はこの理念を唱えるだけでなく実践し続けることになる。この日から始まった栄一を囲む会合はその手始めであった。[19]

> 此事は穂積のをぢ様にも御話しましたところ、非常に賛成せられました。それで此方針で進まうと云ふことで、雨夜譚会と名付けて私が委員長になり、愈其実行に取りかかり今日から御迷惑を願ふ次第で御座います。

この敬三の意見に対して栄一も賛同した。

> どうしても親族関係のものが伝記を作ると褒めることになり、悪いことはかくすことになり勝ちである。従って事実を事実とせられないから、後世の人が公平に書くまで材料のみ集めて置くと云ふのには賛成であります。

こうして始められた敬三主宰の雨夜譚会は、1930年7月までの3年9カ月間に31回開かれている。栄一の健康状況等により実際の開催は断続的であったが、平均するとおよそ1カ月半に1回行われたことになる。毎回敬三が白石らとテーマ数件を定め事前準備の上で栄一に聴取した。[20]この会で敬三が重視したのは、それぞれの事象を体験した時に栄一がどのような認識を懐いたのかを聞き出すことであった。「客観的事実」と「当事者の意識」との双方を複眼的に把握しようとするのが、敬三の歴史に対する姿勢であったと見られる。なお参加メンバーは限定されたが、後に英文の栄一伝を執筆する

小畑久五郎が1927年に、伝記資料編纂に関わることになる事務所員佐治祐吉も1929年に加わっている。ただこの雨夜譚会は渋沢事務所内部の事業として実施されたものであり、同族や事務所関係者以外には（特に秘密にされなかったにせよ）あまり知られることが無かったであろう。

敬三が第一銀行に入って間もなく大正天皇崩御せられ、続いて1927年3月には金融恐慌の現場を銀行役員として経験す

1929年（昭和4年）12月9日、昭和天皇より単独陪食を賜り参内した栄一と随行の敬三。渋沢史料館所蔵写真。

(21)
る。この1927年に栄一は米寿（数え年）を迎え、竜門社はもとより、実業家有志の間からも祝賀会開催が提案されたが、諒闇のため実施は延期された。翌1928年春には栄一が健康を害したため再び延期、結局竜門社の会は9月29日に帝国ホテルで、実業家有志の会は10月1日に帝国劇場並びに東京会館で開催された。(22)

前者では佐々木評議員会長より論語に縁ある記念品が贈られ、栄一は竜門社の状況を我が誇りとするとの謝辞があった。後者は田中義一首相を初め政財界の名士や諸外国外交官の居並ぶ盛儀であった。その席上、発起人代表の郷誠之助は栄一の銅像建設を提案、満場の

17

1928年10月、全国実業家有志の会が帝国劇場で開催した栄一の米寿祝賀会には政財界要人や各国外交官ら多数が出席した。写真は控室での渋沢家親族。前列左より、渋沢美枝子、兼子、栄一、穂積歌子、阪谷琴子、後列左より、敬三、穂積重遠、明石照男、渋沢秀雄、武之助、篤二、阪谷芳郎、渋沢正雄、鄰子、明石愛子。渋沢史料館所蔵写真。

賛同を得た。この銅像建設は栄一生前に間に合わなかったが、その期成会が後述する渋沢青淵翁記念会の母体となった。

　実は銅像については1927年春の時点で栄一に下相談が持ち掛けられていた。栄一自身は銅像嫌いであったと伝えられるが、実業家有志の熱意を聞いて、渋沢事務所幹部の増田明六に次のように語ったという。

　　是非銅像を建設するならハ、日本橋畔なとと云はすして此飛鳥山邸内ニ建てられてハ如何、此邸は死後公共用ニ提供する考なるに付き、実ハ本年の米寿の機会ニ此意志を公表せんかとも思ひ居る際とて、祝賀会発起人ニ於て予が意を体し、此建物と

第1章　渋沢栄一永眠と竜門社

第一銀行本店新築定礎式。(左) 栄一、(右) 佐々木勇之助。1929年6月22日。渋沢史料館所蔵写真。

第一銀行本店落成式記念撮影。1930年11月19日。前列左より杉田富、石井健吾、栄一、佐々木勇之助、土岐僙、後列左より岡喬平、西村好時 (設計者)、敬三、明石照男、大沢佳郎、清水釘吉、佐野利器、西園寺亀次郎、飯田政一、渡辺得男、白石喜太郎、越山徹一。渋沢史料館所蔵写真。

1930年11月丸ノ内に竣工した第一銀行本店。渋沢史料館所蔵写真。

　庭園とを併せて保存の方法を設くる事とせらるるならハ、誠ニ好都合だ[23]

　銅像問題もさることながら、この談話で注目を惹くのは飛鳥山曖依村荘をめぐる方針の転換である。先に見たように1912年の「遺書」では、飛鳥山邸は栄一瞑目後には売却して同族会の基本財産に加えることが意図されていた。しかし大正年間を経て1927年には、これを公共の用に供するとの方針に転じたのである。転換の主因はもとより栄一の社会公共への意識が一層高められたことにあると見られるが、更に将来の同族のあり方として、敬三を宗家当主として穂積、阪谷、明石家が補佐する体制への移行に目算が付いたためもあったかと推測される[24]。もう一つこの談話で着目されるのは、村荘

の維持管理方法につき祝賀会発起人に関与を求めていることである。この談話の趣意は増田から佐々木勇之助を通じて祝賀会発起人の幹事達に伝えられた模様である。この発起人幹事達は後に渋沢青淵翁記念会の中心者になるが、同記念会が公共的財産としての村荘の維持と活用につき当事者意識を抱くことになる機縁がこの談話にあったといえよう。

　1928年6月敬三は竜門社理事（評議員と兼任）に選任された。父篤二は1926年評議員退任後も理事としては残っていたが、この時退任している。[25]竜門社首脳の佐々木勇之助評議員会長や阪谷芳郎理事長らは、竜門社草創期の篤二の功に配慮しつつ、穏健に敬三への交代を図ったものと推測される。

　第一銀行では、兜町にあった旧本店が先の関東大震災で被災したため、丸の内に新本店建設用地を入手しており、1927年8月に本店の建築委員会を設置した。委員会の責任者たる建築主任に選任されたのは渋沢敬三取締役であった。最新設備を備え、地下2階、地上5階（延坪16,600余平方メートル（5,000余坪）、鉄骨鉄筋コンクリート製）の壮麗な新本店は、清水組の施工により1930年10月に竣工、11月に本店を移転し営業開始した。震災大火の経験から防災には入念に配慮、本金庫は米国製を用いた。同月の支店長会議の席上、頭取佐々木勇之助は本店建築の経緯を説明し、最後に渋沢取締役と西村好時建築課長の名を挙げてその尽力に対し謝意を表した。[26]敬三は建築工事の過程を16ミリフィルムの動画として記録した。[27]後日貴重な史料となることを予測していたと思われる。

　銀行新本店竣工は1930年秋であったが、この年春には三田綱町の自邸改造工事も完成している。いわば研究棟の新築であり、アチックミューゼアムの本拠地として地方同人の宿泊施設をも兼ねた。

新築を機に学界、美術界、実業界などの名士約百名を招待して、奥三河に伝わる花祭の実演を催したが、幸田成友も招かれた一人であった。(28)この時期、我が国の経済・金融状況は昭和恐慌の嵐を迎えていた。

(2) 栄一永眠（1931年）

　1931年には、栄一は数え年で92歳を迎えた。この年6月26日に栄一は遺言書を作成している。冒頭に自らの理念と軌跡とを回顧して「余ハ壯年郷關ヲ出デタル當初ヨリ常ニ國家社會ヲ念トシ道德風教ノ振作・經濟產業ノ發達・實業教育女子教育ノ興隆・社會事業ノ助成・資本勞働ノ協調・國際親善世界平和ノ促進等ノ爲メニ潛心努力シ來レリ」（中黒点は引用者）と記した。そしてこの素志が死後にも受継がれることへの望みを綴り、飛鳥山の邸宅庭園もこれらの目的の用に供する財であると説いた。そこでこの邸宅庭園が自身の生前同様に後代にも公共に供せられるように、「土地・建造物一切」と「維持資金十萬圓」とを財団法人竜門社に遺贈すると記した。そして遺言執行者には栄一の家督相続人すなわち敬三を指名した。(29)栄一は1927年に飛鳥山邸を公共の用に供する意図を増田明六に告げていたが、その運用の役割を竜門社に託すことに決したのであった。

　栄一の長寿には及ばないものの、この1931年に竜門社評議員会長の佐々木勇之助は数え年78歳に達し、1月に第一銀行頭取の役を石井健吾に譲っている。理事長阪谷芳郎は同69歳になり、同年春には健康を害して会員総会に参加できなかった。（今日と異なり、当時69歳は高齢である。）7月22日阪谷から「頽齡且は病氣の為」理事長を辞任したいとの申し出があり、竜門社では24日の理事会で審議

したが、実務は各理事が分担代行することとして阪谷には留任を要請することに決定した。この理事会の出席者は石井健吾、渡辺得男、植村澄三郎、明石照男、佐々木修二郎そして敬三であった。⁽³⁰⁾

3カ月後の10月26日、今度は佐々木勇之助評議員会長より「老軀の為」辞意申し出があった。竜門社は11月2日理事会を開催、阪谷も敬三を含む各理事と共に出席して審議し、職務は各評議員にて分担処理することとして佐々木にも留任を要請することと決定した。⁽³¹⁾

この年7月から8月にかけて中国では豪雨が続き長江流域が氾濫して重大な被害を生じた。我が国でも中華民国水害同情会が結成され、栄一が会長に就いた。9月6日夕刻飛鳥山邸に日本放送協会のマイクが設置され、病身の栄一が「中華民國の水害に就て」と題して全国に義援金募集への協力を訴えた。⁽³²⁾ 集った義援金を携えた水害同情会役員が上海に赴き提供しようとしたその時に柳條湖事件が起り、中華民国政府は義援金の受け取りを拒絶した。⁽³³⁾ 柳条湖事件は満洲事変へと拡大、栄一が会長を務める国際連盟協会も度々理事会を開いて国際的対応に苦慮するが、栄一自身は病床にあり最早立つことは叶わなかった。⁽³⁴⁾ 満洲事変勃発とほぼ同時期に英国が金本位制を停止、前年の金輸出解禁（円切上げによる固定相場制への移行）実施以来苦境に陥っていた我が国の経済・金融体制を更に揺るがすに至った。

栄一の容態が重篤であることは10月31日に公表された。⁽³⁵⁾ 意識は明晰で11月8日には別室に控えている佐々木勇之助や郷誠之助らに、篤二を通じて別れの挨拶をしたという。敬三が佐々木を（面会謝絶とされていた）栄一の枕頭に導いたのはこの数日前のことであった。9日、10日と症状は一進一退したが、11日に日付が改まって間もない午前1時50分に臨終が告げられた。

それまで病床に侍して緊張を続けてきた遺族や関係者にとって、栄一永眠の直後から嵐のような時間が始まったことと思われる。宮中から政財界、社会事業界、教育界、海外諸機関諸人士、報道界に至るまでありとあらゆる方面から弔意が寄せられ、照会が来たことであろう。葬儀の日程は15日、式場は青山斎場、葬儀委員長は佐々木勇之助、同副委員長は石井健吾と定めて発表した。喪主はもとより嫡孫敬三である。

　栄一他界当日の11月11日は世界大戦（当時「世界大戦」は第1次しか存在しなかった）の停戦記念日であった。国際連盟協会では毎年記念日に大会を開催してきたが、この朝悲報に接して急遽予定内容を修正、東京市と共同して「平和記念日と渋沢子爵追憶の夕」を東京朝日新聞社講堂で開催した。

　11月15日、葬儀に際し用意された自動車は、先導車、霊柩車を含め43台、他に任意の参加者を合わせ約100台の葬列が飛鳥山を発して青山に向った。栄一が最後まで校長を務めていた日本女子大学では全学生が沿道で見送りをした。午前の葬儀には勅使や若槻礼次郎首相初め各大臣、財界人、各国大使等が参列し、実業界から郷誠之助が弔詞を朗読した。諸方より寄せられて霊前に供えられた弔詞は数百に及んだ。午後の告別式には夕刻まで人波が絶えなかった。その後葬列は上野に向い、寛永寺の徳川家墓所に近い墓地で埋棺が行われた。

　葬儀の喪主を務めた後、敬三は遺言執行に当る。法的手続として遺言書の検認を東京区裁判所に申請する一方、竜門社に対し飛鳥山邸宅・庭園遺贈の遺志を内示した。葬儀3日後の11月18日、竜門社では第一銀行本店で理事会を開く。遺贈執行者の敬三は（理事ではあるが）出席せず、理事長阪谷と石井、渡辺、植村、明石、佐々

木(修二郎)各理事に評議員会長佐々木(勇之助)、監事の杉田富、西条峯三郎が参加した。会議では「今般澁澤家より内示せられたる青淵先生の御遺言」につき協議がなされ、次の3項目を決定し、評議員会に回付した。

　一、青淵先生の御遺言により飛鳥山邸宅及庭園を澁澤家より遺贈せらるる場合は謹みて之を受納する事。
　二、青淵先生薨去に付十一月開催の第八十四回會員總會は之を見合せ來十二月初旬頃青淵先生追悼會を開催する事。
　三、龍門社に於て青淵先生の御傳記を編纂する事。以上[(36)]

栄一葬儀の喪主を務める敬三。1932年11月15日。渋沢史料館所蔵写真。

　この3項目の内、第1と第2とは自然な内容であるが、第3項は注目を惹く。竜門社のような栄一の身内の団体は伝記を作成するよりもその資料を蒐集すべきとの敬三の見解(そして敬三所見への栄一の賛同)を、今日の我々は知っているからである。この日の理事会出席者には、敬三の理念は共有されておらず、いわば栄一追悼の意思

から単純に伝記編纂が提案された感がある。ただ、既に見たように、敬三が上記理念を述べたのは、1926年の第1回雨夜譚会の冒頭においてであった。この（第3次）雨夜譚会は渋沢事務所内部の催しであって、竜門社とは無関係であった。竜門社理事会出席者の大半は敬三の伝記抑制論を知る由もなく、ましてや自発的に伝記編纂の可否に思いを及ぼすことなどは無かったのであろう。

　もっとも11月18日理事会の出席者中渡辺得男は事務所の幹部役員であり、1927年以後雨夜譚会には定例的に参加していた。(37)渡辺は第1回における敬三の論を直接聴いてはいないが、雨夜譚会での参加者発言は、専任担当者岡田純夫により精細に記録されているので、恐らく敬三の所論を承知していたことと推測される。敬三本人は、この時期には多忙を極め、伝記問題どころではなかったであろう。色々と疑問は多いが、これ以上の推測は後述することにして、今は公開資料で判明する事実を追うこととする。(38)

　栄一「遺言書」は12月2日東京区裁判所において検認された。竜門社では検認翌日の12月3日第一銀行本店で評議員会を開催した。当時理事、監事は評議員兼務であるので、11月18日理事会出席者は、石井を除き全員参加した。他に穂積重遠、堀越善重郎、渋沢秀雄、清水釘吉、更には雨夜譚会第1回に出席して敬三所説を聞いていた白石喜太郎らを含めた合計21名が参集して理事会案につき審議し、「御遺言により飛鳥山邸宅及庭園を遺贈せられたるに付、謹みて之を受納する事」「會員總會に代えて12月13日に追悼會を開催する事」「御傳記を編纂する事」を全員一致で可決した。こうして遺言執行者としての役目は円滑に進められたが、伝記編纂に関しては雨夜譚会で表明した敬三の所見は竜門社役員には届かなかったのである。

葬儀の後も栄一追悼の催しは連日各所で行われた。「敬三ら同族は感謝の言葉を述べるために列席し、多忙を極めた。」という。渋沢家としても七日ごとの法要や月命日など毎回数十人の来訪を受け、爵位継承の手続きもあり、当主たる敬三は日夜対応に忙殺されたことと想像される。看病時以来の疲労も累積、歳末敬三は糖尿を発して入院した。

1932年1月、転地療養のため敬三は西伊豆三津浜に赴き5月まで逗留した。その間は静養に専念し銀行はもとより、竜門社の理事会、評議員会にも出席していない。一方同地滞在中に地元旧家の大川四郎左衛門家に伝わる16世紀以来の漁業関係古文書群を発見したのであり、その経緯は「『豆州内浦漁民史料』序」に詳しい。この史料発見が三田綱町邸内の漁業史研究室設置に連なるのであるがそれについては後述する。

(3) 第1次伝記資料編纂開始（1932年）

1931年11月に栄一永眠の後、竜門社では前述の通り評議員会で「遺言書」による飛鳥山邸・庭園の（公共的活用のための）受納と栄一伝記編纂を決定した。そこで翌1932年3月には第一銀行呉服橋支店内の2室を伝記編纂のために借用した。また同3月30日の理事会、評議員会では1932年度予算を決議しているが、支出面では従来の会員総会費、講演会費、雑誌発行費、一般管理費等に加え、新たに「曖依村荘維持費28,000圓」と「青淵先生傳記編纂費12,000圓」とを計上した。そのため同年度収支は3万5,350円の不足見込とされている。栄一からの遺贈金10万円には手を付けず全額資産計上し、その利息収入を得ることとした。「村荘維持費」の内容は登録税そ

の他諸税並びに関係費用であり、「傳記編纂費」については「五月頃より約三ヶ年の豫定にて開始せらるる編纂費」と、3カ年計画であることが記されている。また曖依村荘の受贈、庭園管理の開始が決定したことに伴い、これまで丸の内の渋沢事務所内に置かれていた竜門社事務所を飛鳥山に移転することもこの日の理事会、評議員会で可決された。(42)

 4月初めには、2年前まで雨夜譚会メンバーの一人であった佐治祐吉（渋沢事務所職員）を最初の伝記編纂要員に発令、佐治は早速編纂室設営、用具、備品等の準備に当った。(43)この頃敬三は療養のため伊豆三津浜に逗留中であり、予算審議にも伝記編纂室準備にも無関係であったと考えられる。敬三は5月上旬回復成り帰京、銀行の職務に復した。療養中発掘した大川家漁業文書についてはかつてアチックにいた藤木喜久馬を(44)三津浜に呼び寄せて整理を託し、藤木は約2カ月をかけて整理の後、文書を三田綱町の渋沢邸に持ち至った。(45)

 敬三帰京の約1カ月後の6月2日に第一銀行本店内で竜門社の評議員会が開かれ、佐々木（勇之助）評議員会長以下敬三を含む評議員15名が出席した。この日は評議員会長、理事、監事の改選が行われ、まず佐々木評議員会長の留任が決定した。次いで理事7名の選任について一任を受けた評議員会長は、阪谷芳郎、佐々木修二郎、渡辺得男3理事の留任と堀越善重郎ら4名の新任を提案し可決された。(46)この日任期を終えて退任したのは石井健吾、明石照男、植村澄三郎そして敬三の4理事であった。当時の財団運営での理事の位置付けは「評議員の中から依嘱された執行担当役」という性格のものであり、敬三については、渋沢宗家当主の立場や健康状態への配慮がなされたものであろう。敬三も評議員の立場は変っていない。

 この1932年前半期には、栄一顕彰に関する新団体設立への動きが

我が国の実業界に生じた。1928年10月の栄一米寿祝賀会における郷誠之助提議により、銅像建設計画が発足したが、設置場所の調整等の問題が生じ、栄一生前の建設は成らなかった。銅像計画を進めてきた郷や大橋新太郎、西野恵之助、膳桂之介らは、亡き栄一の公共への理念を広く世に伝えるべく、新たに実業人団体を結成して更に資金を蒐め、その団体において銅像建設事業を継承すると共に伝記編纂と飛鳥山曖依村荘保存への支援を行うとの構想を抱いたのである。具体案作成に当っては恐らく佐々木勇之助や石井健吾らとも協議がなされたことであろう。

　「財団法人渋沢青淵翁記念会」設立計画には主要実業家89名が発起人に名を連ねることを承諾した。かつて栄一と事業を共にした数多くの経営者ばかりでなく、各財閥系経営者などをも含む我が国全財界人の集合体が形成された感がある(47)。ただ本来ここに入る筈の井上準之助と團琢磨は、この1932年2月及び3月凶弾に斃れていた。5月には犬養首相も射たれて没する（五・一五事件）など今日から見れば時代が急転回した感があるが、同時代においては社会の様相がたちまち一変したわけではなく、大事件の報道と並行して一般市民の平穏な日常生活はなお続いていた。「青淵翁記念会」についても多数の賛同者を得つつ設立準備は進行、8月には栄一「遺言書」を引用した趣意書も成り、銅像建設計画発起人総代郷誠之助名を以て各方面に発送された。趣意書には「一財團法人を創設し、翁の銅像の建設、傳記の編纂、曖依村荘維持の援助等を行ふ」と記し「冀くは奮って賛助を賜はらむことを」と結んでいる(48)。

　新団体の事業計画の内、銅像制作については既に朝倉文夫に依頼されていたが、伝記執筆者に関しても関係者間で検討が行われ、幸田露伴の名が浮上した。露伴への執筆依頼に際して、設立準備中の

記念会では岩波茂雄に相談した。岩波はもともと明石照男と親しく、第一銀行は岩波書店の経営を支援していた[49]。岩波は自身の女婿であり露伴宅に出入していた小林勇に仲介を依頼した。露伴は難色を示したが、小林は幸田文にも協力を乞い、徐々に露伴を動かして、渋沢家の来訪に応ずるよう取り計った[50]。そこで執筆依頼の役目を託されたのは渋沢敬三であった。敬三は8月19日（土）に岩波茂雄と共に上野を発して沓掛に向い寺田寅彦に会って一泊、翌20日（日）小諸に居た露伴を訪ね栄一伝記の執筆を依頼して帰京した[51]。栄一嫡孫たる敬三が出向いたことにはもとより文豪に対する儀礼上の意味が篭められていたにせよ、新団体を代表して伝記執筆を依頼するという役割を果したことは、敬三にとっては別の意義を持ったことになるのかも知れない。

敬三が、設立準備中の青淵翁記念会のために露伴を訪問して間もなく、竜門社では「伝記編纂」を「伝記資料編纂」に切り替えている。切り替えの過程は不明ながら『竜門雑誌』の1932年10月号の「彙報」には「伝記資料編纂開始」との記事が掲載されている。一般会員にとっては「伝記編纂」と「伝記資料編纂」との差異は別段問題にならない（すなわち説明の必要は無い）事項であったのであろう。この切り替えの事由について同時期の説明記録は見当らないが、編纂員であった佐治祐吉は4年後に次のように回顧している。

> 其初は資料に非ず正傳の編纂に着手すべき本社評議員會の決議であったが、途中から他の傳記作成者の妨害となる等の反対もあり、又傳記そのものは先生の門下生より成る龍門社の手によって作成するは好ましからぬといふ根本的の修正意見もあり、遂に資料編纂といふ事になったのであった[52]。

佐治の記事によればこの切り替えの事由は2点あり、一は他の機関が伝記編纂を計画していること、他の一は身内の立場では伝記作成は慎むべきだとの意見であったという。佐治の記す「他の伝記作成者」とは設立準備中であった青淵翁記念会を指すものであろう。また「根本的の修正意見」はまさに敬三がかつて雨夜譚会で述べたものに外ならない。これらの事由によりどのように議論や検討が行われたのかは不明であるが、敢て想像すれば、5月上旬に帰京して業務に復した敬三が、記念会準備にも関わっていたであろう佐々木勇之助と協議して伝記編纂から伝記資料編纂への転回を進めたのであろうかと考えられる。こうして青淵翁記念会の伝記編纂と竜門社の伝記資料編纂とが並行して進行する運びになった。両者はそれぞれの団体固有の事業であるが、その発端においては佐々木と敬三とを介して微妙に相関関係を有していたかに見える。

　竜門社では伝記資料編纂主任の役を幸田成友に委嘱した[53]。幸田は栄一が意を注いだ東京商科大学の教授であり、また世評高い大阪市史の編纂長であった。ただ幸田が選ばれた主たる理由は、記念会事業の伝記執筆を承諾した兄露伴との関係にあるとの説も聞かれる[54]。もし然りとすれば、敬三が露伴を訪問した際に成友の話も出たのかも知れない。敬三は露伴とは初対面であったかとも推測されるが、成友とは（1930年の花祭に招待していることにも徴し）旧知の間柄であったと考えられる。

　幸田はこの1932年10月15日に着任した。事業期間は1935年10月までの3カ年間とされた。当初編纂室は前述の通り第一銀行呉服橋支店内に置かれたが、竜門社では恐らく幸田に配慮して第一銀行と相談し、同行本店5階の広い部屋を借用することができ、11月9

日に移転した。佐治以外の編纂員や資料書写のための助手なども選任され、竜門社にとっての新事業が始められた。11月29日の会員総会では、晩餐会の席上幸田は佐々木評議員会長より一同に紹介され、伝記資料編纂主任として挨拶している(56)(挨拶の内容は伝えられていない)。

(4) 伝記資料編纂の方法 (1933～1935年度)

既に見たように、敬三は「身内の立場からは伝記編纂よりも資料蒐集を」との認識からまず雨夜譚会で本人の談話を聴取、記録したのであったが、当時「伝記資料編纂」とは具体的にどのような事業なのであるか、その全体像についての標準的なモデルは未だ明確ではなかったかと想像される。幸田は『大阪市史』編纂の過程で、「史書編纂の為の資料編纂」を行った貴重な体験者であったが、後に竜門社会員総会の講演で次のように回顧している。

> 最初お話を承りました時に、是は學問の上から見て甚だ結構である、且つ新しいお企であると考へたのであります。(沿革史や伝記の編纂ならば珍しくないが) 其編纂事業の基礎になります材料の蒐集と云ふことは兎角是は軽んじられる傾があります。……それを特に今度は基礎工事――地べたの下に埋めてしまふやうな其事に對して龍門社が御發起になりました。(57)

すなわち幸田は、この企画の学術的価値を評価すると共に、伝記資料編纂を「伝記編纂のための基礎工事」と把えて説いている。『大阪市史』編纂に際しての体験を見ることができよう。従って渋

沢栄一伝記資料編纂も、それ自体は地下に埋められるべき事業と認識していたかと推測される。

市史とは異なる個人の伝記資料蒐集に関し、幸田が対象として想定したのは、まず日記と書翰、次いで（本人の）作成文書、演説・談話記録等であった。日記について上に引いた講演の中で次のように述べている。

　驚きましたのは明治三十二年から昭和六年迄の日記が出て参ったことであります。是は冊数に致しまして三十二冊もございます。……（青淵）先生は日記に限って鉛筆で何時も書いてあります。……（編纂室では）寫しを取りまして、そこでそれに校正を加へて今手許に存して居る譯であります。……ただ日記の常で、誰に面会して何の事を談じた、とあるが、会談の内容、その事に就いての先生の意見などを示してない場合が多いのです。……（然し日記は）其事件に關係した方が、其時直ぐ書かれた一番之が頼りになる材料でございます。

次に書翰について語る。

　日記に次いで頼りになる材料と申せば是は手紙、……用事を足す爲の手紙であります」……唯困りますことは……宛名の方に行ってしまひますから、宛名の方の所へ行って捜して來なければならぬ。……手紙と日記、是は一等の材料であります。

このように幸田は日記と書翰の蒐集を重視したが、加えて演説・座談記録や本人作成の文書、本人と交流のあった現存者の談話聴取

にも意を配った。大まかな見方をすれば、日記と書翰の重視は、調査対象者がどのような人物であれ資料蒐集上共通の方法であり、他方演説、文書類、知己の談話への注目は、多分に渋沢栄一という人物の特性を意識した方法であると考えられる。

　日記と書翰の内、日記の探索の場所は限られるが、書翰は多数の受取先に借覧を依頼する必要がある。そこで編纂室の仕事の相当部分が書翰の蒐集とその謄寫（書写）に割かれることになった。

　編纂室では、事業開始から半年後の1933年4月、『竜門雑誌』に「青淵先生伝記資料編纂室たより」（以下「編纂室たより」と記す）の記事の連載を開始した。もっとも、最初の4回分の題名は「編纂室より」とされ、幸田が入手した資料の一部についての内容を紹介し、佐治が作業状況の事務的報告を記載する形式であったが、第5回からは佐治の事務的報告のみとなり、題名も「編纂室たより」と改称された。「編纂室たより」は、編纂事業期限とされた1935年10月までの31ヵ月間に19回掲載されている。[58] 記事内容はもとより編纂事業全体の一部分を反映しているに過ぎないとはいえ、進行の実況を伝える貴重な証言であるので、その事例を蒐集資料の種目別に覗いて見ることにしたい。

　ここでは幸田の所見を参考に、蒐集資料の種目を次のように分類する。

　　（イ）日記

　　（ロ）書翰

　　（ハ）作成文書（組織内で栄一が作成あるいは関与した文書）

　　（ニ）演説・談話

　　（ホ）（栄一についての）諸人士の回想談

　　（ヘ）会社、団体、学校等の資料

(ト）その他

(イ）日記

　幕末期徳川昭武訪仏随行時の栄一の日記中「航西日記」（杉浦靄山と共同執筆）など何種かは既に知られていたが、編纂室では今回未発表のものを渋沢事務所の高田利吉（かつて雨夜譚会に参加していた）から借覧しえたとして、「編纂室より」（第2回）に詳しく紹介している。それは1868年幕府瓦解により一行が帰国の途に就いた時期の記録であった。

　　縦五寸二分横三寸一分、縦横に罫線のある西洋紙の手帳で、表紙は黒革見返はマーブル、紙数六十一丁、全部鉛筆で一方からは日誌、一方からは經費支出の覺書……慶應四年六月十四日に始まり、同年十一月二日を以て終はり……

　慶應4年（1868）は9月8日に明治に改元されている。この手帳は徳川昭武一行の帰国行程の日々の出来事を後世に伝える資料になった。幸田は帰国予定の定まった昭武がナポレオン3世（南仏に避暑中）に挨拶に赴いた日の記事を初め8件の記事原文と解説を掲載している。その中には若き栄一の実務処理の様子を示している箇所もある。一行がマルセーユで乗船する日の記事である。

　九月四日曇、月　　　　　　　　十月十九日
　　朝篤太夫飛脚船會社江罷越、船部屋及荷物積入等之儀引合、賃錢殘相渡す。夫与御買上物いたし罷帰る……第三時御乘船、コロ子ルも御船迄御供いたす。

文頭の日付は当時の邦暦（今日では「旧暦」）、後の日付は西暦である。篤太夫は栄一、コロネルは在仏中昭武の補佐役を務めたウィレト大佐(60)（le colonel Willette）である。幸田は「（青淵）先生は相變らずお忙しい。(61)」と評している。邦暦と西暦との併記は、万事自国と西洋との二重の標準の中で職務を遂行していた状況を表していよう。

　また10月28日（西暦12月11日）上海での記事に関し、幸田は明治期「雨夜譚(62)」中での言及との異同を指摘、第3の史料出現が待たれるが、出現しない場合は回想談筆記よりも日記に拠るべきであると説いている。(63)

　前掲の講演で幸田の述べている「明治32年から昭和6年迄の日記」については「編纂室たより」の第5回と第7回に佐治の記述がある。第5回では渋沢武之助から1906年の、渋沢正雄から1907年の日記を貸与せられたことが記されている。また1899年から1901年までと1910年、1911年の合せて5冊は書写済みと伝えている。(64)第7回には明石照男から1908年の、渋沢秀雄から1909年の日記を借用したことと1902年の分の書写が済んだことが綴られている。(65)

　編纂室では1934年前半には日記の書写に主力を注ぎ、10月頃までに借覧分のほぼ全冊について終了した。(66)

　これらの日記について栄一の末子である秀雄が次のように述べている。

　　和服に白縮緬の兵児帯をしめた父が、机の前へ端座してよく日記をつけてゐたのは、たいがい朝の食事前であった。……父が亡くなったとき、その日記類は二十冊ばかりも出てきた。みな博文館発行の當用日記だったが、それを私ども近親で一冊づ

つ分けることにしたから、私のところへも明治四十二年の分が届けられた。(67)

　栄一の毎年の日記は遺品として一旦近親者に配分されていたという。もし「伝記資料編纂」のために栄一の日記を集めるという企図が生じなかったならば、あるいは生じたとしても配分から長年月が経過していたならば、それらの一部は散逸してしまったかも知れない。栄一没後未だ年も浅い時期に、幸田が日記蒐集に意を注いだことが貴重な史料の保存に寄与したといえよう。(68)

(ロ) **書翰**
　「編纂室より」第1回は「當編纂室では（青淵）先生の書簡を集め、これを謄寫する事に盡力してゐる。」との言に始まる。文は「手紙はその人の事蹟を研究するに當り最も有力な材料の一つであることはいふまでもない。」と続く。この時点は事業開始以来半年が経過したところであるが、これまでに13氏と1社から398通の書翰の貸与を受けたことが記されている。13氏の中には同族の敬三、渋沢秀雄、渋沢事務所関係の八十島親義、白石喜太郎、第一銀行の佐々木勇之助、石井健吾、西条峯三郎、栄一親交先の大橋新太郎、植村澄三郎らの名が挙げられている。1社とは石川島造船所である。そのほか貸与約束済み先として18氏の名が示されているが、その中には同族の渋沢正雄、阪谷芳郎、明石照男、親族の大川平三郎、事務所関係の渡辺得男、芝崎猪根吉、第一銀行の杉田富、小平省三、栄一親交先の益田孝、古河虎之助、大倉喜七郎、身辺関係先の横山徳次郎らがいた。(69)また翌月の「編纂室より（2）」には同族の穂積重遠、親交先の西野恵之助ら20余氏から貸与を受け、累計700余通に

なったと報じられている。蒐集計画に就いては特に記載が無いが、同族、事務所役職員、龍門社関係者らが協力して広汎に提供依頼を行ったのであろう。[70]

栄一の国際的活動面でも書翰は重要な資料である。「編纂室より (3)」には貸与を受けた33氏の名が記されているが、その内10氏は米国人である。[71]「編纂室たより (6)」にはアルベール・カーン (Albert Kahn) から往復書翰6通の写真の寄贈を受けた旨報じられている。[72]「編纂室たより (12)」には、「外國人關係では、震災以前の往復の手紙を集める爲に、英國、佛蘭西、印度、及び主として米國に於ける先生の知友の間に現子爵にお願して一々御手紙を出して頂いて、そのコピの蒐集をはかった。幸にして約二百通許りの得難き記録を手に入れる事が出来た。[73]」との記事があり、現子爵すなわち敬三の尽力も伝えられている。

特定先への書翰貸与依頼の実情については「編纂室たより (13)」に次のような事例が記されている。

> 野口弘毅氏は親しく古河男爵を御紹介下され、後、西条常務理事より男爵家の尾本氏に御話を願って、先月二十二日より以降数日に亙って當室より瀧野川の御別邸に出張して、青淵先生の御書面廿数通を謄写させて頂く事が出来た。

この記事に続けて佐治は「(貴重な書翰は) 大抵深く庫中に藏せられてゐる關係から、餘程の同情を得ぬかぎりなかなかむづかしいのである。右の如き御紹介を得る事は、最も効果が多い」と述べている。[74]ここに出てくる野口は竜門社評議員であり、常務理事西条と共に第一銀行幹部であった。資料蒐集への竜門社役員の協力態勢が窺

われる。

また「編纂室たより（17）」に次のような記述がある。

　　論語算盤の説を書かれた中洲三島毅先生に宛てられた青淵先生の御手紙が無ければならぬと、渋沢事務所の高田利吉氏と話合って、二松學舎の山田準先生に其借用方を御依頼した。山田先生は早速三島復氏未亡人三代子氏から五通を借出して下され、それに自家所蔵の一通を加へて六通を當室へ貸與せられた。中洲先生の御手には十通あったさうで、餘の四通はどこへ行ったか判らないさうである。山田先生は他に自家宛の青淵先生御書翰三通を貸與せられた。
(75)

このようにして蒐集した書翰は、事業期限の1935年10月までに累計2,070通に及んだという。これら編纂室の蒐集分とは別に渋沢事務所の文書ファイル中に収められた出状控え（写し）を合算すれば凡そ5,000通に上ると想定されている。
(76)
(77)

(ハ) 作成文書

前掲の講演（1935年11月、編纂終了後）で幸田は日記、書翰について述べた後、「其次に入用な物は、一口に申せば文章でございます」として栄一の作成した建白書あるいは奏議や報告書について述べている。特に関心を抱いたのは明治6年（1873）5月上司の井上馨と連名で大蔵省に提出した財政確立の要に関する建白書の草稿についてであった。この建白書として既に転載公開されている文書には疑問があり、栄一旧蔵の草稿を確認したいが震災で焼失してしまっていた。ところが大隈重信旧蔵の原本が早稲田大学図書館に残されてい
(78)

ることが判明し、疑問を解明しえたという[79]。その蒐集記事は「編纂室たより(11)」の「御手簡以外の筆寫物」の項に「早稲田大學図書館藏　奏議　原本」とあり[80]、その頃編纂室から訪問して書写した様子である。

「編纂室たより(12)」には、「曩に澁澤子爵家より支那鞄一杯の古文書を貸與せられ、漸くその整理がついたが、今度新に又白鞄一つ及行李二つに一杯の古書類を貸與せられ、事務所の高田利吉氏が整理の上その目録を調製して引渡された。」[81]との記事がある。幸田は上の講演の中で、最初の黒鞄の中にあった多数の文書のうち蚕卵紙に関する書類について、大蔵省の誰かが英語から邦訳した文書に栄一が手を入れているものがあったと説き、この書類を通じて明治初年における生糸輸出に関する栄一の貢献を論じている[82]。伝記資料編纂の終了報告であるこの講演で幸田が採り上げている話題には、「大蔵省退官前」の資料に関するものが多く、当時露伴が執筆中であった『渋沢栄一伝』に通じるところがある。

(二) 演説・談話

演説類について幸田は、「演説、講演、式辭、祝辭、謝辭、挨拶、訓示、是等を一括して演説集に収めて居ります。これはざっと千六百程になって居ります。」と述べている。歴史研究の上でも有力な資料になるものが多いと評価し、年代順にカードを作って整理したと説明している。ただ演説といっても、あらかじめ用意した原稿を朗読したのか、自在に語った言葉を速記したのか判定し難いものがあることを指摘している。また速記原稿の校訂を栄一本人に依頼している事例も多く、訂正を経たものを「値打がある」としている[83]。後日の意識内容を重視していると推測される。

演説記録には『竜門雑誌』に転載されたものが夥しく存するが、それらは総て原稿あるいは初出稿との照合確認を行うこととした。「編纂室たより (9)」によれば、1934年5月頃より編纂員杉本長重がこの作業を担当し半年間に約50機関 (会社、学校、団体等) を訪問して原稿や初出誌を探索し、校正して決定稿を作成した。見出しえなかった初出誌 (1909年から1924年まで) も20点余りに上った。幸田主任の下、編纂員は厖大な労力を費して成果の品質を保ったのであった。佐治の記事では、こうした努力を経て、千数百篇の演説記録が一定の形式を以て集積されたという。(84) 演説記録の件数については、1935年11月の幸田の講演では先に引いた通り「千六百程」とされているが、翌1936年4月の「編纂室たより (20)」の中で佐治は「演説集　殆ど完成、千三百餘篇」と記している。(85) その差が、式辞等の算入如何によるものか、転載による資料重複分の調整如何によるものか、あるいは他の事由によるものかは判じ難い。

(ホ) 諸人士の回想談

栄一と親交のあった人士の追憶文や談話を蒐集する作業が編纂室で何時頃企図されたかは不明であるが、「編纂室たより (15)」には、栄一はしばしば外からは見えないところで会社経営や団体運営に尽力したので「Written documents」だけでは把握できず、関係者の談話で補う必要があると説かれている。(86) 談話聴取についての記事が登場するのは、事業開始から約2年を経た1934年11月の「編纂室たより (9)」で、「追憶記寄贈を約せられた」として井上哲次郎、羽場順承2氏の名が、また「追憶談を約せられた」として德富猪一郎 (蘇峰)、鈴木文治、三島通陽、高橋義雄 (箒庵) 4氏の名が挙げられている。(87) 翌月の「編纂室たより (10)」では、「追憶談をせら

れた」として、上記約束先の三島の外、山崎覚次郎、鈴木寅彦（元東京瓦斯）の名が記されている。1935年3月の「編纂室たより (13)」には、明石照男の紹介により佐治と山口栄藏の両名が日鉄元役員を訪問して教示を受け、山口はその後再三参上して鉄道をめぐる栄一の事蹟につき聴取したことが報じられている。また「先年」のこととして、幸田が敬三の紹介状を携えて大川平三郎を訪ね、大川の米国渡航と栄一に関わる談話を聴取したことも記されている。外国関係では、「編纂室たより (6)」にインドのタゴールから栄一についての短い感想文が寄せられたとの報告がある。ただ、編纂室による追憶談蒐集の成果の全体像は不明である。幸田主任の下での3年間の事業を総括した「編纂室たより (20)」には、「他人の談話等」の項目はあるものの、記録の整理は「未着手」とされている。

(ヘ) 会社、団体、学校等の資料

伝記資料の編纂について幸田は編年方式を採用した。ただし、調査の過程では編纂員に担当部門を割当てて資料蒐集に当らせた。幸田は前記講演の中で「お前は紡績業、お前は銀行業、紡績業を受持つならお前は大阪紡績の事、それが濟んだら三重紡績のことをやったら宜いだらうといふやうに分類を致し……」と述べている。ただ、合わせれば1,000を超える会社、団体等に関与した栄一について、どのような構想、どのような方法で分類、担当、調査内容、日程等を策定したのかは不明である。編纂室の人員は、筆生やタイピストを含めて8名程度であった様子と見られるので、幸田以下4～5名の編纂員が書翰や演説の蒐集と並行して会社、団体、学校等の資料調査に当ったものと推測される。

会社、団体の資料の内、早期に蒐集されたのは、第一銀行、東京

市養育院、東京商工会議所、東京銀行集会所、各地鉄道会社等のものであった。続いて特殊銀行や地方銀行の資料蒐集へと進んだ様子である。会社資料については特に創立関係書類、社史、初期の営業報告書等の入手に努めている。

編纂室では各方面宛の資料提供依頼状発信を検討してきたが、成案がまとまったのは事業開始後2カ年を経た1934年10月であった。依頼状には添状が付され、個人宛、会社宛、公共団体宛の三種に分けて、希望する資料の種目が呈示された。会社宛の添状の記載項目は次の通りである。(94)

1. 営業報告書、沿革誌
2. 往復文書
3. 意見書、演説、談話等
4. 重役、相談役等に就任、辭任したる事情及び年月日を示す書類
5. 栄一に關する記事、評論、談話等

この依頼状は個人、会社、団体合せて1,000余通発送された。翌11月の「編纂室たより（9）」にはその反響について「或方は御来訪被下、又當室より採訪し、又書籍パンフレット類の寄贈、寄稿、資料の貸與山をなした。」と記している。この月の記事には会社、団体の資料の寄贈あるいは貸与事例が多数掲げられている。また「編纂員出頭の上書類の謄寫を許された」会社、団体として東京海上火災保険、東京瓦斯、大日本人造肥料、東京株式取引所、理化学研究所等が挙げられている。東京海上からは創立願書の、東京瓦斯からは沿革および事業略史の、株式取引所からは栄一の祝辞写しの寄贈

も受けている。ほかに大日本製糖、六十九銀行、中日実業、東京地下鉄道等の社史を受贈、貴族院、日本工業倶楽部、日本ホテル協会、太平洋問題調査会、東京統計協会、二松学舎、日仏協会、日露協会、斯文会ほか多数の団体から様々な資料を得た。[95]この後も多くの会社、団体、学校から資料を入手してゆく。

　栄一瞑目の当日「平和記念日と渋沢子爵追憶の夕」を開催した国際連盟協会は、1933年3月わが国が国際連盟を脱退したため日本国際協会と改称していたが、編纂室で国際部門を担当していた佐治は1935年4月から5月にかけて同協会を数回訪ね、所蔵する総会、理事会の議事録や会務報告綴りにつき閲覧の便を受けた。佐治は同協会会長であった栄一の演説記録などを調査し、それらを渋沢事務所所蔵の文書と照合して伝記資料として確定している。[96]

　第一銀行についても調査は続けられ、やはり1935年5月に第一国立銀行「半季實際考課狀」の第1回から第46回までを同行から借用している。これと前後して三井文庫からも第一国立銀行資料を借用している。[97]震災によって生じた資料の欠如分を補充したのかも知れない。このように編纂室では会社、団体資料の蒐集にも力を尽したが、栄一の場合事蹟の範囲が余りにも広いので、その全体像に対して整合性ある成果を求めるには、人員も時間も乏しかったと考えられる。

(ト) その他

　編纂室では諸方面より図書の寄贈や貸与も受けた。例えば1935年5月の「編纂室たより (15)」には次のような図書借用記録がある。(【】括弧内は貸与者。)

- 『一橋五十年史』【如水会】
- 『立志實傳大倉喜八郎』【大倉商事】
- 『九鐵二十年史』【鉄道省図書館】
- 『山縣有朋公傳』（全3冊）【阪谷男爵家】
- 『歐米の施療事業』（栄一加筆本）【東京市養育院】　ほか

　敬三（渋沢子爵家）からも蔵書27冊を借用しているが、その内容は不明である。⁽⁹⁸⁾

　事業期限とされた1935年10月の「編纂室たより（19）」には「目下資料又その参考として當室に藏する藏書八百五十三點、その半以上は青淵文庫の藏書を拜領したものであり、加へて事務所よりの寄贈品竝に購入品寄贈品より成る。購入本は主に古本で、約百冊位には上ったであらう。」と記されている。⁽⁹⁹⁾

　編纂員は図書館も頻繁に利用している。1934年に佐治と杉本長重とは帝国図書館から特別閲覧券の下附を受け、数十回入館して演説等の資料を探索している。また東京帝国大学法学部内の明治新聞雑誌文庫をやはり数十回訪問しているが、同文庫主任の宮武外骨は竜門社の依頼に応え、栄一に関する新聞雑誌記事の抜粋資料を作成、提供した。⁽¹⁰⁰⁾

　事業第3年目の1935年には「明治時代に於ける諸会社の設立願、定款等を得るためには、東京府廳及東京商工会議所図書館を連日に亙って採訪し、西原、山口、増山等が主として之に従事した。」と、「編纂室たより（20）」の中で回顧されている。⁽¹⁰¹⁾編纂室では最終年に、会社、団体の資料蒐集に注力した様子が窺われる。編纂員の西原俊二は文学士であったが、山口栄蔵は経済学士、増山清太郎は商学士であった。⁽¹⁰²⁾

このように幸田を初め編纂員は外訪にも励み、資料蒐集に努力を傾注した。しかし、編纂室の使命は伝記資料の蒐集に止まるものではなくその編纂にある。ただ伝記編纂ならぬ伝記資料編纂の方法は、当時必ずしも自明ではなかったかも知れない。しかし編纂主任の幸田は明確な方法意識を抱懐していた。それは幸田が編年資料と呼ぶ方式であった。1935年11月、編纂事業を終了した幸田は、竜門社会員総会における講演の中で次のように説いている。

　　資料が集って参りますとそれで以て編年資料と申すものを作りまして……それはどう云ふものかと云ふと先ず重大な事件を短い成るべく簡単な文章で書きまして、それをまア見出しのやうに致しまして、そしてそれに關係致しました資料を順序を考えて並べる、そして今の見出し、即ち綱文と稱して居りますが、その綱文を上へ置いてそれで一事件を括ってしまふ、……それを年月日順で以て順々に拵へて行く……⁽¹⁰³⁾

ここでは「重大な事件」と表現されているが、(特段重大でなくとも)ともかく記録に留めておくべき事項すべてについて、その事項に関する資料群を取りまとめて要項書、すなわち綱文を作成し、綱文と個別資料とのセットを時系列で並べる、という方式である。綱文のみを時系列で並べれば詳細目次になる。幸田は20余年前に『大阪市史』編纂のための基礎工事として、この方式により厖大な「大阪編年史料」を構築していた(『大阪市史』全5巻は1910年代に出版されたが、「大阪編年史料」は長くそのまま保存され、幸田没後10余年を経た1967年から1978年にかけて、江戸期末までの分が『大阪編年史』全25巻とし

て大阪市立中央図書館から刊行された）⁽¹⁰⁴⁾。

　この幸田の編年資料方式、すなわち綱文掲出方式は、東京帝国大学史料編纂掛（史料編纂所の前身）が明治34年（1901）に、編纂掛主任であった三上参次らの手により刊行を開始した『大日本史料』に倣ったものであった。更に遡れば、1801年（享和元年）に塙保己一が幕府に建議して編纂された史料集『史料』において綱文方式が採用され、『大日本史料』はこれに倣ったものだという⁽¹⁰⁵⁾。栄一は生前、保己一ゆかりの温故学会のために尽力したが、歿後には保己一の方法論の余沢を受けたことになる。

　『渋沢栄一伝記資料』の綱文は、現在では渋沢栄一記念財団のウェブサイトでも見ることができるが、それは幸田成友が採用し、後述する土屋喬雄が受け継いだ方式であった。その方式の背後には塙保己一や三上参次ら遠き先学の歴史記述への想念が存するといえよう。

　このように、幸田主任の指導下に編纂室では蒐集した資料総てを綱文方式で編年体にまとめ上げる作業を急いだ。所定の期限は1935年10月であったが、2カ月余り延長して、同年12月末に編纂事業を終了した。事業終了を前に、同年11月の竜門社会員総会で「青淵先生伝記資料の編纂に就て」の題で講演を行い、その記録が『竜門雑誌』の同年12月号および翌1936年1月号に掲載されたことは前述の通りである。

(5) 竜門社の財務運営状況（1933〜1935年度）

　既に記した通り、栄一の遺言書に基づき、永眠翌月の1931年12月初に竜門社は曖依村荘の受納を決定した。遺言書には村荘に加

えて維持資金として10万円の寄贈も定められていた。遺言執行者たる敬三は、早速維持資金を竜門社に提供したらしい。⁽¹⁰⁶⁾1931年度決算（1932年3月末現在）の貸借対照表を見ると、貸方（負債・純資産）に「別途仮受金」として10万円が計上されており、借方（資産）に同資金が「別途定期預金」とされていることが表示されている。「別途仮受金」は翌1932年度に科目名が「青淵先生遺贈金」に変り、決算が判明する1942年度までこの科目名で継承されてゆく。一方運用面（資産勘定）では1934年度に預金から有価証券（第一銀行株式）に振り向けられ、収支計算書上で配当金収入の増加を生じている。

村荘不動産については栄一永眠の翌年度、1932年度決算（1933年3月末現在）の貸借対照表上借方（資産）に、土地28万4,000余円、建物6万8,000円弱、什器2万円、合計37万2,000余円が計上され、貸方（負債・純資産）には青淵先生遺贈物評価として37万2,000余円が引当計上された。⁽¹⁰⁷⁾

収支面では村荘維持費として1932年度に2万8,000円を予算に計上したが、同年度に村荘維持に関わる経費的支出は発生しなかった。⁽¹⁰⁸⁾村荘の実質上の引渡しが遅れたためである。村荘に居住していた栄一未亡人兼子の移転先手配や、邸内の様々な道具類の整理、遺贈範囲の確定などに、当初予想した以上の時間を要したのであった。諸問題を解決して正式の引渡しを行ったのは遺贈決定から一年余りを過ぎた1933年4月のことであった。その授受式の様子を覗く前に、やはりこの時期（1932年度）に設立準備が進行していた渋沢青淵翁記念会の状況を見ることにしたい。

前述の通り郷誠之助を中心とした有力実業家が、「榮一の銅像建設、傳記編纂並びに曖依村荘保存への支援活動」を目的とした新団

体「財団法人渋沢青淵翁記念会」設立を図り、1932年8月に賛助金募集の趣意書を各方面に発送した。成果の詳細は不明ではあるが、全国の実業家の賛同を得て所期の募金目標は十分達成されたものと推測される。設立準備の段階から事務局は日本工業倶楽部が担ったと考えられるが、早急に「寄付行為案」も作成し、同年12月20日付で内務大臣（山本達雄）並びに文部大臣（鳩山一郎）宛に財団法人設立を申請した。年末年始の休日を挟んだにも拘わらず、年明け（1933年）の1月12日に両省の認可を得ている。この認可を受けて記念会は発足した。理事長には郷誠之助、常務理事には大橋新太郎と佐々木勇之助とが就任した。理事には石井健吾、西野恵之助、堀越善重郎、渡辺得男、中島久万吉、阿部房次郎、膳桂之助らが連なり、監事には服部金太郎、矢野恒太、植村澄三郎が就任した。理事長、常務理事を含め、理事、監事はすべて評議員の中から選任されており、評議員の総勢は59名に上ったが、うち11名は竜門社でも評議員（理事等を含む）を務めており、敬三もその一人であった。評議員の外に顧問を10名が務め、阪谷芳郎も顧問に就いている。そもそもの発端であった銅像はこの1933年11月、日本銀行に近い常盤橋公園に建立された。栄一命日（11月11日）に施行された除幕式では、郷の式辞に続いて建設委員の西野が工事経過を報告、敬三子息の雅英が制作者朝倉文夫と共に除幕の綱を引き、遺族を代表して敬三が謝辞を述べた。(109)

　銅像建設と共に記念会独自の事業である「傳記編纂」については、少し先走るが1937年1月に小畑久五郎による英文伝記が、1939年5月に幸田露伴による『渋沢栄一伝』が上梓されることになる。もう一つの事業である「曖依村荘保存への援助」は村荘を受納した竜門社との連携活動であり、その方法については1933年度以降、郷、

大橋、膳らが竜門社系評議員らと協議を進めたものと想像される。

　先に見たように、曖依村荘の竜門社への遺贈は1931年12月に決定し、経理面では物件は竜門社に移転されたが、竜門社がその使用に着手するには時間を要したために、結局1932年度一杯を費す結果になった。これらが総て解決され、渋沢家から竜門社への村荘授受式が行われたのは、1933年4月23日（日）会員総会の日のことであった。授受式は敬三が各理事、監事、評議員を招待する形で、この日の理事会・評議員会及び総会に先駆けて行われた。渋沢家側からは敬三初め8名（渋沢武之助、正雄、秀雄、明石照男、穂積重遠ら）が、竜門社側からは阪谷理事長、佐々木（勇之助）評議員会長以下役員21名（西条峯三郎、渡辺得男、石井健吾、杉田富、清水釘吉、石坂泰三、白石喜太郎、佐々木修二郎、小平省三ら）が邸内に居並んだ。まず敬三が引渡書面を読み上げる。「祖父ノ遺言ニ基キ…………今般右遺言ニ依リ付属品ノ範囲ヲ決定致シ遺嘱全部ヲ執行致候ヲ機トシ別紙目録差進候也」そして目録が阪谷に渡され、阪谷は「……茲に全部の引繼を了するに當り、其の授受の式を擧げられ、目録を正に拜受致しました。……一同を代表致しまして深く感謝の意を表します。」と応答した。その目録には、栄一の一橋家時代以来の数々の遺品や最後まで枕頭にあった論語の屏風を初め多数の道具、美術品（雅邦「郭子儀圖」など）の品目が記され、それらの実物の多くがその日邸内に展示されていた。一同はそれらを観覧して書院での午餐会に臨む。敬三は「……この家の構造から見ましても、普通の家の目的とする安息、休養と云ふことを無視し、どこまでも来客本位、接客本位に出来て居ります。」と述べ、栄一の本意に即して使用願いたく、必要であらば如何様に改変を加えられても構わない旨を告げ

た。これに佐々木（勇之助）評議員会長が答えて「先生の御遺志により、此の立派なる村荘を龍門社へ下される事に相成り、……今日は又、結構なる什器道具類の數々添へて……目録を頂戴いたしました事は、我々の深く感謝いたす所であります、……現子爵の只今仰せられました御思召に從ひまして、最も有意義に本村荘を使用いたしたい……」と挨拶した。村荘の社会的活用目的のためであれば庭園、邸宅の改変も差支えないとの言は、竜門社幹部役員に対する敬三の配慮の深さを物語るものであるが、加えてあるいは敬三が何らかの着想を抱いていたのかとの想像を誘うものでもある。曖依村荘が迎賓に重点を置いていたとすれば、三田綱町の敬三邸は多分に研究所活動を重視して改変されつつあったのであり、敬三も祖父同様、自宅に安息、休養を求める人ではなかった様子である。

　この日竜門社役員の長老居並ぶ前で、渋沢家当主たる敬三は阪谷、佐々木から儀式上鄭重に謝辞を受けたわけであるが、これこそ亡き栄一が念願し周到に進めてきた構想の一景であったと見られる。かくして竜門社は、その事業範囲の上で新しい局面に入った。その後様々な曲折を経たとはいえ、曖依村荘の受納は、今日の渋沢栄一記念財団の活動基盤にも影響を及ぼしている出来事であったといえよう。

　竜門社ではこの後曖依村荘公開の準備を進め、9月末の理事会・評議員会で使用規定並びに庭園観覧規定を定めた。庭園については既に授受式以前から学校生徒の見学などに供していたことが、竜門雑誌に報じられている。(111)

　曖依村荘運営管理についての収支状況を見ると、1933年度には収支計算書上には先述の遺贈物登録費以外の支出計上は無く、貸借

対照表・借方（資産）に「曖依村荘維持費假拂金」として1万1,570円余りが計上されている。1934年度からは収支計算書上に「曖依村荘維持費支払基金支出」等の科目名で計上されてゆくが、金額は同年度の1万7,600余円から年々ほぼ漸増し、1942年度には2万3,700余円に達している。この支出に対し、1934年度に青淵翁記念会の支援が開始され、同年度は6,000円、1935年度は9,000円、1936年度は1万2,000円とこちらも漸増、1939年度以降は毎年1万5,000円が補助金として竜門社に提供された。

竜門社の曖依村荘維持（運営管理）事業それ自体については次章以後には触れないので、ここで戦前期の同事業に関わる収支事情を確認し、併せてこの事業に対する青淵翁記念会の協力や敬三による寄与の状況を見ておくこととしたい。

村荘庭園の公開や施設の利用希望への提供は1933年10月に開始された。半年経過後の1934年4月の庭園観覧者数は91名であった。また同年5月には「澁澤元治主催の米国電気會社ハリマン社長夫妻招待茶話會」「如水會家族大會」「日本國際協會全国支部長會議及午餐會」「東京帝國大學セツルメント託児所児童、母の會、學生保姆懇親會（穂積重遠夫妻参加）」「日本聖公會瀧野川教會親睦會」などに施設が利用されている。もっとも庭園観覧者数は催しの事情により変動があり、1937年4月には6,200余名が来観したと報じられている。

竜門社の収支計算書上に村荘維持関係費が計上された1934年度から、決算結果の判明する1942年度までの9年間の累計額を見ると、維持関係費支出は20万8,467円余り（年平均2万3,163円）、記念会からの補助金収入は11万5,500円（年平均1万2,813円）になり、竜門社で

は、曖依村荘運営管理費用の凡そ55％分について記念会から支援を受けたことになる。科目内の支出明細は不明であるが、間接的費用を含めて考えれば、竜門社と記念会とで費用をほぼ折半したといえるのかも知れない。

先に見たように、曖依村荘の遺贈に際しては物件の他に維持資金10万円が寄贈されたが、竜門社ではこれを取り崩すことはせず、差し当り別途定期預金として保持した。授受式後、すなわち1933年度から1934年度にかけての竜門社の村荘運営管理支出状況を見つつ、敬三は維持資金の補強を図る必要を察知したらしい。1934年12月に敬三は、栄一遺贈金と同額の10万円を追加寄贈している。(116) 追加寄贈を受けた竜門社側では理事、監事が協議、この10万円を以て第一銀行株式1,300株を購入することに決した。また(1934年度決算書から推定すれば)当初の栄一遺贈金も別途定期預金を解約して、うち8万円弱を第一銀行株式1,000株の購入に充てることにした。(117) 1933年度末現在の第一銀行株式保有は2,000株であったが、この処理の結果1934年度末の保有高は4,300株に増加した。(118)

この保有株式増加はもとより配当金収入増加のための施策である。1931年度から1933年度にかけて、収支計算書上の経常収入額は毎年1万6,000円程度であったが（遺贈金は資産の受取として取扱われたので貸借対照表に計上され、収支計算には関係していない）、その内8,000円が配当金収入であった。1934年度予算でも配当金収入は8,000円と見込まれていた。しかし1934年度の中途で株式の買い増しを行ったため、同年度の配当金収入は1万4,600円に増加した。1935年度には期初から効果が及んだので、同収入は1万7,200円となった。(119)

1934年度株式買い増しによる配当金収入増加額（1935年度以降は年間9,200円）は、渋沢家からの再度にわたる受贈金の効果であった。

先に1942年度までの曖依村荘運営管理費につき、その半額余りを記念会が負担したことを記したが、竜門社負担額についてもこの配当金増加分によって補填されたわけである。これを算出すると次の通りになる。

1934〜1942年度間　曖依村荘維持関係費　分担状況 (単位：円、%)

		構成比
村荘維持関係費累計額	208,467	100.0
青淵翁記念会よりの補助金累計額	115,500	55.4
渋沢家受贈金に基づく配当金収入	80,200	38.5
（うち栄一遺贈金分）	(34,870)	(16.7)
（うち敬三寄附金分）	(45,330)	(21.8)
竜門社実質負担額	12,767	6.1

すなわち、村荘維持費として計上された金額については、9年間の支出総額約20万円の内、実質的に竜門社の負担した額は1万3,000円程度（年平均約1,400円）で、敬三は4万5,000円分の寄与をしたことになる（敬三寄附金10万円は1942年度末にも資産〈第一銀行株式〉として計上されている。4万5,000円は9年間の運用果実である）。

竜門社における曖依村荘受納に伴う収支面の影響については以上の通りであるが、次に1932年度から1935年度までの幸田成友主任の下での伝記資料編纂事業の収支状況を瞥見しておきたい。

前述の通り竜門社では、栄一瞑目の直後にまず伝記編纂を計画したので、1932年度予算には青淵先生伝記編纂費として1万2,000円を計上した。期初に佐治祐吉を発令して編纂室開設準備に当らせ、年度の中途で伝記資料編纂へと変更、10月に編纂主任として

幸田成友を迎え、事業を開始、1935年12月末に終了した。予算や収支計算書上の伝記資料編纂費の内訳は判明しないが、一時的な事業とされたので人件費等も編纂費の中に含まれていたかと推測される。1932年度から1935年度までの4年間の編纂費予算合計額は5万5,400円であったが、支出実績合計額は4万7,823円と予算の範囲内に納まった。ただ、果すべき作業の量が膨大であるのに比し人員が十分ではなかった様子で、1936年4月に佐治がこの編纂事業の事務面を総括した記事中にも「無限にある材料を少人数で整理編纂して行かうといふには外間の想像を許さない程の心労、多忙がある」との記述がある。(120) 編纂員、写字生、タイピストらの中には健康を害した事例も何人かあったという。1934年12月に敬三が前述の村荘維持資金10万円を寄贈した際に、伝記資料編纂費として別途2万円を寄附したのであるが、人員の補強に資したいとの意向もあったかと想像される。1935年度までの伝記資料編纂に関わる寄附金はこの敬三による2万円のみであった。これによりこの間の竜門社における編纂費の実質負担額は約2万8,000円（年平均約7,000円）であったことになる。

1931年11月の栄一の他界は竜門社に新しい事業展開を招来したわけであるが、1935年度末時点においてそれら新規事業（村荘維持と伝記資料編纂）が竜門社の財政に及ぼした影響をまとめれば次頁の表のようになるであろう。

新規事業開始に際し、竜門社では1932年度から1935年度までの4年間に、村荘維持と伝記資料編纂とに合計8万5,400円（前者に3万円、後者に5万5,400円）の予算を組んだのであるが、結果的には実質3万3,900円の負担で繰回したことになる。その間青淵翁記念会からは1万5,000円の、渋沢家からは3万5,800円の支援を受けた、と

いう構図であった。[121]

栄一没後4年間における竜門社新規事業の費用分担状況 (単位:円)

1932〜1935年度	村荘維持	伝記資料編纂	合　計
維持費・編纂費	36,877	47,823	84,700
青淵翁記念会よりの補助金収入	15,000		15,000
渋沢家受贈金に基づく配当金収入	15,800		15,800
敬三よりの寄附金		20,000	20,000
竜門社実質負担額	6,077	27,823	33,900

　これまで見てきたように、敬三は、栄一没後1935年度までの間の竜門社の活動に対し、資料提供面や資金面において様々な支援を行っているのであるが、またこの時期には三田綱町自邸の祭魚洞文庫に漁業史研究室を設けて、「豆州内浦漁民史料」研究を本格化させていった。1932年に持ち帰った大川家文書の整理、筆写、校合を祝宮静、藤木喜久馬らに依嘱すると共に、経済史的研究のために学友土屋喬雄に若手研究者の推薦を求めた。土屋の紹介により、山口和雄、楫西光速、宇野脩平が順次漁業史研究室に入り、[122] 櫻田勝徳らも参加して全国各地の漁業の歴史解明が進められてゆく。祭魚洞文庫で開かれる研究会には土屋もしばしば参加した。研究成果たる『豆州内浦漁民史料』が1940年に日本農学会から農学賞を受けたのは知られる通りである。

(注)

(1)『渋沢栄一伝記資料』第29巻、593-608頁。
(2)「渋沢青淵記念財団竜門社百年史」『青淵』第447号（1986.6）、22-26頁。『青淵先生、想い続けて120年――竜門社の歩み――』渋沢栄一記念財団渋沢史料館、2006年、8頁。『渋沢栄一伝記資料』第57巻、445-462頁。
(3) 渋沢敬三「あとがき」『瞬間の累積――渋沢篤二明治後期撮影写真集――』慶友社、1963年、277頁。
(4) 1909年の竜門社の改革について、島田昌和は「栄一自身も道徳経済合一説を一般に広めるに当たって篤二や娘婿の阪谷を中心とした渋沢家第二世代中心の運営から竜門社を分離したいとの思いもあって組織変更になったようである。」と指摘している（『渋沢栄一の企業者活動の研究――戦前期企業システムの創出と出資者経営者の役割――』日本経済評論社、2007年、174頁）。
(5) 父親（篤二）が栄一の後継者たる道を回避したために自身の行路は選択肢を容認されない状況になっていたことを敬三は意識していた（「渋沢敬三氏金融史談」日本銀行調査局編『日本金融史資料』昭和編、第35巻、大蔵省印刷局、1974年、299頁）。
(6) 栄一生前時期の同族会収支状況については、島田昌和『渋沢栄一の企業者活動の研究――戦前期企業システムの創出と出資者経営者の役割――』第3部「資金面のネットワーク」に、詳細な紹介と分析がなされている（日本経済評論社、2007年、217-317頁）。同族資産の「総有」方式については、安岡重明『財閥形成史の研究』ミネルヴァ書房、1970年（および同書増補版、1998年）、安岡重明『財閥経営の歴史的研究――所有と経営の国際比較――』岩波書店、1998年等参照。
(7) 八十島親徳「日記」『渋沢栄一伝記資料』第57巻、369-370頁（渋沢栄一「日記」、『渋沢栄一伝記資料』第57巻、368頁も参照）。飛鳥山邸に居住していたのは栄一と後妻兼子で、前妻の子である篤二（敬三の父）には1909年三田綱町邸があてがわれていた。飛鳥山邸は栄一の迎賓館であったので、自身の死後は、兼子には別の住居を手当の上で、売却して代金を同族会の基本財産に組み入れる構想であった。
(8)『渋沢栄一伝記資料』第57巻、385-388頁。同族会社設立の趣旨について、栄一は「家族が沢山ある為めに、其家族の生活を成べく公平且安全にする為めには、僅少ながら私の一家の財産を共同に保持して、成べく丈け相協和して生計を営むやうにしたいと云ふのが趣旨で」と述べ、最後に「此会社を作る

と云ふことは、私の棺を蓋ふた後と思ったけれども同族等の説では寧ろ生前に極めて置いた方が却て後日同族中の物議を生ずる等の事がなからうと云ふので、遂に之を今日に発表した」と付言している。(『竜門雑誌』第325号(1915.6)、21-23頁)。同族会社は資産管理を法的に行うための機関で、同族の定例的集会は任意団体たる同族会が実施、栄一が主宰していた(「渋沢敬三氏金融史談」『日本金融史資料』昭和編、第35巻、301-302頁)。なお、1920年代の渋沢同族株式会社の財務状況や役員等については、粕谷誠・武田晴人「両大戦間の同族持株会社」『経済学論集』第56巻第1号、東京大学経済学会、1990年、113-151頁中に論及されている。

(9) 「柏葉年譜」中山正則編『柏葉拾遺』柏窓会、1956年、2頁。

(10) 土屋喬雄「私の履歴書」『私の履歴書』文化人17、日本経済新聞社、1984年、45頁。

(11) 後に「本邦工業史に關する一考察」の題名で、『竜門雑誌』(第446〜449号)に掲載後、『祭魚洞雑録』(郷土研究社、1933年)に収録。同書は敬三没後『渋沢敬三著作集』(第1巻、平凡社、1992年、235-325頁)に収められ、更に2013年、渋沢敬三記念事業公式サイト「渋沢敬三アーカイブ」で閲覧可能になった(http://shibusawakeizo.jp/writing/01_01_008.html (2014年6月6日閲覧))。

(12) 渋沢栄一記念財団渋沢史料館編『渋沢栄一と関東大震災:復興へのまなざし』渋沢史料館、2010年、および木村昌人"民"の力を結集して震災復興を――渋沢栄一に学ぶ――」渋沢栄一記念財団ウェブサイト、2011年5月http://www.shibusawa.or.jp/eiichi/earthquake/earthquake01.html (2013年6月6日閲覧、初出は公益法人協会「公法協メール通信」2011年4月11日送信号) 等。

(13) 「渋沢青淵記念財団竜門社百年史」、49頁。なお、今日の組織統治体制と異なり、当時は評議員中の執行関与者が理事を兼務した。従って理事長も常務理事も評議員との兼務であった。

(14) 草創期には「アチックミューゼアムソサエティ」と称したこともある。表記については「アティック」や(中黒を入れた)「アチック・ミューゼアム」の例もあり一定していない。

(15) 「彙報」『竜門雑誌』第453号(1926.4)、75頁。この時は評議員(30名)の半数交代時期に当り、篤二も退任、敬三が初めて竜門社役員に就任した。

(16) 第一銀行入行(取締役就任)時期につき、敬三は叔父明石照男に配慮して半年遅らせたという(「渋沢敬三氏金融史談」『日本金融史資料』昭和編、第35巻、303-304頁)。

(17) 栄一の回想談を聴く会合は、「雨夜譚会」の名称で少くとも三次にわたっ

て開催された模様である。第1次　明治20年（1887）、書生への訓話、於深川・渋沢邸（『青淵先生六十年史』全2巻、1900年に引用）。第2次　1918～1923年、同族会伝記編纂所・伝記編纂事業の一環（「続雨夜譚」とも称す）、於渋沢事務所（一部は稿本に収録。速記録は震災により焼失）。第3次　1926～1930年、渋沢事務所による伝記資料蒐集（委員長　敬三、幹事　白石喜太郎）、於飛鳥山曖依村荘または渋沢事務所（要項は『渋沢栄一伝記資料』第57巻、708-715頁に掲載、全文は同書別巻第5、523-724頁に収録）。以上出所：佐治祐吉「青淵先生伝記編纂事業の沿革略」（「青淵先生伝記資料編纂所通信（2）」）『竜門雑誌』第581号（1937.2）。

(18)『渋沢栄一伝記資料』第57巻、708-709頁。「雨夜譚会談話筆記」『渋沢栄一伝記資料』別巻第5、523-524頁。

(19) 敬三所見の内、「伝記作成の抑制」は敬三独自の発想かと推測される。「オーラルヒストリーを含む資料蒐集の重視」については、栄一における『昔夢会筆記』作成や、阪谷芳郎による『青淵先生六十年史』での「雨夜譚」援用等の事例が発想の土壌として作用していたことも考えられよう。

(20) 聴取テーマの体系性は判じ難いが、中断した栄一伝草稿中の欠如部分を補うものかと想像される。

(21) 1927年金融恐慌の渦中で、日銀は紙幣の印刷が間に合わず「裏白」紙幣発行により切り抜けたが、19年後敬三は日銀総裁として金融緊急措置令施行に際し、新円紙幣準備の時間無く、証紙貼付方式で切り抜けることになる。

(22)『渋沢栄一伝記資料』第57巻、311-341頁。なお帝国劇場（1911年開場）創設時に建設、経営を託されたのは西野恵之助で、栄一は会長を務めた（由井常彦『西野恵之助伝』日本経営史研究所、1996年、27-32頁）。

(23) 増田明六「日誌　昭和二年」『渋沢栄一伝記資料』第57巻、312頁。

(24) 税制との関係も想像されるが、それについては識者の御教示に俟ちたい。

(25)「彙報」『竜門雑誌』第477号（1928.6）、52頁。

(26)『第一銀行史』下巻、第一銀行八十年史編纂室、1958年、122-124および128-138頁。なお重役室は3階に配置された。後に伝記資料編纂所や実業史博物館準備室が入る5階には手形交換室や大食堂があった様子である（同書、133頁）。なおほぼ同時期に建設された三井本館内の三井銀行本店でも本金庫は米国製を使用している。両銀行本店竣工の10数年後、米軍機空爆下に頼りにされたのはこれら米国製大金庫であった。

(27)「柏葉年譜」『柏葉拾遺』、2頁。

(28) 渋沢雅英『父・渋沢敬三』実業之日本社、1966年、48-49頁。

(29)『竜門雑誌』第519号（1931.12）、巻頭。
(30)「彙報」『竜門雑誌』第514号（1931.7）、83頁。
(31)「彙報」『竜門雑誌』第519号（1931.12）、232頁。
(32)「青淵先生動静大要」『竜門雑誌』第517号（1931.10）、84頁。『渋沢栄一伝記資料』第40巻、72-96頁。
(33)『渋沢栄一伝記資料』第40巻、97-106頁。
(34)『渋沢栄一伝記資料』第37巻、358-363頁。
(35)以下、栄一の永眠から葬儀に至る記述は下記資料による。『竜門雑誌』第518号（1931.11）、および同誌第519号（1931.12）。『渋沢栄一伝記資料』第57巻、728-756頁。「渋沢青淵記念財団竜門社百年史」、53-56頁。『青淵先生、想い続けて120年──竜門社の歩み──』、18頁。「渋沢栄一年譜──詳細年譜（昭和6年）」渋沢栄一記念財団実業史研究情報センター・ウェブサイトhttp://www.shibusawa.or.jp/SH/kobunchrono/ch1931.html（2014年6月6日閲覧）。
(36)「彙報」『竜門雑誌』第519号（1931.12）、232頁。
(37)『渋沢栄一伝記資料』第57巻、708-715頁。
(38)本稿は公開資料のみに拠り執筆することになっている。
(39)『渋沢敬三没後50年企画展祭魚洞祭』渋沢栄一記念財団渋沢史料館、2013年、59頁。
(40)忌日のうち最も重要な七七忌はたまたま12月29日と年末に当ったため、五七忌の同15日に寛永寺で大法要（115名参列）の後、帝国ホテルにて供養晩餐会（191名出席）を開いた。同29日も飛鳥山邸で法要を行っている（51名参拝）（『渋沢栄一伝記資料』第57巻、757-765頁）。
(41)渋沢敬三「『豆州内浦漁民史料』序」『豆州内浦漁民史料』上巻、アチックミューゼアム、1937年（のち網野善彦他編『渋沢敬三著作集』第1巻、平凡社、1992年、563-579頁に収録）。山口和雄「『豆州内浦漁民史料』解題」『渋沢敬三』上巻、渋沢敬三伝記編纂刊行会、1979年、229-242頁。「伊豆国君沢郡内浦史料」国文学研究資料館ウェブサイト『史料情報共有化データベース』http://base1.nijl.ac.jp/~eadfa/db/internal/ocl-JALIT-DHD/changeview.cgi?xmlfdir=ac1948026.0301&xmlfname=ISAD_ac1948026.0301_ead-src.xml&xslfname=EADFAentire.xsl（2014年6月6日閲覧）。なお、この序文に見る限り、1932年1月から5月にかけての三津静養期間中、敬三は銀行職務を全く意識していない様子である。ここに青淵嫡孫たる敬三の、内に秘めた骨柄の逞しさが窺われる。
(42)「彙報」『竜門雑誌』523号（1932.4）、85-86頁。なお不足額への対応については特に言及されていないが、差し当りは積立金（前年度末残高11万5,000

余円)を充当し、中長期的には補助金、寄附金等の受け入れを企図していたと見られる。

(43)『青淵先生、想い続けて120年——竜門社の歩み——』、22頁。

(44)藤木はアチック関係では名を喜久麿と表記している。竜門社の記録では喜久馬と表記されているので喜久馬が公的表記、喜久麿は私的表記かと推測される。

(45)「『豆州内浦漁民史料』序」『渋沢敬三著作集』第1巻、577頁。

(46)「彙報」『竜門雑誌』第525号(1932.6)、89頁。

(47)発起人中には、三井八郎右衛門(高棟)、安田善次郎(二代目)、小倉正恒、牧田環、益田孝、各務鎌吉、串田万蔵、有賀長文、池田成彬、結城豊太郎、藤山雷太、藤原銀次郎、野村徳七、馬場鍈一らも加わった(「『青淵翁記念会』の計画」『竜門雑誌』第527号(1932.8)、103頁)。

(48)『渋沢栄一伝記資料』第57巻、825-826頁、および前掲「『青淵翁記念会』の計画」、104頁。

(49)伝記執筆依頼先に幸田露伴を選定した経緯については公開資料では判明しない。岩波と明石や第一銀行との関係については安倍能成『岩波茂雄傳』岩波書店、1957年、100頁、163頁参照。

(50)小林勇『蝸牛庵訪問記』岩波書店、1956年、49-53頁。なお小林はこの経緯を昭和9年(1934)の項目中に記述しているが、次注に記す通り昭和7年(1932)のことと考える。敬三は、岩波とは1920年代からの知己であった(岩波書店編集部編『岩波茂雄への手紙』岩波書店、2003年、12-16頁)。『蝸牛庵訪問記』に上記記述があることについては、平井雄一郎「渋沢栄一の『事実/真実』から『存在の謎』へ」(『記憶と記録のなかの渋沢栄一』法政大学出版局、2014年)に教示を受けた。

(51)「旅譜(昭和7年)」『柏葉拾遺』柏窓会、1956年、8頁。なお『柏葉拾遺』所収「柏葉年譜」(『柏葉拾遺』、3頁)には、露伴訪問が昭和8年(1933)の事項中に記載されている。「柏葉年譜」には記憶による記述も含まれている一方、「旅譜」は記録に基づく記述と推定されるので、本稿では「旅譜」の記述を採用する。ただし「旅譜」に記載の無い訪問目的については「柏葉年譜」に拠る。また露伴への栄一伝執筆依頼の経緯に関し、「小林勇が根回しをした上で佐々木勇之助と大橋新太郎とが訪問して依頼した」との明石照男の談話筆記があるが(『經濟往来』1953年5月号、経済往来社、125-126頁)、真偽を確かめ得ないのでここでは参考に止める。

(52)「青淵先生伝記資料編纂室たより(以下「編纂室たより」と略記する)

(20)」『竜門雑誌』第571号（1936.4)、57頁。
(53)「彙報」『竜門雑誌』第529号（1932.10)、91頁。
(54) 井上潤渋沢史料館館長に聴取。
(55)「編纂室たより（20)」『竜門雑誌』第571号（1936.4)、57頁。
(56)「彙報」『竜門雑誌』第531号（1932.12)、100頁。
(57) 幸田成友「青淵先生伝記資料の編纂に就て（上)」(1935年11月27日第91回竜門社会員総会講演)『竜門雑誌』第567号（1935.12)、6頁。
(58) 事業終了後の1936年4月に第20回の記事が掲載されたが、これは3年間の作業状況を総括したものでやや性格を異にするので、ここでは切り離し別途取り扱うことにする。
(59)「青淵先生伝記資料編纂室より（以下「編纂室より」と略記する）(2)」『竜門雑誌』第536号（1933.5)。
(60) ウィレットについては「編纂室たより（16)」『竜門雑誌』第561号（1935.6)、96頁参照。
(61) 前掲「編纂室より（2)」。
(62)「雨夜譚」は明治20年（1887）の栄一の回想談（注16を参照)。『青淵先生六十年史』（竜門社、1900年)、『渋沢栄一伝記資料』別巻第5（1968年）に収載後、岩波文庫『雨夜譚』(1984年）として発兌。刊行歴の詳細は岩波文庫版の長幸男解説を参照。また渋沢栄一記念財団のウェブサイト参照。
(63) 前掲「編纂室より（2)」。
(64)「編纂室たより（5)」『竜門雑誌』第541号（1933.10)。
(65)「編纂室たより（7)」『竜門雑誌』第543号（1933.12)。
(66)「編纂室たより（8)」『竜門雑誌』第553号（1934.10)、105-106頁。
(67) 渋沢秀雄「父の日記（一)」『竜門雑誌』第613号（1939.10)、1頁。
(68) 栄一の日記帳はその後竜門社において一括保存され、1962年敬三の意思により、日本実業史博物館資料の一部として国文学研究資料館に寄贈された。
(69)「編纂室より（1)」『竜門雑誌』第535号（1933.4)。
(70)「編纂室より（2)」『竜門雑誌』第536号（1933.5)。
(71)「編纂室より（3)」『竜門雑誌』第537号（1933.6)。
(72)「編纂室たより（6)」『竜門雑誌』第542号（1933.11)。アルベール・カーンは栄一ら我が国の実業家とも親交があったフランスの銀行家。多数のカメラマンを世界中に派遣して彫大な映像記録群を遺した。1929年の世界恐慌により破産。庭園と映像資料館をセーヌ県が買い取り、公開した（図録『渋沢栄一とアルベール・カーン〜日仏実業家交流の軌跡〜』渋沢栄一記念財団渋沢史料館、

2010年、8頁、12頁、および『渋沢栄一とアルベール・カーン〜日仏実業家の交流と社会貢献：シンポジウム報告書』渋沢栄一記念財団、2011年、15頁等を参照)。
(73)「編纂室たより（12）」『竜門雑誌』第557号（1935.2）。
(74)「編纂室たより（13）」『竜門雑誌』第558号（1935.3）。
(75)「編纂室たより（17）」『竜門雑誌』第562号（1935.7）。
(76)「編纂室たより（19）」『竜門雑誌』第565号（1935.10）、85頁。
(77)「編纂室たより（17）」『竜門雑誌』第562号（1935.7）、81頁。
(78)「文章」は「文書」の聞き誤りかも知れない。
(79) 幸田成友「青淵先生伝記資料の編纂に就て（上）」。
(80)「編纂室たより（11）」『竜門雑誌』第556号（1935.1）。
(81)「編纂室たより（12）」『竜門雑誌』第557号（1935.2）。
(82) 幸田、前掲書。
(83) 幸田、前掲書。
(84)「編纂室たより（9）」『竜門雑誌』第554号（1934.11）。
(85)「編纂室たより（20）」『竜門雑誌』第571号（1936.4）。
(86)「編纂室たより（15）」『竜門雑誌』第560号（1935.5）。
(87)「編纂室たより（9）」『竜門雑誌』第554号（1934.11）。
(88)「編纂室たより（10）」『竜門雑誌』第555号（1934.12）。
(89)「編纂室たより（13）」『竜門雑誌』第558号（1935.3）。
(90)「編纂室たより（6）」『竜門雑誌』第542号（1933.11）。
(91)「編纂室たより（20）」『竜門雑誌』第571号（1936.4）。
(92) 幸田成友「青淵先生伝記資料の編纂に就て（下）」『竜門雑誌』第568号（1936.1）、17-19頁。
(93) 1934年11月現在8名と「編纂室たより（9）」に記されている（『竜門雑誌』第554号（1934.11）、91頁）。
(94)「編纂室たより（8）」『竜門雑誌』第553号（1934.10）、103-104頁。
(95)「編纂室たより（9）」『竜門雑誌』第554号（1934.11）。
(96)「編纂室たより（15）」『竜門雑誌』第560号（1935.5）、75頁。
(97) 前掲書。
(98) 前掲書。
(99)「編纂室たより（19）」『竜門雑誌』第565号（1935.10）。
(100)「編纂室たより（10）」『竜門雑誌』第555号（1934.12）、96頁。
(101)「編纂室たより（20）」『竜門雑誌』第571号（1936.4）。

(102)『渋沢栄一伝記資料』第1巻巻頭の明石照男「序」には幸田成友の下での編纂委員として次の10名が挙げられている。佐治祐吉、山口栄蔵、増山清太郎、岡村千馬太、藤木喜久馬、中野重彦、杉本長重、西原俊二、木下清一郎、山本勇夫。内、中野の名は、『竜門雑誌』所載「編纂室たより」では重秀と記されている。(『渋沢栄一伝記資料』第1巻、渋沢栄一伝記資料刊行会、前付7-8頁。)
(103) 幸田「青淵先生伝記資料の編纂に就て（下）」17-18頁。
(104)「大阪編年史料」の明治維新以後の分については、大阪市史編纂所におけるその後の研究成果も加えて、明治22年（1889）までの綱文データベースが大阪市立中央図書館ウェブサイト上で2013年に公開された（http://www.oml.city.osaka.lg.jp/?page_id=1222（2014年6月6日閲覧））。
(105) 国史大辞典編集委員会編『國史大辭典』7、吉川弘文館、1986年、754頁（執筆 山本武夫）。栄一の保己一顕彰事蹟については『渋沢栄一伝記資料』第46巻、365〜405頁（温故学会）参照。なお、明治後期に三井家では三上参次らを顧問に招き、『大日本史料』に倣って家史及び事業史編纂を行い、綱文形式の『稿本三井家史料』を作成した（『三井文庫――沿革と利用の手引き――』三井文庫、1988年）。3-4頁。
(106) 敬三は1931年末入院し、その後翌年5月まで転地療養に入っているので、12月初の評議員会から入院までの間に手配したのかと想像される。
(107) 決算内容は『竜門雑誌』の毎年5月号「彙報」記事に拠る。以下同様。
(108) 1932年度の貸借対照表には村荘維持費仮払金1万8,252円余が計上されているが、これは登記関係費用かと推測される。翌1933年度収支計算書に遺贈物登録費1万7,857円余が計上されており、同年度に仮払金から振り替えられたのではないかと考えられる。
(109)『渋沢栄一伝記資料』第57巻、825-831頁。なお銅像は戦時中に金属資源として供出されたが、戦後藤原銀次郎らの尽力で再制作され、1955年に復旧した（「渋沢青淵記念財団竜門社百年史」『青淵』、90-91頁）。
(110)「その日の曖依村荘――授受式・總會・園遊會の記」『竜門雑誌』第536号（1933.5）、112-116頁、「彙報」前掲書、138頁、および「渋沢青淵記念財団竜門社百年史」『青淵』、60-61頁。
(111)「彙報」『竜門雑誌』第536号（1933.5）、138頁。
(112) 竜門社では曖依村荘維持費勘定を本社勘定と別建ての二重構造で扱っているが、煩雑になるので本稿では本社勘定の収支計算書面のみに言及する。例えば1934年度村荘勘定での諸費用支出額は1万4,400余円であるが、ここでは本社勘定での村荘維持費支払基金支出1万7,600余円のみを採り上げることとす

る。なお1943年度以降の決算状況は判明しない。
(113) 科目名は必ずしも一定でなく、村荘維持費勘定の処理方法も年度により変更されている。
(114) 「彙報」『竜門雑誌』第548号（1934.5）、135頁。
(115) 「彙報」『竜門雑誌』第584号（1937.5）、88頁。
(116) 「彙報」『竜門雑誌』第556号（1935.1）、90頁。
(117) 「彙報」『竜門雑誌』第559号（1935.4）、80頁。この決定時には購入価格を1株に付70円と想定し、不足100円は栄一遺贈金より支出することとしている。ただし、決算書上の単純計算では、1株77円余で購入したことになる。
(118) 竜門社の1934年度における金融資産残高の変化は下記の通り。

(単位：円、銭)

	1933年度末	1934年度末	増減
有価証券	140,700	318,600	177,900
（第一銀行株式）	(2,000株)	(4,300株)	(2,300株)
（四分利公債）	(額面1,000円)	(額面1,000円)	(0)
銀行預金	34,170.09	95,881.78	61,711.69
別途定期預金	100,000	0	△100,000
振替貯金	945.53	77.64	△867.89
合　計	275,815.62	414,559.42	138,743.80

(119) 1939年以後は別途の寄附のため配当金収入は更に若干の増加を見ている。
(120) 「編纂室たより（20）」『竜門雑誌』第571号（1936.4）、57-58頁。
(121) この時期（1932〜1935年度）の竜門社の財務運営全般に関しては、1930〜1931年のいわゆる昭和恐慌の影響により1932年度決算において2万5,000円の有価証券償却を余儀なくされたことがあるが、同年度決算を報じた『竜門雑誌』の「彙報」記事には事情説明の言辞は無い。同年度には第一銀行を含む多くの銀行で巨額の有価証券償却が実行された。
(122) 土屋喬雄「人間渋沢敬三」『渋沢敬三』上巻、259頁。山口和雄先生古稀記念誌刊行会編『黒船から塩の道まで』日本経営史研究所、1978年、52-53頁。宇野脩平「ぼくの墓」渋沢敬三先生景仰録編集委員会編著『渋沢敬三先生景仰録』東洋大学、1965年、231-233頁。

第2章　第2次伝記資料編纂と日本実業史博物館計画(1)
（1936～1939年度）

(1) 第2次伝記資料編纂の開始（1936～1937年度）

　前章に記した通り、1932年に幸田成友を主任に迎えて開始された「青淵先生伝記資料編纂事業」は1935年末を以て終了した。事業終結に当り、竜門社では1935年11月の会員総会の場で幸田主任に記念講演を依頼し、その内容は『竜門雑誌』の1935年12月号と翌1936年1月号を通じて会員に報じられた。その講演の終り近くで幸田は資料蒐集を継続するよう要望していたが、竜門社の一般会員は、栄一没後の記念事業としての「伝記資料編纂」はこれにて終結したものと受け取ったかと推測される。当初事業期限とされていた1935年10月発行の『竜門雑誌』掲載の「編纂室たより(19)」末尾には、これまでの諸方面からの協力に対し編纂員の一人である佐治祐吉が謝辞を記している。恐らく竜門社の運営当局者の多くも「青淵先生伝記資料編纂事業」はこれで完了したと考えたことであろう。

　『竜門雑誌』の翌1936年4月号には6カ月ぶりに「編纂室たより(20)」が掲載され、佐治が3年余の編纂期間中の庶務事項を総括している。ところでこの「編纂室たより(20)」の冒頭箇所には「本社の<u>第一次</u>青淵先生傳記資料編纂事業は昨年十月打切の豫定が三ヶ月延期せられて十二月末になった。」（下線は引用者）との表現がある。「第一次」との表現は当然言外に「第二次」の可能性を含むが、こ

の「編纂室たより」の記事中には「第二次」について何も触れられていない。「第一次」の終結した1935年末から「編纂室たより」最終回が掲載された1936年4月までの間に「傳記資料編纂」をめぐってどのような動きがあったのか、例により公開資料の範囲内で探って見る。

　先に見たように、敬三は、1932年祭魚洞文庫内に漁業史研究室を設置した際に、旧友土屋喬雄の協力を得て研究者を配置した。土屋は1930年に改造社の『偉人伝全集』の1冊として（未だ存命中の）『渋沢栄一伝』を書き、1931年に刊行しているが、その際敬三から資料提供を受けたという。1931年以来土屋は大内兵衛指導下に『明治前期財政経済史料集成』全21巻の編纂という大作業に当っていたが、1936年2月にこれを終了した。

　土屋の回想によれば、恰もその1936年、「……二・二六事件の少し前のことであった。……当時第一銀行の常務取締役であった故渋沢敬三君から『君に相談したいことがあるから帝国ホテルへ来てくれ』という使いが来た(3)」という。

　この時敬三から持ち出された話は、「祖父の伝記資料を編纂したいが、君は維新以後の財政経済史料の編纂に経験もあり、前に祖父の伝記を書いてくれたこともあるので、君に編纂の主任を引きうけてもらいたいが、どうだろう(4)」というものであった。敬三は、この編纂が竜門社の事業として行われることや、「故人の子弟や親族は自ら伝記作成を企図するよりも、資料の散逸を防ぎそれら資料を整理、編纂して第三者に提供すべきである(5)」という所見を述べた。もとよりこの所見は1926年の雨夜譚会第1回に栄一本人の前でも説いた敬三の信念であった。土屋は「この仕事は自分の専攻の学問の勉

強にも大いになるし、学界に重要資料を提供し、かつ後世にも残すことにもなる仕事であると考えたので、欣喜と感謝をもって引き受けた。報酬も当時私が受けていた東大助教授のそれよりも多いものであった〔6〕」と回想している。

また、土屋の回想記には、明石照男（当時竜門社評議員、後に評議員会長、理事長）への謝辞も記されており、この時敬三は、土屋への編纂主任就任依頼については明石の同意を得ていることを説明したものと推測される。明石は、後（1944年）に岩波書店より刊行されたこの伝記資料第1巻（岩波版刊行はこの1巻のみ）の「序」において、幸田主任による第1次伝記資料編纂の後、「更に完璧を期したしとの意向があって、澁澤敬三氏の発議と厚意とに基き、再び竜門社の事業としてこれを更始することになった〔7〕」と述べており、第2次編纂が敬三の意思によって企画、実施されたことを竜門社代表者（理事長）として証言している〔8〕。

幸田主任による第1次編纂事業の終了後、何故更に第2次編纂事業を企図し発議したかについて、敬三自身による記述は未だ見出せないが、新しい編纂主任に経済史研究者たる土屋喬雄を選定したことにその答は示されていよう。1933年に執筆したとされる「アチックの成長」の中で敬三は、早川孝太郎の花祭論考を高く評価しつつ更にこう述べている。「花祭の力作はどこまでも感心するが、自分に物足らぬ感じが今なおしているのは、この行事に対する社会経済史的な裏付のなかったことである。しかしこの問題を、直接早川君に求めるのは求める方に無理がある。これは他日別に何らかの手段で研究さるべき問題だと信じている。〔9〕」民俗研究にも「社会経済史的な裏付」を求めた敬三にとって、我が国の社会経済の近代化を牽引した栄一の伝記資料編纂に当っては、経済史の専門的知識の必要

が一層強く意識されていたのであろう。たまたま幸田主任主導による第1次編纂事業の終了と土屋がそれまで従事していた史料集成編纂の完結とが重なった1936年初頭の時機を、敬三は的確に捉えて動いたものと推測される。

土屋の応諾を得てから2カ月ほどの間に敬三は第一銀行内の部屋を再借用して場所を確保し、土屋と協議して編纂員やスタッフの人選を決定したと考えられる。

第一銀行執務室の敬三。1936年1月、第二次伝記資料編纂事業について構想を練っていた頃。渋沢史料館所蔵写真。出典：図録『祭魚洞祭』渋沢史料館、2013年10月

1936年3月頃のある朝、土屋は学窓を出たばかりの3青年を引き連れて三田綱町の渋沢邸に赴いた。その一人は後日次のように回顧している。

> T教授に案内されて、三田綱町に澁澤子爵を訪問した僕等三人、太田君、Y君、僕は、やがて『青淵先生傳記資料編纂所』の置かれると言はれる第一銀行の一室を下見に行くこととなった。丁度、子爵が銀行に行かれるとのことだったので、その御好意で四人はゆったりとした、美しい自動車に便乗を許された。その車中で、太田君はレオナルド・ダヴィンチの研究家でして

ね、とのT教授の言葉をきっかけとして、子爵と太田君との間にひとしきりダヴィンチ論の花が咲いた。昭和十一年春、僕等が大學を出たときのこと、暖かな、いかにも春らしい日だった様に記憶する[10]

　第2次伝記資料編纂事業は1936年4月に開始された。開始時のメンバーは次の通りである（括弧内は専攻）。

　　編纂員は5名：土屋喬雄（主任・経済）、佐治祐吉（文学）、吉村富男（文学）、太田慶一（経済）、山本鉞治（経済）、他にタイピスト1名の計6名。

　直ぐ続いて助手4名とタイピスト1名が追加配属され、計11名になった。[11]
　この顔触れで目につくのは、第1次編纂事業（幸田主任）の時と較べて経済を重視していることである。また佐治が指名されているのは、第1次編纂事業の蒐集成果に通じており、且つ1920年代後半の雨夜譚会に渋沢事務所から参加していて敬三の理念を熟知していたからと見られる。佐治は庶務責任者の役を兼務し、以後3カ年間土屋編纂主任を誠実に補佐した。
　助手の主たる仕事は第1次編纂事業の時と同様、厖大な借用資料等の筆写であった。この助手4名中にいた藤木喜久馬と山本勇とは後に編纂員に就任する。藤木は元々アチックの一員として敬三から信任を受けており、1932年には漁業史研究室のメンバーとして招かれていた。[12]第1次伝記資料編纂にも参加しているが、恐らく資料筆写要員を務めたと推測される。

伝記資料編纂所の所員達。1937年10月。前列左より、佐治祐吉、土屋喬雄、藤木喜久馬、内田修三、二列目左より、山本勇、李快洙、太田慶一、石川正義、十字屋、久保田修治、阿部きみ、鈴木マサ、滝沢かほる、河野マシエ、丸山亀久恵、山内美智子（あるいは妙子）、後列左より、高橋善十郎、比嘉祐一郎、鹿倉保雄。渋沢史料館所蔵写真。

　土屋にとって事業開始直後の作業は、第1次編纂で蒐集されていた資料群の概要を把握することであったと想像される。また編纂員の分担については、

　　土屋：幕末から1873年大蔵省退官まで、　佐治：国際親善、
　　吉村：社会事業、太田：金融、商業会議所、　山本（鉞治）：交
　　通・通信

とひとまず定め、それぞれ担当部門の資料蒐集を開始した。
　第1次事業以来、編纂室には多数の関係者や企業、団体等から書簡、文書、書籍等の資料が寄贈あるいは貸与されてきたが、土屋と

しては偶然性に依存するのではなく、栄一の事績の記録を網羅的に蒐集することを目指した。そこで凡そ渋沢栄一の名が含まれる書籍、文書類の包括的購入も開始された。土屋は後に「数軒の古書店をして『渋沢栄一』の名の載っている文献を、見付け次第みな届けさせて買ったのである」と回想しているが、『竜門雑誌』に掲載されている購入書目を見ると、『徳川慶喜公伝』や『余が母（阪谷芳郎）』等当然渋沢家側には所蔵されている筈の書物も含まれており、重複も厭わず集めたことが窺われる。このような文献購入に際し「總て（澁澤）子爵家から代金を支出せられてその所蔵となる建前である」と佐治は記している。

　伝記資料編纂の態様については、第1次編纂事業では、蒐集した資料をすべて編年体に整理、編集する方針が採られていた。しかし、栄一の関係した企業や団体の数は生前の調査でも総計700を超えており、伝記資料編纂の進行と共にその数は増加しつつあった。第2次編纂の段階に入ってそれぞれの企業や団体についての参考文献も飛躍的に増加していた。土屋は渋沢栄一という人物の事績の範囲が余りにも広いことから、個々の資料を編年体にまとめても記載内容が羅列的になるばかりで脈略が見失われ、到底後人による伝記作成や調査研究への参考にはなり難いと判断した。恐らく敬三とも協議の上であろうと推測されるが、土屋は栄一伝記資料は事業別の形式に編纂することと決定した。

　こうして土屋の主導する資料編纂事業は、1936年4月以来、敬三の勤務する第一銀行本店内の一室で進行していったが、実はこの直前の3月26日に竜門社理事会、評議員会で決定された「同年度（1936年度）豫算」にはその経費は全く計上されていない。第1次編纂事業の場合は、開始時の1932年度から期限の1935年度まで毎年

1万4,000円程度の編纂費が予算に計上されていたが、第2次編纂事業については、実際に事業が始められた1936年4月時点では事業計画自体が未だ理事会・評議員会の議題にされていなかったのであった。もとより敬三としてはいずれ竜門社の機関決定を得ることには目算があり、業務は自ら勤務する第一銀行本店内で行われるもので、費用も自身負担し得る立場にあるところから、手続きよりも活動を先行させたのであろうと推測される。

関係メンバーの一部交代も経ながら編纂室では営々と作業が続けられたが、この1936年の秋頃までに敬三は竜門社幹部との間で第2次編纂を竜門社の事業として実施することについての協議を行ったと見られる。当時の理事長は阪谷芳郎であり、評議員会長はこの年7月に就任した明石照男（当時第一銀行頭取）であった。殊に費用については、年間1万円と見て、敬三は自ら負担する意思を示したかと推測される。[16]

編纂事業が8カ月目に入った1936年11月26日に帝国ホテルで竜門社の第93回会員総会が開かれた。議事、講演（講師は阪谷芳郎と芳沢謙吉）の後の晩餐会の中で明石が挨拶し、「澁澤敬三子（子爵）の發意により青淵先生傳記資料編纂事業を東京帝國大學助教授土屋喬雄氏に委嘱し、經濟史的觀點に重きを置きて再開されたる旨」紹介した。出席した会員は恐らくこの時初めて第2次編纂事業について知ったものと思われる。総会、晩餐会の記事は『竜門雑誌』の同年12月号に掲載されて、新たな編纂事業についても全会員に報知された。この総会・晩餐会に敬三は出席していたが、土屋は参加していなかった。[17]

ただ、第2次編纂について会員総会で明石が公表した時点では、それは未だ理事会・評議員会に付議されてはいなかった。議題にさ

れたのは次回の理事会・評議員会においてであった。

　1937年1月18日夕刻、第一銀行本店において竜門社の理事会と評議員会が開かれた。議題の中心は「伝記資料編纂費の寄附金受入れ」「同編纂費支出予算」「同編纂主任の委嘱」であり、まず理事会に付議されて可決され、直ちに評議員会に回付された。理事会出席者は阪谷理事長、尾上登太郎、赤松範一、西条峯三郎、塩沢昌貞、渋沢秀雄、白石喜太郎各理事、大沢佳郎監事の8名であった。続いて評議員会が開かれ、理事会より付議された上記案件を審議し可決した。出席者は明石評議員会長、石坂泰三、犬丸徹三、原泰一、西野恵之助、渡辺得男、植村澄三郎、野口弥三、阪谷芳郎（兼務）、木村雄次、渋沢敬三、島原鉄三、持田巽、杉田富各評議員の14名であった。[18]

　可決された議案の内容は次の通りである。

一　青淵先生傳記資料編纂費として寄附ありたるに付受領する件
　　　今般青淵先生傳記資料編纂費として左の寄附ありたり。
　　　一金貳萬圓　　澁澤敬三氏
　　　一金壹萬圓　　佐々木勇之助氏
　　　依て本社は喜んで之を受領し且兩氏に對し懇篤なる謝狀を呈すること
一　同編纂費支出豫算決定の件
　　　右は年額金壹萬圓づつを支出することとし參ケ年間の繼續事業として編纂をなすこと
一　同編纂主任囑託の件
　　　右は編纂主任として東京帝國大學經濟學部助教授土屋喬

雄氏を嘱託すること[19]

　すなわち、土屋の編纂主任就任は、事実上の事業開始から9カ月を経たこの日に形式上初めて承認されたのであった。

　また事業の実施期間は昭和11年度（1936）から昭和13年度（1938）までの3年間とされ、年間1万円、通算3万円の経費支出は全額寄附金により賄われるものとされた。竜門社内での位置づけが第1次編纂事業とは異なる感がある。敬三は当初恐らく3万円全額を負担する意思を有していたかと推測されるが、この事業の公的意義をより鮮明に提示すべく、佐々木勇之助が応援を買って出たものであろう。いうまでもなく佐々木は栄一亡き後の渋沢関係者集団の最長老であり、また敬三の最も強力な支援者であった。

　この日の評議員会の席上、敬三は発言を求め、「嘗て幸田博士が主として努力せられたる時とは異なる觀點より、青淵先生の傳記資料を編纂せらるることに、決議せられたるを感謝し」併せてその方針等を概説したという[20]。

　評議員会終了後、土屋が会場に招かれ、編纂主任として資料蒐集に関する根本方針を詳述して出席者一同の賛意を得た。その概要は以下の通りである。

　今回の「青淵先生傳記資料」編纂方針
　第1　事業別に資料を編纂すること。
　　　青淵先生の関係事業を分類すれば100近くに上り、かつそれぞれの事業に関与した期間も長い。「それ故、編年體に編纂するときには、特定の年、月、日の下に多数の項目が並べられ、事實が相錯綜するが爲め、少くとも先生の（大蔵省）

退官以後については事業別資料編纂が絶體に必要」である。
第2　先生の事業の背景を表わす資料をある程度まで取り入れること。

　先生の指導力と影響力の意義を明確にするためには、その時代の背景を明らかにしなければならない。それゆえ幕末から明治以後の文献を広く蒐集調査する。

第3　公平かつ客観的な立場から資料を編纂すること。

　渋沢敬三子爵が大正15年10月の雨夜譚会で述べた「身内や関係者は傳記自體を書くのではなく、詳しく資料を蒐集しておいて、後に傳記を書く人の利用に供すべきだ」との意見は、我々資料編纂者の方針を表している。

第4　現存の大人物や名士の青淵先生観や先生との関係事業についての記憶を伺っておくこと。

　先生と同時代の代表者の談話も伝記資料たり得る。昨昭和11年すでに清浦奎吾、益田孝、郷誠之助、佐々木勇之助、尾崎行雄氏等の回顧談を聴取した。

「以上のやうな方針を以て編纂事業を進行して居るのでありますから、從來と同様に皆様の御援助を切望致す次第であります」[21]

　戦前期の『竜門雑誌』は、毎月25日に当該月号が発行されていた。財団に関する月初の情報は当該月号の「彙報」頁に記載されたが、中旬以後の記録は翌月号に掲載された。従って1937年1月18日開催理事会・評議員会の要点は、同誌2月号で会員に伝えられている。これに先立ち、同誌1月号には「青淵先生伝記資料編纂所通信」の頁が設けられ、冒頭には土屋主任による「編纂の方針」が掲

汎且つ重要でありますが。之を細別すれば、数十となりま
す。編纂所の分類はこゝには煩をさけて掲げませぬが、お
よそ百に近い分類であります。しかも多くの事業に関係さ
れた期間も永いのであります。既に明治十年代以前から相
当に廣範圍にわたつてゐまして、年を逐ひ、月を重ねて増
加の一方であつたのであります。

それ故、編年體に編纂するときには、特定の年、月、日
の下に多数の項目が並べられ、事實が相錯綜するが為め、
少くとも先生の退官以後については事業別資料編纂が絶對
に必要なのであります。

第二 先生の事業の背景を表はす資料を或程度まで取入
るゝこと。これは如何なる傳記にも多かれ少かれ行はれて
ゐることでありますが。そしてこれは偉大な人物の傳記ほど
益々必要なことであります。云ふまでもなく、偉人の偉人
たる所以の一は、共時代に興へた指導と影響力の偉大さと云
ふことでなければならず、其指導力と影響力の意義を明確
にする為めには、その時代の背景を明かにしなければなら
ないからであります。其故、當編纂所においては幕末か
ら明治以後の文献を廣く蒐集調査することにも努力致して
居ります。そして、それによって、直接先生に関係ないや
うな種々の文獻中においても先生の名と足跡とを見出すこ
とが多いのであります。しかし、この方針があまりに擴大

されることは避くべきことで、この方針の遂行は慎重を要
すると存じますが、適當の考慮の下に進め度いのでありま
す。

ところで、この場合に我々にとって問題になることは、
青淵先生を如何なる範疇に属する偉人と見るべきかといふ
ことであります。もとより偉人觀や偉人の偉人たる評價は人
によつても異なる筈であり、又時代によっても我々編纂関
係者は、後世の評價に資料を供へるために其の編纂に従事
してゐる者でありますが、我々が何等偉人觀や偉人として
の先生に對する評價をもってゐなくてもよいか、と言へば、
決してさうではないと思ひます。我々は我々として正しい
と信ずるものをもってゐなければならないのであります。
一言すれば、我が國史上最も光輝ある最も偉大な時代たる
明治時代の實業、社會事業方面の最大の指導者たるのみな
らず、あらゆる方面の偉人を通じても最大級に位さるべ
き大偉人と信ずるのであります。政治、軍事を偏せず、
近代社會における經濟、實業、社會、文化事業の重要性を
正當に認識する立場に立てば、必ず斯様な評價に達すると
信じます。嘗て我々は尾崎行雄氏を訪ね、氏の青淵先生觀
を伺つたことがあります。その際氏は『私は……明治年
間の一流人物には大概會つてゐます。その中では澁澤君は
非常に勝れて居つた人で、おそらくは西郷、大久保、木戸

——(93)——

「青淵先生伝記資料編纂所通信」第1回冒頭、土屋喬雄の「編纂の方針に就いて」（部分）『竜門雑誌』第580号（1937年1月）92-93頁

青淵先生傳記資料編纂所通信（1）

◇編纂の方針に就いて

今回の青淵先生傳記資料編纂所の根本方針は左の數項であります。

第一　事業別に資料を編纂すること。これは前回の編纂室の方針と著しく異なる所であります。前囘に於ては資料を編年體に編纂せられたのであります。事業別と編年體と何れも一長一短がありますから、方針として一般的に優劣を論ずることは不可能であり、無意味でありませう。しかし、靑淵先生傳記資料編纂の場合に就いて申せば、編年體のほかに絶對に事業別資料編纂も必要であると信じます。その理由は取り立てゝ論ずる必要もないと思ひますが、要するに靑淵先生の事業が極めて廣汎多種にわたつてゐるからであります。日本の歷史上は勿論、世界の歷史上においても、靑淵先生ほど廣汎多種の事業に關係され、指導された偉人は稀であると申してもよいと思ひます。これ

は過稱でも溢美でもないと信じます。昭和六年十二月調の『靑淵先生職任年表』では、先生の關係事業計七百一團體、內實業會社等二四六、公共事業四五五でありますが、その後の我々の調査の範圍內だけでも、およそ三十程の事業が加へられたのであります。今後も多かれ少かれ加へられると存じます。

これだけの事業を大別致しますと、畏くも天皇陛下より先生薨去の三日後、昭和六年十一月十四日賜はれる御沙汰書に依りますれば、左の四項にわたります。

一、經濟ニハ規畫最モ先ンシ
二、社會ニハ施設極メテ多ク
三、敎化ノ振興ニ資シ
四、國際ノ親善ニ務ム

而して右のうち『社會ニハ施設極メテ多ク』と仰せられたるは、申すまでもなく、救濟、賑恤、勞資協調等狹き意味の社會事業のほか、文化事業、公共事業等をも含められ、『敎化ノ振興ニ資シ』と仰せられたるは、實業敎育、女子敎育の興隆、道德風敎の振作等を含め給ひたるものと拜察されるのであります。尚御沙汰書には『畢生公ニ奉シ一貫誠ヲ推ス洵ニ經濟界ノ泰斗ニシテ朝野ノ重望ヲ負ヒ實ニ社會人ノ儀型ニシテ內外ノ具膽ニ胥レリ』と云ふ畏き御言葉をも賜つたのであります。かくの如く先生の事業は廣

出された。これは上記評議員会後に土屋が述べたものと同内容とされるが、評議員会に先んじて原稿を作成し、1月号に載せたのであろう。

この時期の竜門社役員層には故栄一と一際縁の深かった長老達が多く健在であり、敬三としてもそれなりに配慮を要したことではあろうが、上述の「第2次編纂事業」実施の経過を見ると、敬三は諸事自らの責任において決定し、しかも円滑な形で実現している。組織内の調整は後に廻して、まず自己の価値判断に立脚して重要なことを実行する態度は、敬三の合理性の表われと思われる。

この機関決定の3カ月後の1937年4月に理事会・評議員会で議決された同年度予算にも伝記資料編纂費は収支とも計上されていない。竜門社執行部（あるいは事務局）としては第2次伝記資料編纂を別建ての事業と見做していたかとも見られるが、渋沢敬三評議員は、そのようなことは別段意に介さなかったのであろう。

同年5月の理事会・評議員会では前年度（1936年度）決算が決定されているが、決算面では伝記資料編纂費を収支とも計上している。すなわち収支計算書の収入の部には「傳記資料編纂費寄附金」として3万円が記載され、支出の部には「傳記資料編纂費支拂基金支出」として1万133円61銭が記載されている。この支出額の内訳を知りたいところではあるが、現在公開されている資料の範囲ではそれは不明である。[22]

土屋主任の網羅的資料蒐集方針により編纂所の作業量は急速に増大し、編纂員、助手、タイピストを合わせた人員は、1936年4月発足時の11名から、1937年度末（1938年3月末）には18名に増加した。

『竜門雑誌』1937年5月号掲載の「編纂所通信（5）」に土屋主任は、1年前の事業開始後の数週間、それまでに蓄積されていた資料

を確認しつつ編纂方針の樹立のために一同脳漿を搾ったと記している[23]。その検討結果の全体構成については前月の「通信（4）」に佐治が紹介しているが、それは第1篇「誕生より退官まで」、第2篇「実業、経済」、第3篇「公共事業」、最後に「家庭及雑事」とされ、各篇は多数の章から成るものであった[24]。仕事の進行状況については後に覗くこととして、ここでこの1937年に敬三が進めたもう一つの事業について見ることにしたい。

(2) 日本実業史博物館建設計画（1937〜1938年度）[25]

既に見たように1932年8月に作成された「財団法人青淵翁記念会設立趣意書」には事業の目的として、栄一の銅像建設や伝記編纂と並んで「龍門社と協力し曖依村荘を長へ（とこしへ）に保維すると共に翁の遺言の趣旨を實行するため適當の方法を講ずること」が挙げられていた[26]。「適當の方法」というだけでは何のことか分り難いが、1933年初に設立された青淵翁記念会では銅像等の残余資金で曖依村荘内に栄一の記念室を建設する計画があったという。この計画に対し、「敬三は、青淵先生の記念室ではなく経済史的な博物館を作りたいという希望を伝え」たとされる[27]。

曖依村荘の維持は竜門社にとって資金面でも労力面でも新たな努力を要する仕事であったが、青淵翁記念会は栄一の遺志への敬意から庭園や建物の維持管理費補助金として1934年度には6,000円、35年度には9,000円、36年度には1万2,000円を竜門社に寄附している[28]。この毎年の運営費補助とは別に、記念会の資金を投じて、栄一の理念を明確に表示する新たな施設を建設しようとの企画が、恐らく1937年の春頃青淵翁記念会から竜門社に提示されたのであろう[29]。

敬三も多分その前後に、青淵翁記念会で常務理事として理事長郷誠之助を支えていた大橋新太郎から、曖依村荘内に栄一記念の公共的施設を設置する案を聞かされたらしい。その具体的な内容は不詳であるが、周知のように大橋は明治中期以来公開の大橋図書館を運営しており、公共的施設についての自身の理念に基づく意見であったかと推測される。[30] 1937年初から春頃の間に、恐らく青淵翁記念会からの働き掛けを受けて、竜門社では曖依村荘の公共的活用策、すなわち栄一を記念する施設の建設案を検討することとした。

　1937年5月2日、この日の会員総会・園遊会に先んじて竜門社理事会及び評議員会が曖依村荘で開かれ、理事長阪谷芳郎、評議員会長明石照男を初め、理事、監事並びに敬三を含む評議員合せて20名が出席した。其処では前年度の社務及び決算を承認した（収支計算書には、「第二次傳記資料編纂」に関する初年度の収支実績が計上された）ほか、「曖依村荘利用に關する件」が付議され、村荘の利用方法について「特に委員を設けて協議を請ふこと」として、次の9名が「曖依村荘利用に關する委員」に選任された。

（竜門社理事より）　西条峯三郎　塩沢昌貞　渋沢秀雄　白石喜太郎

（同　監事より）　清水釘吉

（同　評議員より）　西野恵之助　渡辺得男　渋沢敬三

（同　前役員より）　佐々木修二郎[31]

委員長は西野恵之助が務めたことが後の文書により判明する。

　先述のように敬三が記念会に対して「経済史博物館建設の希望」を申し入れていたとすれば、この委員会の人選には既に敬三の「希望」が織り込まれていたかとも想像されるが、その間の過程の資料は公開されていないので不明である。委員会設置以後の記録を辿れ

ば次の通りである。⁽³²⁾

　この委員会の使命は、青淵翁記念会と竜門社との協力の下に、曖依村荘を竜門社に遺贈した栄一の意思を活かすための施設の建設を提案することであった。委員会がどのように開かれたかは不明であるが、基本案を敬三が作成することは直ぐ合意されたらしい。

　曖依村荘の活用についての敬三の所見は（後述する文書から遡って推測するに）次のようなものであった。⁽³³⁾

　著名な故人の旧居を公開している事例として、敬三は1925年ロンドン駐在から帰任の途次米国ワシントンD.C.近郊マウントヴァーノンにあるジョージ・ワシントン農場跡にも立ち寄っていた。曖依村荘はこれに類似するが、ただ未だ個人住居のままであるので、公共的な受け入れ施設が欠けている。すでに会員間から倶楽部や会館建設の案が出されてはいるが、敬三としては、大橋の意見も参考にしてより意義の深い施設の建設に思いがゆく。

　　……我が国には官民様々な博物館が作られている。それらは我が国の歴史、美術、貴族文化、大名文化、軍事、運輸、自然科学等の高い成果を展示しているが、国民の最多数を占める常民の基礎文化の展示施設は未だ実現していない。特に栄一生誕の少し前、化政期から明治期にかけての経済・産業の状況を示す博物館は何処にも企画されていない。栄一の足跡と理念を後世に伝える施設を作るのであれば、近世経済史博物館の建設こそ最も相応しい……

　基本案作成を受け持った敬三は栄一記念施設として「近世経済史博物館」という目標を設定し、直ちにその内容や実現方法について

構想を練ると共に、その要項を文書にまとめていった。

まず博物館全体を「青淵翁記念室」「近世経済史展観室」「肖像室」の三部門構成とした。「青淵翁記念室」には、青淵翁記念会の提案趣旨を尊重して栄一の事績と理念とを伝えるべく、経済活動はもとより教育、国際親善、労働問題、社会事業等の諸分野を網羅して、遺品、絵画、写真、図表を展示する。

「近世経済史展観室」には、文化文政期から維新を経て明治末年に至る経済・産業の変遷、発展過程を物語る文物、器物等を陳列する。ただし、近代工業については他機関に委ねることとし、また軍事・外交・政治・学術・芸術・宗教・貴族文化・(一般的) 常民文化に関わる資料も基本的に範囲外とする。

「肖像室」には、当該時期 (化政期〜明治末年) の我が国の経済、文化の発展に貢献した人物を諸分野に分類して、それぞれの肖像と略伝を掲げる。すなわち実業家・企業家・産業家・工業家・農業家・漁業家・発明家・学者・評論家等の招魂室であると同時に社会教育に資する場所とする。

次にこれらの3部門を含む展示施設や付帯設備について、建坪200坪、延坪700坪、地上3階・地下1階の鉄筋コンクリート耐震火建築を構想した。敬三は昭和5年 (1930) に竣工した第一銀行本店の建築委員長を務めたことから、規模は異なるにせよ、建築実務にも通じていたと見られる。

予算はひとまず次のように目算した。

(設備費) 本館建築費18万円、展観用什器備品等2万円、標本購入費等6万円、合計26万円 (開館後3年間　標本購入費　毎年5,000円)

（運営費）人件費・事務費　毎年5,000円

　運営体制については些か考慮を要した。竜門社にはこのような設備費を投じる財政的余裕は無い。この企画が成り立つためには、青淵翁記念会からの建設資金や標本購入資金の拠出を受けることが前提になる。そもそも栄一を記念する施設の計画は青淵翁記念会の中で生み出されたものである。ただし、その施設の建設場所は竜門社所有の曖依村荘内であり、運営実務は竜門社が担当するのが自然であろう。敬三は、施設は青淵翁記念会から竜門社に寄附して貰い、青淵翁記念会と竜門社の役員により委員会を組成して運営を管理する、という方式を立案した。事務局には主事を置き、かつ2、3名の事務員を配し、委員会が主事を監督することとした。

　更に敬三は展観上の原則や産業の業種構成、展示品目事例、経済事情の図表等を考究し、これらを取りまとめて整然たる企画書を作成して、その原稿をタイピストに打たせた。全文は便箋26枚に上った。この文書を本稿では「一つの提案」初稿と呼ぶことにする。[34]

　この文書には、通常ならば「近世経済史博物館建設計画原案」というような題名が付されるところであろうが、実際には「一つの提案」との題が付けられた。この飾らない題名には、関係両団体の長老達への配慮も篭められていたのかも知れないが、むしろ敬三の知的謙抑の姿勢と天性の洒脱さとが窺われよう。

　「曖依村荘利用に関する委員会」の開催状況については『竜門雑誌』にも掲載されていないので判明しないが、同委員会では上記「一つの提案」初稿に基づいた答申書を7月6日付で竜門社阪谷理事長宛に提出している。西野恵之助委員長名の文面には「數次委員会相催吟味致候結果」と記されているので、多忙であったと思われる

委員諸氏が、僅か2カ月の間に何度か集まって検討を重ねたものと考えられる(35)。

この答申書では、「一つの提案」初稿のうち次のような点が修正された。

1. 館名：初稿では「近世經濟史博物館」と説明されていたが、答申書では「澁澤青淵翁記念實業博物館」と記している（本文では館名の後の括弧内に「近世經濟史博物館」とあるが、これは施設の性格についての説明と見られる）。
2. 予算：建築坪単価の見直し等により、総額26万円を38万7,500円に修正。
   （設備費）本館建築費等25万7,500円、展観用什器備品等3万円、標本購入費等10万円
   合計38万7,500円（開館後3年間　標本購入費　毎年5,000円）
   （運営費）人件費・事務費　毎年9,000円
3. 運営体制：両団体の役員中より委員を選ぶ点は同じであるが、団体名記載の順序を入換え、竜門社を先に、渋沢青淵翁記念会を後にした。（運営には竜門社が責任を持つべきことへの思いを篭めたとも解される）

委員会答申書提出日から9日後の1937年7月15日午前、第一銀行本店において理事会及び評議員会が開かれ、「曖依村荘利用に関する委員会」の答申内容が審議され、承認された。すなわち竜門社として「澁澤青淵翁記念實業博物館建設の件」を具体化することが決定した(36)。

なお「一つの提案」初稿中の両団体の関与形態案記述箇所には敬

三自身による「本館ノ経営ハ龍門社之ニ當リ」「青淵翁記念會ニソノ建設費ノ負担ヲ仰グコト」との書き込みが残されているが、この表現は、あるいはこの日の理事会・評議員会での決定内容を表しているのかも知れない。これで、設備資金は青淵翁記念会が負担し、運営管理には竜門社が当ると言う役割分担が明確にされたわけである。

この理事会・評議員会の出席者は次の通りであった。（○印は「曖依村荘利用に関する委員会」委員）

理　事：阪谷芳郎（理事長）、尾上登太郎、赤松範一、○西条峯三郎、○塩沢昌貞、○渋沢秀雄、白石喜太郎
監　事：大沢佳郎、○清水釘吉
評議員：明石照男（評議員会長）、犬丸徹三、原泰一、○西野恵之助、金子喜代太、野口弥三、近藤利兵衛、阪谷芳郎（兼務）、木村雄次、○渋沢敬三、清水一雄、島原鉄三、杉田富

この機関決定後、敬三らは青淵翁記念会との間で博物館建設計画につき協議を進めたことであろう。竜門社の「曖依村荘利用に関する委員会」委員の内、西野恵之助は記念会でも理事兼評議員であり、渡辺得男、西条峯三郎、清水釘吉、渋沢敬三は記念会評議員であったと見られるので、記念会の会議にも出席した可能性もある。

機関決定後半年を経た1938年1月19日夕刻、第一銀行本店において開かれた竜門社の理事会・評議員会には敬三も出席したが、「昨年7月15日の決議に依る澁澤青淵翁記念實業博物館建設の資金補助に關する依頼状を澁澤青淵翁記念會に發送する件」が付議され、

全員一致で可決されている。記念会との協議の結果、依頼状を出して応諾を得るという形式的段階に到ったと見られる。もっとも博物館に関する実際の資金補助が開始されたのは1940年度であった。その経緯については後述する。

1937年7月の機関決定後も、敬三は博物館構想をなおも練り上げてゆく。「一つの提案」初稿には、委員会答申書作成時点までの修正内容書き込みの上、改めてタイプさせた。本稿ではこれを「一つの提案」第二稿と呼ぶこととする。

敬三は銀行本店内の編纂所にいる土屋喬雄にも「一つの提案」第二稿への意見を求めている。土屋は精細な修正意見を提示、殊に標本蒐集の対象時期について、下限を大正期まで延長することを提案している。栄一の活動がこの時期に及んでいるからである。各業種の蒐集内容にも所見が記されているが、そこには1年間の伝記資料編纂の体験が反映していると見られる。

敬三は「一つの提案」第二稿に土屋の所見等の書き込みを加え、これを指針として準備活動を進めることになる。

もっとも実際には、敬三は5月の「曖依村荘利用に関する委員会」委員就任後早々に（恐らく「一つの提案」を委員会に提示するのとほぼ同時に）準備室設置に着手したものと想像される。伝記資料編纂事業同様、手続きの進行は既定のものと見做して、実質的な態勢整備を先行させたわけである。場所として伝記資料編纂所と同じ第一銀行本店5階の一室を借用し、人の面では、差し当り土屋の外、江戸期交通史の専門家であり、かつて逓信博物館主任を務めていた樋畑雪湖にも協力を求め、雪湖の末子武夫に標本（所蔵・展示用資料）蒐集の実務担当を依頼した。樋畑武夫を博物館準備室開始時の「職員」と記している文献もあるが、採用したのではなく、実務処理を

委託した形であったかと見られる。[43]

　敬三としては、委員会の幹事役の立場で博物館構想(「一つの提案」)の案を練り、進行の段取りを進めつつ、機関決定を見越して実働体制整備に着手したわけである。博物館建設案を決議した7月15日の理事会・評議員会より約1カ月早い6月12日に、敬三は専門業者の「うさぎや書店」原田忠一[44]を呼んで、様々な「職業競」(洋傘、提燈、時計等)その他の錦絵36点を165円で買い付けている。[45]

　博物館計画についての竜門社の機関決定(1937年7月)当時、銀行本店内の博物館準備室にほぼ常駐しているのは恐らく樋畑武夫一人で、会計や庶務事項等は伝記資料編纂所の佐治や藤木が処理していたかと推測される。敬三は8月以後は毎月一、二度うさぎやをこの準備室に呼んで絵図類を購入しているが、土屋も随時同席したのであろう。1937年6月から1938年2月までの購入額は2,848円4銭であるが、業者からの領収書の宛名は渋沢敬三と記されているところ[46]から代金はひとまず敬三個人が支払ったと見られ、現場での感覚では、蒐集についてはかなり敬三の個人事業的色彩が濃かったかと想像される。

　1938年2月までの博物館用標本購入代金2,848円4銭は恐らく3月に準備室から竜門社事務局に通知され、竜門社勘定に付け替えられた。同年3月末(1937年度末)の竜門社貸借対照表の借方に仮払金として同金額が計上されている。標本購入は経費支出ではなく資産購入であるから収支計算書上ではなく貸借対照表上に記載されるのである。標本購入資金は青淵翁記念会の負担すべきものであるが、竜門社事務局はある程度金額がまとまった時点で記念会に請求することにしたのであろう。勘定科目が仮払金とされたのはそのためと見られる。[47]

昭和12年度（1937年度）の標本購入先は専ら前述のうさぎやであったが、1938年度には甲州屋からの買付が中心になってくる。後に準備室の専門担当者になった遠藤武は、甲州屋・功刀亀内について次のように回想している。

　　彼は一介の甲州のしょい呉服の行商人でありながら、樋畑雪湖に可愛がられて立派な学者的古物商にまで出世し、戦時中には巖松堂の主人からも大事にされその古書鑑定をした位であった。[48]

　購入品の内容も、絵図や文書、書籍等だけでなく、看板、立札、天秤、千両箱、衣服、帳場格子等多様な器物類が増えて展示用コレクションらしくなってきた。

　竜門社の決算上の区切りによって見ると、1937年6月の購入開始から翌38年2月中途まで（約8カ月）の買付け分が1937年度決算に、1938年2月中途から同年12月中途まで（約10カ月）の買付け分が1938年度決算に計上されている。1937年度の購入回数は18回で標本点数は303点、金額2,848円であったが、1938年度にはそれぞれ40回、1,222点、1万7,141円へと大幅に増加した。1938年には甲州文庫やうさぎやその他の業者と、月平均3回以上会っていたことになる。敬三はその都度役員室から5階の博物館準備室にきて一点一点自ら購入可否を決裁した。

　1938年にはこのようにコレクションの形成を図る一方、恐らく清水釘吉（清水組）を通じて、建物の設計など建築の準備も進めたと考えられる。標本購入は独自に実施したが、建物については竜門社や青淵翁記念会の長老達とも十分意思疎通に努める必要があった

であろう。

　この間の時代状況を見ると、1937年7月の盧溝橋事件以来我が国は事実上の戦争国となった。1938年4月には国家総動員法が公布され、社会、経済の様相も次第に変貌してゆくことになる。1937年11月11日の栄一七回忌法要後の晩餐会について『竜門雑誌』では、「時節柄盛大なる催しを遠慮せられ、近親者及び少数の縁故者のみを招待して……」と伝えている。この日には青淵翁記念会の事業である英文の栄一伝記 *An Interpretation of the Life of Viscount Shibusawa* が小畑久五郎の手により完成、栄一の墓前に報告されており、晩餐会のスピーチの中で敬三は遺族として感謝の辞を述べている。(49)

(3) 伝記資料の網羅的蒐集（1938〜1939年度）

　「第2次伝記資料編纂」は1936年4月から3カ年の計画で始められた。当初の1年間で全体構成を第1篇「誕生より退官まで」、第2篇「実業、経済」、第3篇「公共事業」、最後に「家庭及雑事」と定め、第1篇だけは編年体で、全体の大半を占める第2篇以下は事業別に編纂することとした。

　1937年7月の「編纂所通信（7）」に佐治は「編纂所でも一同揃って軌道に乗った觀があり、毎日数人づつ各方面へ資料蒐集に採訪し、事業關係者の御談話をも亦力めて（つとめて）聽取しつつある。……『足で書く』事に精を出してゐるのである」と記している。(50)

　同年11月の同通信（11）では土屋が、各編纂員の作成した編纂済み資料の校閲や原資料の写しを校閲、分類する仕事に忙殺されていると述べている。(51)

　佐治は毎回同通信に受贈資料と借用資料とを列記しており、1938

年2月の同通信（14）には受贈資料7件（内1件は青淵翁記念会からの英文栄一伝3冊）と借用資料6件を掲げているが、博物館準備室で実務を担当している樋畑武夫から明治初頭の官員録3点を借用していることも記している。銀行の同じ階にいて、樋畑と佐治ら編纂員とは常時顔を合わせていたのであろう。[52]

この1938年2月の同通信（14）中で、太田慶一は、明治期の特殊銀行と栄一との関係について「明治三十年代、各特殊銀行が相繼いで設立せらるるに當って、最も頻繁に設立委員に任命せられて居るのは、青淵先生、大倉喜八郎氏、安田善次郎氏、高橋是清氏等で、特に先生は国家の有力な金融機關創設には殆ど全部關與參劃されて居ると言ってよい」と記している。また東京府庁に5カ月採訪を続けていること等も綴っているが、太田による編纂記事はこれが最後の回になった。[53]この直後召集令状を受けた太田は3月1日、第一連隊に入営した。[54]

太田は編纂所で金融業や商業会議所を担当していた。早速後任者を決める必要があるが、太田も退職したわけではないので、いずれ除隊になって戻る筈であった。編纂所の運営上後任に全く新しい人を採用することは躊躇された。土屋は敬三と対応を相談したと思われる。

三田綱町渋沢邸の祭魚洞文庫を本拠地として日々漁業史の研究に勤しんでいた山口和雄は、後年この時のことを次のように回想している。

　　ある朝、私が文庫に出かけて行ったら、突然渋沢さんが（母屋から）やってこられて"ちょっと第一銀行まで一緒に行ってくれんか"と自動車に乗せられましてね。そして自動車の中

で、"こういうわけで太田君が出征してしまって、編纂所では働き手を失うので、しかもいつ帰ってくるかもわからないんだから、かわりの人を正式に雇うわけにもいかないので、帰って来るまで、太田君のやっていることを君、かわってやってくれないか"というのです。まったく藪から棒の話でしたけれども、"まあしようがない、やりましょう。だけどこっちの漁業史のこともあるから、せめて一週間の半分ぐらい向うに行って、半分ぐらいはこっちに来るようにしたい"と言ったら、一言のもとに"それはいかん、全部向うに専念してくれ"と言われましてね、いやおうなしに（昭和）十三年の二月頃から渋沢栄一伝記資料編纂所のほうに毎日通うようになったのです（括弧内は引用者挿入）[55]

　もし幸いに太田が比較的短期間に軍務から復職した場合、後任者が山口であればいつでも祭魚洞文庫の漁業史研究室に戻ることが可能である。こうして敬三は編纂員応召による欠員を、アチック側のメンバーを配することにより切り抜けた。アチック・ミューゼアムの中に漁業史研究室を設け、土屋の推薦により、逐次経済史専攻者を研究員として採用してきたことが、当初の予想外の意味を持ったことになる。これまで三田綱町邸でのアチック・ミューゼアムの活動と、第一銀行本店内での竜門社事業とは（土屋が時に漁業史の研究会に顔を出すことがあったにせよ）基本的には全く別個に進行してきたが、図らずもここに人的交流が発生した。一旦伝記資料編纂所専任になった山口も後に漁業史研究室との兼務になり、また、その後楫西光速や宇野脩平が伝記資料編纂所と漁業史研究室とを兼務することになる。

しかし太田は還らなかった。土屋は次のように顧みている。

　彼（太田）はきわめて篤学で、知性の非常に高い青年であったが、召集され、出征し、昭和十三年十月四日湖北省で戦死した。（朝日新聞に「インテリ兵士の模範」と戦友の談話が出た。）……婦人雑誌に未亡人の談が出、その中で、太田君の遺言の一条「一、『算之介、伸二共、いかなる職業につくとも、学問と芸術を愛することを忘れざるよう訓育すべし』が発表された。（この遺言は菊池寛や吉屋信子に絶賛された。）……私（土屋）たちは、渋沢君の後援をこうて、太田伍長の遺稿を二冊出版した。その一は、岩波書店から刊行された『太田伍長の陣中手記』、他は非売品の『太田慶一遺稿』〈菊版約四百頁〉である。前者については渋沢君は故岩波茂雄氏に斡旋されたし、後者の印刷製本費の大部分をも寄付された。（括弧内は引用者記事）(56)

出版事情が既に厳しくなりつつある状況下、『太田伍長の陣中手記』は、題簽：渋沢敬三、序文：谷川徹三、跋：土屋喬雄の形を得、編集には伝記資料編纂所の編纂員と学友が協力し、陸軍省の認可を得て、1940年10月に上梓された。

太田の「出征中留守役」として山口が編纂所に入ったのは1938年3月であり、第2次伝記資料編纂事業の期限は1年後に迫っていた。太田の担当部分の内、最重要先は第一銀行と東京商業会議所であったが、第一銀行についてはかなり整備されていたので、山口は当面商業会議所の資料蒐集に注力することとして、日々東京府庁に通い始めた。(57)この月、タイピスト等を含む編纂所の人員は19名になったと佐治は記している。(58)

「伝記資料」全体は主として「実業・経済」部門と「社会・公共」部門とから成るが、1938年6月には前者の分類目次の作成に意を注いだ。実業・経済部門担当の編纂員、高橋善十郎、石川正義、山口和雄の3名がまず立案し、土屋と佐治が3名と共に審議して編纂所案がほぼまとめられた。土屋はこの案につき、所外の関係者にも提示して意見を求めることとした。

その後7月下旬に土屋は体調を崩し9月下旬頃まで約2カ月間出勤できなかった。その間各編纂員の調査は進行したが、松平孝と鹿倉保雄は9月に入ると「社会・公共」部門の編輯案見直しに取り掛かった。まず関係事業総てのカードの在職年月を点検し、蒐集済みの全記録と突き合せ、更に既存の「青淵先生公私履歴台帳」と照合して五十音順の第一原稿を作成した。次に佐治祐吉、井東正一も加わり事業性格による分類案を作成、復帰した土屋主任に提出した。⁽⁵⁹⁾土屋始め関係編纂員は事業の分類について論争も重ねつつ10月末頃600余項目にわたる目次稿を作成した⁽⁶⁰⁾。

1939年2月の第23回「編纂所通信」において土屋は「編纂所の事業も満三年に近づいたが、新資料が引續いて集ってゐる」と穂積男爵家よりの借用書翰などの例を挙げた上で、なお「資料を御所藏の方々に續々御提供下さるやう御願ひ申上げる」と記している。⁽⁶¹⁾事業の期限を意識しながらも内容を完璧に近付けたいとの思いの強さが表れている。ただし、期限内に終了しないで期間を延長した場合、敬三に費用負担が発生することが明確であった。土屋は敬三に対し、この編纂事業における資料網羅性の意義を説いた。

後年土屋は次のように回想している。

　　普通の実業家であれば、出版の際の困難を予想して、十巻な

り、せいぜい二十巻なりに限定することを考え、……資料の取捨を要請したにちがいない（然し）彼は……自己の主観を強く働らかして資料を大幅に取捨選択することは、編さん者として越権行為であるという私の主張……に賛成してくれた⁽⁶²⁾

翌3月の「編纂所通信（24）」では、「本月で編纂所の事業も満三年となった」と土屋は書き、全体の進行度合について「大ざっぱに言って事業の全行程の半以上は濟んだものと考へてゐる。今後は二年で完了の豫定を立てて進行したいと思ふが、多少のゆとりはなければならないと思はれる」と見込んでいる。期限の延長について既に敬三の了解を得ていたと見られる。

1939年3月29日に東京銀行倶楽部で開かれた竜門社理事会・評議員会には、阪谷芳郎理事長、明石照男評議員会長、白石喜太郎理事、清水釘吉監事、渡邊得男、植村澄三郎、渋沢敬三各評議員ら計19名の役員が出席した。議題は「青淵先生傳記資料編纂事業繼續の件」並びに「昭和十四年度収支豫算決議の件」で、いずれも全員一致で可決された。前者は「三ヶ年間の繼續事業として鋭意編纂に從事し來れるも極めて廣範圍に亘る爲め到底所期の目的を達すること能はざるに依り今後なお二ヶ年間右の編纂事業を繼續すること、並に本年度までに所定の豫算額に不足を生じたる場合は之を支出すること」と説明された。予算を超過しても竜門社の事業費としての処理が承認されたことは、活動開始以来3年を経て、第2次伝記資料編纂が竜門社自体の主要事業の一つとして位置付けられるに至ったことを示している。また第2議案の1939年度予算においても「青淵先生傳記資料編纂費支拂資金支出」1万8,500円が計上された。第2次伝記資料編纂事業としては初めての予算計上である。

編纂事業継続の下相談の段階で、敬三は恐らく理事長、評議員会長らに寄附金の内意を伝えていたものと想像される。この年10月に敬三は伝記資料編纂費として2万円を竜門社に寄附した。継続期間1年につき1万円を負担する、との意であろう。敬三の編纂費寄附金は第2次編纂事業について累計4万円になったわけであるが、第1次編纂事業以来では累計6万円になる。

第2次編纂事業最初の3年間の経費面を竜門社決算書で見ると、当初は（敬三負担の資料購入費は別として）年間1万円を想定して開始したのであるが、1936年度1万円余、1937年度1万4,000円、1938年度1万7,000円強と3年間で約4万1,000円強に上り、寄附金収入3万円を上回った。竜門社は予算超過額1万1,000円強を通常の収入の内より賄ったわけである。

第1次編纂事業の収支を振り返ってみると、支出累計4万8,000円弱、寄附金収入2万円（敬三寄附）、差額2万8,000円弱が竜門社負担になっている。

1939年4月、編纂事業の2年間延長に際して、人事面にも異動があり、編纂員の佐治祐吉と石川正義が退所し、山口和雄は祭魚洞文庫の漁業史研究室との兼務になり、漁業史研究室の楫西光速も編纂所との兼務になった。他に編纂員1名が入り、藤木喜久馬が編纂員として、佐治から庶務担当を引き継いだ。土屋主任以下編纂員は10人を数え、助手、タイピストを含めた陣容は発足時に比してほぼ倍増している。

伝記資料編纂事業の継続を検討していた1939年春に、竜門社執行部は青淵翁記念会との共催行事の準備に忙殺されていた。この共催行事は、既に標本購入が進行していた博物館設立計画にも深く関わるものであった。

(4) 博物館着工成らず、標本蒐集進行（1938～1939年度）

　前述のように竜門社では昭和12年（1937）7月の理事会・評議員会で「澁澤青淵翁記念實業博物館建設の件」を可決した。用地は曖依村荘の一部を使用するが、建物、備品、標本等の設備資金は青淵翁記念会に負担を依頼することとし、その豫算額は38万7,500円と策定した。半年後の1938年1月19日の理事会・評議員会で「博物館建設の資金補助に關する依頼状を青淵翁記念會に発送する件」を決定している。依頼状は程無く記念会に届けられたことであろう。

　青淵翁記念会では（竜門社の依頼状発送決定より9日後の）1月28日夕刻、日本工業倶楽部で第6回評議員会を開催したが、「議案第五、昭和十三年度事業計畫ノ件」の中で「四、青淵翁記念實業博物館建設費ノ補助」が採上げられている。建築費、設備費、展観設備費を合せた総額38万7,500円の全額を補助するもので、内30万円以内を財団の基金を取り崩して充当するとの案であった。ただし「時局ノ關係上實際ノ建設ハ來年度以降トナル見込ナルヲ以テ本年度豫算中ニハ之ヲ計上セス」との条件の下でこの原案は承認された。この議案には「備考」として「本博物館ノ管理ニ要スル經常費ハ龍門社ニ於テ負擔スルモノトス」と記されており、「一つの提案」に基づく竜門社案がそのまま記念会で受容されている。[69]「一つの提案」はここに竜門社と青淵翁記念会との両団体の事業として確定したわけである。記念会でも評議員であった敬三は、恐らくこの評議員会に出席したことと想像される。

　この1938年に、後述のように敬三は具体的な設計等の建築準備を進めた。竜門社としても「翌1939年度に着工」との計画を樹て、38年末までには記念会とも協議したものと推測される。

青淵翁記念会の第7回評議員会は翌昭和14年（1939）1月30日夕刻開催された。議案の「第五、昭和十四年度事業計畫ノ件」の中で、「三、青淵翁記念實業博物館建設費ノ補助　豫算金参拾萬圓（豫算總額金参拾八萬七千五百圓ノ内）」が承認されている。この30万円は財団の基金を取り崩すものであった(70)。

　敬三は、1937年6月以来標本購入を続ける一方、清水釘吉を通じて清水組に設計を依頼し、1938年には設計案をめぐって清水釘吉らと共に検討を重ねたことと推測されるが、1939年春頃までには、地下1階、地上3階の博物館設計図が仕上がっていた。「一つの提案」では、延面積は700坪（約2,310平方メートル）とされていたが、この時点では延面積800坪（約2,640平方メートル）に拡張されている(71)。予算額は前記の通り、青淵翁記念会において確定しているので、建築単価について清水組が協力したかとも想像される。

　1939年（昭和14）は渋沢栄一生誕100年に当っていた(72)。1月末の青淵翁記念会評議員会では議題にされなかったが、記念会では「青淵先生生誕百年記念祭」を発案し竜門社に共同開催を申し入れていた。2月1日、竜門社では、青淵翁生誕百年記念祭の準備委員を、西条峯三郎、白石喜太郎各理事、大橋進一、木村雄次各評議員、佐々木修二郎の5名に委嘱した。青淵翁記念会も準備委員を5名選任したが、膳桂之助以外の顔触れは、清水釘吉（竜門社監事）、西野恵之助（竜門社評議員）、渡辺得男（同）、中村元督（同）と、いずれも記念会役員ではあるが、元来竜門社のメンバーであった(73)。両団体10名の準備委員の内、西条、白石、佐々木、清水、西野、渡辺の6名が2年前の「曖依村荘利用に関する委員会」委員であり、すなわち博物館建設計画の関係者であった。

　10名の準備委員はほぼ毎週打合せを行い、記念祭開催日を5月13

日(土)、会場は曖依村荘とした。この記念祭には両団体で進めてきた二つの記念事業が盛り込まれた。一つは記念会が幸田露伴に委嘱していた『渋沢栄一伝』の完成披露であり、他の一つは「渋沢青淵翁記念実業博物館」の地鎮祭施行である。招待客のために、博物館の着色外観図や平面図、設計概要を掲載したパンフレットも用意された。

記念祭を前に5月5日、「澁澤翁を偲ぶ實業博物館」との記事が中外商業新報(現・日本経済新聞)に出た。記事では13日に「故翁生誕百年の記念祭を行ひ、併せて(博物館の)地鎮祭を執行することとなった」と報じ、「この實業博物館は、故翁の意志を繼いで、澁澤家で蒐集したわが實業界發展に關する明治初年以来の貴重なる文獻資料を始め、故翁の遺愛の品数千點を陳列、……豫算は約卅萬圓の豫定である」として、更に「建築資材統制の折柄着工は未定である」と付け加えている。[74]

1939年5月13日の当日は、午前に上野寛永寺の栄一墓前で報告式、午後には曖依村荘で地鎮祭並びに記念祭、続いて園遊会が順次執り行われた。墓前報告式では法要の後、両団体を代表して西野恵之助が、幸田露伴による『渋沢栄一伝』の刊行と、同日午後予定の実業博物館地鎮祭並びに生誕百年記念祭についての報告文を朗読し、遺族を代表して敬三子爵が謝辞を述べた。

正午過ぎ、曖依村荘には首相平沼騏一郎、幸田露伴など多数の来会者が到着した。まず博物館建設予定地にて敬三初め両団体主要役員参列して地鎮祭の神事を行った。[75]次いで両団体を代表して膳桂之助が博物館構想を紹介したが、その内容は敬三による「一つの提案」に即したものであった。すなわち、マウントヴァーノンの記憶に始まり、我が国の博物館界に経済部門が欠けていること、青淵

翁の記念の意味からも曖依村荘を社会的に活用するためにも近世実業史博物館の設立が適切なること、内容は「青淵翁記念室」「近世日本実業史展観室」「肖像室」の3部構成の案なることが述べられた。膳は計画当事者代表の立場を守り、自身の見解は一切付け加えなかった。地鎮祭において博物館の名称は1937年7月の竜門社の決定通り「渋沢青淵翁記念実業博物館」とされたが、膳桂之助の挨拶では「近世日本実業史博物館」の名で紹介され、『竜門雑誌』掲載の速記録では表題もそのようになっている。もとより敬三の意図を表す名称は「近世日本実業史博物館」であり、原稿にそう表記して膳に呈したのであろう。

　博物館地鎮祭の時点で、標本蒐集はまず順当に進みおり、建築費の予算も手当が済み、設計図もできていた。地鎮祭会場の遺族代表席で、自らの所見が膳桂之助の口を通して読み上げられるのを聴きつつ敬三の考えていたことは、恐らく建築着工への行程であろう。日中戦争の行方が見えず、日本への国際的圧力が高まる中で、先の中外商業新報も伝えていたように建築資材統制は厳しく、着工に向けての状況が改善される気配は無かった。

　同じ村荘内の生誕百年記念祭会場には660余名が参集した。記念祭は司会者西野恵之助の開会挨拶に始まり、竜門社阪谷理事長並びに記念会郷理事長の式辞、幸田露伴と平沼騏一郎の記念講演があり、四者それぞれに渋沢栄一論を展開、最後に遺族を代表して敬三が鄭重に謝辞を述べ、西野の挨拶により閉会して園遊会に移った。

　1939年5月の記念祭で東洋思想家としての栄一を論じた平沼首相は、ノモンハン事件最中の同年8月、思いも掛けぬ独ソ不可侵条約締結の報に接し、直ちに防共協定締結国たるドイツに抗議したが

日本実業史博物館地鎮祭。玉串を捧呈する郷誠之助。1939年5月13日、曖依村荘にて。渋沢史料館所蔵写真。

日本実業史博物館完成予想図。1939年5月。渋沢青淵翁記念会。渋沢史料館所蔵写真。

容れられず内閣総辞職を余儀なくされた。9月、ナチス・ドイツはポーランドに侵攻、ヨーロッパは再び戦場となった。資材調達への道はますます厳しさを加えるばかりであった。

　同年5月の地鎮祭の後も、第一銀行本店内の博物館準備室には樋畑武夫が担当者として詰め、甲州屋やうさぎや書店などをそれぞれ月に一度ほどは迎えて、敬三決裁の下に標本購入を続けた。ところが樋畑武夫は9月末を以て博物館準備業務から退くことになった。敬三はアチック中心メンバーの一人である宮本馨太郎の助言を得て、帝室博物館で服飾史等の研究員であった遠藤武を採用することとし、遠藤は10月1日から樋畑に代って準備室に出勤した。10月5日には伊勢辰から紙の細工、刷物など260余点を買い付けている。また、この頃敬三のかつての学友、小林輝次も準備室に勤務し始めたと見られる。小林は主として「肖像室」のための実業功労者調査を担当した。

　地鎮祭以後このように標本購入を重ねてゆく間にも、敬三や清水釘吉らは建築着工に向けて諸方面に努力を尽したと思われる。しかし、資材入手の目途は全く付かず、10月には一旦建築予定の留保（あるいは「取消」というべきか）を決めたらしい。目にした資料の範囲ではその決定過程の詳細は摑めないが、例えば、当時（入所したばかりではあるが）準備室に在勤していた遠藤は後年「着工を目前にしたが、その秋の建築資材統制のため建築を一時中止せざるを得なくなった。」と回想している。この「博物館建築予定の一旦見送り」は、『竜門雑誌』の理事会・評議員会記事には全く現れない。建築資材統制の強化により次第に見通しが困難になっていたことは想像に難くないが、ただ華々しい地鎮祭から5箇月の時点で、なぜ竜門社として（「延引」でなく）「一旦中止」を決断したのか、その決定に

日本実業史博物館準備室の日記帳。国文学研究資料館所蔵

敬三はどのように関わったのか、等その検討過程は不明である。

　建築予定は一旦見送らざるを得なかったものの、博物館建設計画そのものは中断されなかった。むしろ、遠藤武という専門家の採用を機に、敬三は準備室をオフィスらしく整え、遠藤、小林両名に藤木が助力する形で、敬三の下で一つの部署として機能するよう体制作りを進めた。名称は、これまで竜門社や青淵翁記念会が使用してきた「日本実業博物館」ではなく、「日本実業史博物館」とした。小林には「一つの提案」の最終稿をノートに筆写させて仕事の指針とさせ、また、「準備室日記」を作成させた。この業務日誌は、1939年11月27日に始められ（ただし11月末までは挿み込みメモに記載）、

小林、遠藤の外、藤木や杉本行雄により1945年12月まで書き続けられた。

1939年12月、土屋は東洋経済新報社から、同社が翌1940年に開催を計画している経済文化展覧会の話を聞き、敬三や遠藤、小林らにも伝えた。それは実業史資料所蔵者に関する情報でもあった。また竜門社では、翌1939年に第100回会員総会を行うので担当委員を中心に記念事業の企画を検討していた。敬三はこれらの企画に実業史博物館準備室が協力することを着想する。独立の建物が無くとも、また人員が最小限であっても、主導者と専門家を含むスタッフがいて、標本コレクションがそれなりに整理、保管されていれば、機能の上で既に一個の博物館は成立している、との認識があったのかも知れない。

1939年10月末現在の標本点数は2,235点であった。その累計金額2万4,125円は、竜門社昭和14年度（1939）決算の貸借対照表の借方（資産）に仮払金として計上された。竜門社の着工計画一旦留保により、青淵翁記念会の博物館建設費補助金30万円の支出も留保されたが、このように標本購入代金支出残高が累増してきたところから、標本分の補助金について竜門社と記念会との間で協議が行われたと見られる。

（注）

(1)「編纂室たより（19）」『竜門雑誌』第565号（1935.10）。
(2)「編纂室たより（20）」『竜門雑誌』第571号（1936.4）。
(3) 土屋喬雄「私の履歴書」『私の履歴書』文化人17、日本経済新聞社、1984年、72頁。土屋による渋沢敬三回想文献には次の例がある。「渋沢敬三君の

思い出——経済学部関係を中心として——」『渋沢敬三先生景仰録』東洋大学、1965年、180-199頁（初出は『経友』1963年12月号、東京大学経友会）。「人間渋沢敬三」『渋沢敬三』上巻、渋沢敬三伝記編纂刊行会、1979年、245-276頁（初出は『月刊金融ジャーナル』1964年1月号～5月号、金融ジャーナル社）。「私の履歴書」『私の履歴書』文化人17、日本経済新聞社、1984年、7-81頁（新聞連載は1967年4月）。「故渋沢敬三君の思い出」『青淵』第415号（1983.10、渋沢敬三氏没後20周年記念号）、4-10頁。なお、この依頼の時期は、上記「私の履歴書」では2月と読めるが、「渋沢敬三君の思い出」では正月、「人間渋沢敬三」では「正月か二月、なんでも寒い時」と記されている。

(4) 前掲書、73頁。

(5) 土屋「人間渋沢敬三」、261頁。

(6) 前掲書、261頁。なお、報酬への言及は資料として誠に貴重である。報酬は敬三が個人的に負担したかと推測される。

(7) 明石照男「序」『渋沢栄一伝記資料』第1巻（刊行会版）、前付8頁。

(8) 第1次編纂、第2次編纂の双方の編纂員であった佐治祐吉は、明治期以来の渋沢栄一伝記編纂事業の全体的構図を6段階に分って解説し、それは山田仁美により紹介、分析されているが、栄一没後の「第1次伝記資料編纂」は全体的構図の第5段階に、「第2次伝記資料編纂」は同第6段階に当て嵌められている（佐治祐吉「青淵先生伝記編纂事業の沿革略」『竜門雑誌』第581号（1937.2）、79頁、および山田仁美「『渋沢栄一伝記資料』編纂に関する記録調査——『竜門雑誌』掲載記事を中心として——」『渋沢研究』第20号、2008年、?頁）。

(9) 渋沢敬三「アティックの生長」『祭魚洞雑録』郷土出版社、1933年、6頁。のち「アチックの成長」として『渋沢敬三著作集』第1巻、平凡社、1992年に収録、14頁。なお、桜田勝徳は当該論考の初出を『竜門雑誌』1933年9月号としている（桜田勝徳「敬三とアチックミューゼアム」『渋沢敬三』上巻、845頁）が、同誌同月号（第540号）にこの稿は掲載されていない。

(10) 山本鉃治「太田慶一君を憶ふ」『竜門雑誌』第605号（1939.3）、107頁。かねてからエーベリー卿に私淑していた敬三は、レオナルドの多面的活動をも談じたかも知れない。

(11) 佐治祐吉記事「青淵先生伝記資料編纂所通信（以下、「編纂所通信」と略記する）（1）」『竜門雑誌』第580号（1937.1）、100頁。

(12) 渋沢敬三「『豆州内浦漁民史料』序」『渋沢敬三著作集』第1巻、577頁。

(13) 土屋「人間渋沢敬三」、261頁。

(14) 佐治祐吉記事「編纂所通信（3）」『竜門雑誌』第583号（1937.3）、79頁。
(15) 佐治祐吉記事「編纂所通信（2）」『竜門雑誌』第582号（1937.2）、87頁。
(16) 宮本常一『渋沢敬三』（未来社、2008年）には、栄一葬儀の際に受け入れた香典60余万円を伝記資料編纂に充当する意向を敬三が有していたとの記述があるが（33頁）、管見の限りでは傍証材料が見当らないので、参考情報の範囲に留めておく。
(17) 『竜門雑誌』第579号（1936.12）、83頁。
(18) 「彙報」『竜門雑誌』第581号（1937.2）、88頁。
(19) 前掲書、88頁。
(20) 前掲書、88頁。
(21) 土屋喬雄記事「編纂所通信（1）」『竜門雑誌』第580号（1937.1）。
(22) 「彙報」『竜門雑誌』第584号（1937.5）。決算書中には「傳記資料編纂費収支計算書」も付載されており、そこには「出張費外諸費」とあるがそれ以上は不明である。
(23) 「編纂所通信（5）」、前掲書。
(24) 「編纂所通信（4）」『竜門雑誌』第583号（1937.4）。
(25) 「日本実業史博物館計画」に関する記述は下記文献に拠る。「日本実業史博物館旧蔵資料（一）解題」『史料館所蔵史料目録』第11集、国立史料館、1965年、83-88頁。遠藤武「日本實業史博物館資料について」渋沢敬三先生景仰録編集委員会編著『渋沢敬三先生景仰録』東洋大学、1965年、308-314頁（上記「日本実業史博物館旧蔵資料（一）解題」の再録）。遠藤武「祭魚洞先生と民具――日本実業史博物館始末記」『渋沢敬三』上巻、渋沢敬三伝記編纂刊行会、1979年、295-299頁。佐藤健二「渋沢敬三とアチック・ミューゼアム」川添登・山岡義典編『日本の企業家と社会文化事業』東洋経済新報社、1987年、124-143頁。山田哲好「日本実業史博物館準備室旧蔵資料」近藤雅樹編『図説・大正昭和くらしの博物誌――民族学の父・渋沢敬三とアチック・ミューゼアム――』河出書房新社、2001年、137-147頁。『日本実業史博物館をつくりたい!!――渋沢敬三の構想と残された蒐集品――』渋沢史料館、2001年。五十嵐卓「渋沢敬三と日本実業史博物館――草稿『ひとつの提案』にみる博物館への眼差し」『民具マンスリー』第35巻第7号（2002.10）、神奈川大学日本常民文化研究所、9-14頁。刈田均「日本実業史博物館」横浜市歴史博物館・神奈川大学日本常民文化研究所編『屋根裏の博物館――実業家渋沢敬三が育てた民の学問――』横浜市歴史博物館・横浜市ふるさと歴史財団、2002年、126-129頁。青木睦編『文化資源の高度活用「日本実業史博物館」資料の高度活用：2007年度

中間報告』資料編、人間文化研究機構国文学研究資料館、2008年＊。【『国文研報告書』と略記する。】＊初出は丑木幸男・人間文化研究機構国文学研究資料館『「日本実業史博物館構想による産業経済コレクションの総合的調査研究」研究成果報告書』本文編・資料編、2006年（文部科学省科学研究費補助金研究成果報告書）。『青淵先生、想い続けて120年——竜門社の歩み——』渋沢史料館、2006年。

(26)『竜門雑誌』第527号（1932.8）、103頁。

(27)『青淵先生、想い続けて120年——竜門社の歩み——』24頁。なお、遠藤武「祭魚洞先生と民具——日本実業史博物館始末記——」『渋沢敬三』上巻、296頁も参照。

(28)『竜門雑誌』1935年、1936年、1937年各5月号（第560号、第572号、第584号）所載の「彙報」。

(29) 土屋の回想によれば、青淵翁記念会では募金目標額100万円に対し実際の寄付金額が135万円に上ったので、その一部を敬三の依頼により博物館建設に充てることにしたという（土屋喬雄「人間渋沢敬三」265頁）。ただし本稿執筆時点では確認材料を見出せないため参考情報に留める。

(30) 後述する渋沢敬三「一つの提案」本文中に、「先般大橋翁から極めて凱切なる此の問題（引用者注：村荘内に公共的施設を造ること）についての御意見を承るに及んで云々」とある（『国文研報告書』53頁）。ちなみに大橋図書館初代館長は、石黒忠篤（敬三の親しかった従兄）の父忠悳であり、忠篤も後年同図書館の役員を務めている（坪谷善四郎『大橋図書館四十年史』博文館、1942年（復刻版：博文館新社、2006年）、20頁、269頁）。また大橋新太郎は1941年から1944年まで竜門社の評議員会長を務めた。

(31)『竜門雑誌』第584号（1937.5）、88頁。

(32)「柏葉年譜」の昭和8年（1933年）の記事に「此頃より青淵紀念として竜門社に実業史博物館設立を提唱賛同を得、資料蒐集に努め爾後約十年に亘る云々」とあるが（『柏葉拾遺』、3頁）、後述の通り「資料蒐集」の着手は昭和12年（1937）であり、「提唱・賛同」についても1933年になされたことの傍証が見出せないので、この記事の採用は姑く留保したい。

(33) 以下「一つの提案」並びに「委員会答申書」に関する記述は、国文学研究資料館の日本実業史博物館報告書に所載された小松賢司の「『一つの提案』——渋沢敬三の博物館構想分析の前提として——」（『国文研報告書』25-35頁）及び「『一つの提案』の全文翻刻」（同書、36-57頁）に依拠している。

(34) 国文研報告書中の小松賢司論文では「活字A」とされている（前掲書）。

(35)『日本実業史博物館をつくりたい!!』3頁。
(36)『竜門雑誌』第587号（1937.8)、91頁。
(37) 小松賢司「『一つの提案』——渋沢敬三の博物館構想分析の前提として——」28頁、32頁、35頁。
(38) 1933年1月記念会設立時の名簿（『渋沢栄一伝記資料』第57巻、828-830頁）並びに1937年2月理事・監事改選記事（同書838頁）による。
(39)『竜門雑誌』第593号（1938.2)、81頁。
(40) 小松賢司論文では「活字B」と記されている（小松賢司「『一つの提案』——渋沢敬三の博物館構想分析の前提として——」）。
(41) 小松「『一つの提案』——渋沢敬三の博物館構想分析の前提として——」37頁。
(42) 小松、前掲書、567頁。
(43) 遠藤武による回想記2篇の内、「日本實業史博物館資料について」では「武夫」とあるが（309頁）、「祭魚洞先生と民具——日本実業史博物館始末記」では「秀夫」とし、職員と記している（296頁）。『国文研報告書』所載「購入品原簿」によれば、樋畑武夫は標本購入先でもあり、また交通費、出張旅費や手当を支払ってもいる。手当金額は、1938年12月に200円、1939年8月に80円が記録されている（『国文研報告書』489頁、492頁）。同人からの購入品は絵図、文書、書籍等である。
(44)「うさぎや」店主名は、長沢玄光『渋沢青淵記念財団竜門社百年史』(『青淵』第447号所載）渋沢青淵記念財団竜門社、1986年、67頁に拠る。
(45)「購入品原簿」『国文研報告書』472頁。「購入品原簿」1番は、この日購入の「衣食住之内家職幻絵解図」価格19円80銭である。
(46) 小松賢司「『購入品原簿』——コレクション形成過程分析の前提として——」68頁及び74頁。
(47) 拙稿「『実博』建設計画・運営に関する経理の処理について——竜門社決算書から見た『実博』準備活動——」『国文研報告書』、244頁。
(48) 遠藤武「祭魚洞先生と民具——日本実業史博物館始末記」、297頁。
(49)「彙報」『竜門雑誌』第590号（1937.11)、100頁。
(50)「編纂所通信（7）」『竜門雑誌』第586号（1937.7)。
(51) 佐治祐吉記事「編纂所通信（11）」『竜門雑誌』第590号（1937.11)。
(52) 佐治記事「編纂所通信（14）」『竜門雑誌』第593号（1938.2)。
(53) 太田慶一記事「編纂所通信（14）」前掲書。
(54) 佐治祐吉記事「編纂所通信（15）」『竜門雑誌』第594号（1938.3）70頁。

(55) 山口和雄先生古稀記念誌刊行会編『黒船から塩の道まで』日本経営史研究所、1978年、91頁。なお引用文中の「二月頃」は「編纂所通信 (15)」の佐治の記事によれば、実際には三月であった。
(56) 土屋喬雄「渋沢敬三君の思い出」、193頁。太田の挿話は、当時の我が国では未だリベラルな価値観が肯定されていたことと、しかしそのような価値観を（否定はせずに）そのまま戦時体制の意識へと導く力が働いていたことを示すものであろう。もっとも如何にリベラルな人士であっても、日本軍の中国進出自体への批判を発言することはまず不可能な時代状況ではあった。
(57) 山口和雄記事「編纂所通信 (16)」『竜門雑誌』第595号（1938.4）。
(58) 佐治祐吉記事「編纂所通信 (17)」『竜門雑誌』第596号（1938.5）。
(59) 土屋喬雄記事、鹿倉保雄記事「編纂所通信 (20)」『竜門雑誌』第601号（1938.10）。
(60) 土屋記事「編纂所通信 (21)」『竜門雑誌』第602号（1938.11）。
(61) 土屋記事「編纂所通信 (22)」『竜門雑誌』第605号（1939.2）（当該記事は通算 (23) とすべきところ、(22) と誤植されている）。
(62) 土屋「人間渋沢敬三」、264頁。
(63) 「編纂所通信 (24)」『竜門雑誌』第606号（1939.3）。
(64) 「支拂資金」は「支拂基金」の誤植かと推測される。
(65) 「彙報」『竜門雑誌』第607号（1939.4）。
(66) 「彙報」『竜門雑誌』第614号（1939.11）。
(67) 『竜門雑誌』1933年〜1939年間の各5月号「彙報」に所載の前年度収支計算書。
(68) 藤木喜久馬記事、山口和雄記事「編纂所通信 (25)」『竜門雑誌』第607号（1939.4）。
(69) 渋沢子爵家所蔵文書『渋沢栄一伝記資料』第57巻、841-842頁。
(70) 渋沢子爵家所蔵文書、前掲書、844-845頁。
(71) 『日本実業史博物館をつくりたい!!』16頁。
(72) 栄一は天保11年（1840）2月13日の生れで、昭和14年は「満」で数えれば99年であるが、周知の通り戦前期の我が国では「数え年」が用いられていた。
(73) 「彙報」『竜門雑誌』第605号（1939.2）、115頁、及び「彙報」同誌第607号（1939.4）、107頁。
(74) 『渋沢栄一伝記資料』第57巻、845頁。
(75) 渋沢史料館井上潤館長によれば、青淵翁記念博物館の建設予定地は正に現在の渋沢史料館の位置であった。

(76)『竜門雑誌』第608号（1939.5）、7-8頁。
(77) 1934年の帝人事件に関し、平沼と郷とはこの日呉越同舟の状況にあったが、もとより共に敬愛する青淵翁の記念祭に、両者の内心は窺うべくもなかったであろう。
(78) 遠藤武「祭魚洞先生と民具——日本実業史博物館始末記」、296-297頁。刈田均「日本実業史博物館」、127頁。
(79)「購入品原簿」『国文研報告書』493-496頁。
(80) 小林輝次の採用については次のような敬三の談話が伝えられている。「彼は二高で僕の同級生だが、河上肇先生を慕って京都大学に行ったんだ。……被差別部落に入って社会運動をつづけ、人びとから絶大な信頼を得た……不遇の彼に、日本実業史博物館の展示用の資料の蒐集・整理・保管の主任になって貰っていた……」（阪谷芳直「渋沢敬三氏の二高進学のことなど」『渋沢敬三著作集』月報4、平凡社、1993年）。京都帝大卒業後、小林は兵役を経て大学教授になったが思想問題のため辞任、雑誌編集などに携わっていたという（『20世紀日本人名事典（あ～せ）』日外アソシエーツ、2004年、1045頁）。
(81)「日本実業史博物館旧蔵資料（一）解題」『史料館所蔵史料目録』第11集、84頁、及び遠藤武「日本實業史博物館資料について」『渋沢敬三先生景仰録』、309頁。なお、以下の諸文献参照。
　・遠藤武「祭魚洞先生と民具——日本実業史博物館始末記」『渋沢敬三』上巻、296頁。
　・『日本実業史博物館をつくりたい!!——渋沢敬三の構想と残された蒐集品——』3頁。
　・五十嵐卓「渋沢敬三と日本実業史博物館」『民具マンスリー』第35巻第7号、12頁。
　・刈田均「日本実業史博物館」『屋根裏の博物館——実業家渋沢敬三が育てた民の学問——』 127-128頁。
　・「日本実業史博物館全資料の概要と現状」『国文研報告書』9頁。
　・小松賢司「『購入品原簿』のデータ化」前掲書、74頁。『青淵先生、想い続けて120年——竜門社の歩み——』25頁。
(82) 小松賢司「準備室日記」『国文研報告書』76-207頁。
(83)「『準備室日記』の全文翻刻」『国文研報告書』114頁。
(84)「『購入品原簿』各綴りごとの購入点数・額」『国文研報告書』68頁。
(85)「彙報」『竜門雑誌』第620号（1940.5）。

第3章　第2次伝記資料編纂と日本実業史博物館計画(2)
（1940〜1942年度）

(1) 博物館準備室と竜門社運営（1940〜1941年度）

　丸の内の第一銀行本店5階の伝記資料編纂所に近接して設置された博物館準備室は、1939年末頃から40年初にかけて、什器、備品も整え、恒常的なオフィスの形態を備えてきた。遠藤、小林も常時土屋以下の編纂所メンバーと交流していた様子が、「準備室日記」の記事から窺える。1939年12月2日の土曜日午後には、敬三、土屋以下小林、遠藤を含む10数名で荏原区戸越の銭幣館を訪問、6時頃まで店主田中啓文の説明を受けた、との記事もある。10数名の中には、恐らく編纂員の何人かがいたことであろう。敬三は後年、「昭和十五、六年ころ、土屋喬雄兄に誘われ、戸越の田中啓文さん主宰の銭幣館を拝見した時は、……いたく驚嘆した」[1]と記しているが、それは、あるいはこの日のことであったのかも知れない。この見学会は今日の日本銀行貨幣博物館の淵源の一つとも見られる。

　この頃の準備室日記で小林は、同じ階にある伝記資料編纂所を「竜門社」と呼び、飛鳥山の竜門社本体を「竜門社本社」と記している[2]。当時既に編纂所は『竜門雑誌』との連携も密接で、明確に竜門社の一部として活動しているとの印象が強かったのであろう。一方遠藤や小林は、博物館準備室を（竜門社関連組織としてではなく）「敬三が開設し主宰する職場」との認識を以て職務についたのであ

ろうが、その準備室が実務上は竜門社本社の命令系統にも属することを知って、自らの職場の位置付けを二重性格的に把握していたのかも知れない。

1940年1月頃には小林、遠藤は編纂所の図書整理の検討や資料カードの整理などに参加しており、また両名が飛鳥山の竜門社本社を初めて訪問した際は藤木が案内役を務めている。

1940年に入ると竜門社では5月予定の第100回会員総会の準備を進めた。第1の柱は記念講演会で、プログラム編成は阪谷理事長の挨拶に始まり、第一銀行、東京瓦斯、東洋紡績、東京商工会議所の各代表者に講師を依頼するものであった。もう一つの柱は記念展覧会で、栄一の遺品、揮毫、関連著書や竜門社の史料と共に、博物館準備室や伝記資料編纂所が蒐集した資料を多数展示することとした。この展示企画立案には、恐らく敬三も関与したかと推測される。4月10日には竜門社の事務局を取り仕切っていた高橋毅一と渋沢事務所の役員とが第一銀行本店役員室に敬三を訪ね、小林、遠藤も陪席して、夕刻まで展示企画についての協議を行った。13日には小林、遠藤と編纂所の山本勇が飛鳥山の高橋を訪問、曖依村荘内本館の展示会場を検分し、装飾関係者と陳列の打合せをしている[3]。

一方東洋経済新報社でも6月に大規模な経済文化展覧会開催を計画、土屋は実行委員（委員長は石橋湛山）を引き受けており、敬三も協力することとしていた。東洋経済の竹森一則らは時々準備室に来訪、小林、遠藤はこちらの協議も行っている[4]。

5月5日の会員総会を前に4月26日、小林、遠藤は編纂所の比嘉裕一朗との3名で展示品を円タク2台に積み込んで曖依村荘へと運び、翌27日（土）に小林、遠藤は現地で陳列の予行を行い、敬三や山本勇も来て装飾関係者を交えて諸事決定した。

1940年5月5日の第100回会員総会の模様は『竜門雑誌』第620号（1940年5月25日発行）に詳しく記載されているが、ここでは講演会については省略し、記念展観の記事を引くことにする。

・総会冒頭の白石喜太郎常務理事挨拶の一節
　（記念講演の）次は記念展観のことでございますが、是は青淵先生の御揮毫を若い時分から極く晩年の分まで略々年代順に揃へまして御覧を願ふことに致しました。それから御遺品を皆様に御出品願って陳列致しました。……尚ほ日本實業史博物館に陳列致します豫定で買入れた品物の一部……青淵先生の主張せられました論語と算盤に因みました算盤のコレクション、また矢立のコレクション、錦絵、地圖（略）其他相當珍しいものを陳列致してございます。

・編輯部の報告記事
　（講演会を終り）會集一同は天幕の會場を出て本館書院の展觀會場に移り、澁澤子爵家をはじめ、穗積、阪谷兩男爵家、明石、尾高、西条の各家並に青淵先生傳記資料編纂所、日本實業史博物館建設準備室、血洗島青淵會の出品にかかる青淵先生の遺品、詩幅、書翰その他先生に關する錦繪、寫眞、この外本社の古寫眞、龍門雑誌の創刊號等の極めて興味ある展觀に往時を偲び、懷古の念に興趣の盡きるところを知らなかった。

準備室は「日本実業史博物館建設準備室」の名称で、主として明治初期の商工業や市街風景に関わる版画約50点や写真約30点、江戸後期の地図数点、算盤25点、矢立100余点等を出展した。当日は

1940年5月5日、竜門社第百回会員総会に際し飛鳥山・曖依村荘の本邸内では記念の展示会が開催され、実業史博物館準備室の蒐集品も多数出品された。渋沢史料館所蔵写真。

小林、遠藤、藤木、山本のほか伝記資料編纂所員数名も応援、遠藤と小林は展示場で説明役も務めた。敬三の意を体して、建物は無くとも博物館機能の存在することを、準備室と編纂所とが協力して竜門社会員にアピールしたのであった。

竜門社第100回会員総会での展示後間もない5月11日夜に、東洋経済新報社で同社が6月に開催予定の経済文化展覧会準備の委員会があり、常設委員の土屋に誘われて小林も出席している（敬三同様、土屋も小林とは二高時代の学友であった）。土屋と小林とは同月17日夜も東洋経済の委員会に出席した。この展覧会は東洋経済新報社創立45周年記念事業の一つで、「紀元二千六百年記念明治大正昭和經濟文化展覽會」との名称で、外務・大蔵・農林・商工・逓信・鉄道六省の後援を得て、まず6月21日から同29日まで日本橋三越で開

かれ、その後大阪、名古屋への巡回が計画されていた。実行委員会の顔触れは、会長石橋湛山、常設委員土屋喬雄、加田哲二、清沢洌、築比地仲助、竹森一則、事務局長小熊孝の7名であった。[7]

名称は「明治大正昭和」でも、展示内容は江戸後期以来同時代までの経済、産業の発展過程を物語るものであった。全体は6部構成とされたが、「第一部・歴史の部」[8]は嘉永以来の経済文化史を8段階に分ち、編年的に絵画、写真、図書等を陳列するもので、日本実業史博物館準備室では錦絵や古地図など約180点を出品することとした。また、「第三部・実物参考品の部」には、江戸期両替商の店構え諸道具――看板、帳場格子、大福帳、判取帳、十呂盤、千両箱、金庫等――や、旧来の農工具などの出陳も決めた。「第六部・顕彰の部」は「経済文化発展上の指導者および外人功労者の写真と経歴を展示」で小林は文献資料の提供もしている。竜門社本社所蔵の栄一写真の提出に際しては、藤木が本社との協議を仲介し、遠藤が借用のため飛鳥山に赴いている。[9]この「顕彰の部」展示は実業史博物館の「肖像室」の資料蒐集上の参考情報をもたらしたことと思われる。なお、この時期に外人功労者を採り上げているところに実行委員会の冷静な態度が窺われる。実業史博物館準備室では、東洋経済よりの希望で画家福沢一郎にこの展示の飾り付け監督を依頼し、小林が福沢を東洋経済側に引き合せた。[10]土屋は展示の全体を監修した。[11]

展覧会会期は1940年6月21日から29日まで、会場は前記のように日本橋三越であった。展示品の運搬は東洋経済側が行ったので、今回は小林、遠藤が円タクを摑まえる必要は無かった。開会前夜には、小林、遠藤は三越で9時半まで飾り付けに従事している。

この展覧会は、日本経済の近代化の過程とその世界での位置を示すグラフ類や、諸企業の製品の出展、米国の最新式自動計算機の

実演などと盛沢山で、入場者数は（その後の大阪、名古屋開催分も含め）17万7,000人に達したと推計されている(12)。6月26日には土屋と小林は会場に行き、展示品中後日実業史博物館に譲り受けたい品をメモしている。また小林は、三井文庫の金融史研究者であった遠藤佐々喜(13)が会場内にしつらえた江戸期両替店の店構えを図面に描き取っている。

ところでその会場内の説明板や展覧会の『目録』において、準備室では、展示品所蔵者の名称を単に「日本実業史博物館」と表示して、「準備室」は付さなかった。世間に対して一個の独立した博物館として自らを提示したのである。ここには敬三の理念が表れていると考えられる。日本実業史博物館は幻の存在といわれるが、ある時空の下では実在したともいえよう。今日でも、事情を知らずに『東洋経済新報社百年史』の本展覧会記事を読む人は(14)、展示品所蔵者として明記されている日本実業史博物館を、自然に当時開館していた博物館と解するに違いない。敬三は既にそこまで「博物館」を作り上げていたのであった。

博物館準備室が1937年6月発足以来小林、遠藤の着任早々の39年10月までに購入した標本代金の累計額は（恐らく藤木が集計を担当したかと推測されるが）2万4,125円38銭に達していた。竜門社ではこの額を1939年度決算の貸借対照表に仮払金として計上、この決算は1940年5月の第100回会員総会で報告されていた。設備関係資金は本来青淵翁記念会が分担する筋合いなので、竜門社としては、1940年度購入予想額も含めて、ひとまず3万円の補助金提供の下相談を行ったと見られる。記念会は6月25日竜門社に対し、恒例の曖依村荘維持費補助金1万5,000円と同時に「日本實業史博物館建設金の内」として3万円を寄付した(15)。1939年度に一旦予定した建築資

金は取止めになったため、記念会としても博物館建設に関しては、これが最初の寄附であった。

　準備室では小林、遠藤が前任者以来の蒐集資料の台帳やカード作成を行いつつ、敬三の決裁によりうさぎや書店、甲州屋、粋古堂などからの購入や古書展等での買付を続けたが、東洋経済の東京展も終ろうとしていた6月28日に、竜門社本社から高橋毅一が会計の打合せに来訪した。記念会から博物館建設資金第1回分の寄附を受けた直後である。1940年度決算に計上すべき、39年11月からこの6月までの購入額5,000余円につき本社と準備室の記録に不突合があったためである。その日は解決し得なかったが、高橋の追及は厳しかったらしい。遠藤は7月1日に元の職場の帝室博物館に行き、会計処理方法について聴取している。7月11日の朝に小林と遠藤とは飛鳥山本社に赴いて午前中高橋と突合せを行い、更に翌12日、今度は遠藤独りが再度高橋を訪ねて照合を続け、漸く誤算箇所を突き止め解決した。(16)高橋とすれば青淵翁記念会に対しての責任を感じていたのかも知れないが、その厳格な態度は、元来社会運動家であった小林や、服飾史など民俗の専門研究者である遠藤に、準備室活動における経理事務の重要性を一際認識せしめることになったと思われる。(17)

　小林はこの年5月末頃にマラリアのため体調を崩しているが、その後土屋の導きで6月の東洋経済展覧会に関与し、会議参加、参考資料提供、美術家紹介等から出展標本管理まで奮闘した様子が見られる。しかしこのような催しは何年に一度あるか無いかの出来事であって、閉幕後出展品の返却、整理が済めば、平常の蒐集品見計い持込みへの応対、購入品や受贈品の現物管理と事務管理等の着実な処理、肖像室のための調査、正確な記帳等の日々が続くことになる。

1940年7月、準備室では17日から22日まで遠藤が夏期休暇を取り、その間小林は毎日通常通りの業務を行っている。入れ替りに小林が翌23日（火）から週末まで休暇を取った。小林の留守中「準備室日記」は遠藤が記している。また、26日の終業後、休暇中の小林の自宅に俸給を届けている。しかし、翌週小林は出勤してこなかった。外部から小林への連絡があると、遠藤は「小林出勤後に」と応答している。結局小林はそのまま42年3月末まで1年8カ月休むことになる。その事由は「準備室日記」にも記されていないが、健康上の問題であろうと推測される。小林本人は一度だけ姿を現したが、小林夫人は何度か来訪して土屋に相談している。小林の俸給は毎月遠藤が自宅に届けた。[18]

　小林は東洋経済展覧会に些か無理をして役目を果したが、休息のいとまも無く本社との間で経理問題への対応なども余儀なくされた。元々組織の中に居た遠藤と異なり外向的な運動家であった小林にはやや忍耐を要する状況であったのかも知れない。[19]この後およそ1年間、準備室は遠藤が独り精勤する。

　当時の博物館準備室の標本購入の実況を、遠藤は後年次のように回想している。

　　（中国大陸での）戦争がはげしくなるにつれて、今集めておかなければ大変という動きが切実となり、資料の潰滅を恐れて、それに加えて直接に重点的に買い集めなければという祭魚洞先生との話合いの末、古書店という古書店は都内ばかりでなく、地方にも及び、通信目録による蒐集も全国に及んだ。いつも購入品の判定会議は銀行が閉店して一時間ばかり過ぎると先生の靴音がして、速決の断が下され、捺印を受けて、書類は渋沢同

族株式会社（通称渋沢事務所）へと廻され支払いとなるわけである[20]。

　敬三は勿論多忙な体ではあったが、それでも僅かな時間を作って館内の準備室に行くことは可能であり、そこには専門家の遠藤が待ち受けていた。準備室の資料蒐集活動において、1940年から41年にかけては最も充実感のあった時期であった。

　しかし、我が国をめぐる国際間の緊張が高まりつつあった1941年7月9日夜、遠藤に召集令状が来た。翌10日の準備室日記には、次のように記されている。

　　　遠藤出勤。昨夜召集令状來ル、本日藤木氏ノ来訪ヲ願ツテ整理ヲナス。渋沢先生ニ色々相談ナス。御茶会ヲ開イテモラフ有難キ極ミナリ[21]

　遠藤の姿が消えて常勤者の居なくなった博物館準備室にも、うさぎや書店などからの持込みがあり、遠藤在任時の注文品の到着もあり、これらは藤木が随時対応した。ただし、その後9月中旬までの間に準備室日記の記載は4回のみである。藤木としては伝記資料編纂所の方も、編纂事業仕上げのために忙しい時期であった。敬三は9月17日、渋沢事務所職員の杉本行雄[22]を呼び、翌月から週半日博物館準備室の仕事も兼務するよう指示した。いずれ遠藤が除隊になれば準備室に復帰するわけであり、かつまた、時局は民間博物館などの常勤職員の補充を許さなかったのであろう。杉本は9月17日付で準備室日記にこう記している。

渋沢先生ヨリ、遠藤氏出征中ニ於ケル博物館書類引継整理ノ為毎週火曜日ノ午前中本室ニ出勤致シ、可成遠藤氏ノ整理法ヲ続ケルコト不得セバ、不在中ノ購入品ノミ別個ニ処理シテモヨシト（杉本拝承)[23]

　杉本は10月14日（火）に準備室への出勤を開始、早速清掃の上で藤木から概略の説明を受け、うさぎや書店よりの購入書籍包みなどは「事務分明ニナリシ上」で「順次整理セン」と記している。一方遠藤は詳細な説明書を兵営から藤木に郵送した。同月21日の第2回出勤日に杉本は藤木からその書状を受け取って物品の所在を知り、遠藤が机中に保管していた陳列品台帳を見て「叮嚀懇切ヲ極ム」と感心している。この日は午後まで準備室に勤務し、敬三が職務の合間に来室、土屋も来たが、4時から防空演習とのことで退出した。その後開戦を挟んで杉本は毎週出勤、時に病欠のこともあったが、甲州文庫など業者からの購入のための仕事に携っている。

　ここで、1939年から41年にかけての竜門社の決算において、博物館事業の会計処理がどのように行われたかを見ることにしたい。それは、「一つの提案」の構想がどのように現実化していったかを検証する作業の一部になる。

　1937年6月の標本購入開始から38年2月中途までの買付分2,848円が仮払金として1937年度決算（貸借対照表）に、また、1938年2月中途から同年12月中途までの買付分を加算した額1万9,989円が同じく仮払金として1938年度決算に計上されたことは前章に言及した。続いて1938年11月から小林、遠藤の着任早々の時期である1939年10月までの買付額4,136円を前年度末金額に加算した2万

4,125円が1939年度決算に仮払金として計上された。「一つの提案」では、設備関係費は青淵翁記念会が分担し、運営管理費は竜門社が分担すると設計されており、記念会でもそのまま承認したことは既に見た通りである。しかし竜門社では、ある程度まとまった金額に達した段階で記念会に寄附を依頼することにしていた模様で、1939年度まではこの金額をひとまず自力で支払っていた。

1940年度以降、標本購入記録は遠藤が入念に管理したと思われるが、40年度の買付額は7,735円であり、37年度以来の累計額は3万1,859円に及んだ。竜門社では上述の如く、1940年6月に青淵翁記念会より博物館建設資金の一部として3万円の寄附を受けたので、40年度までの標本購入額の大部分は記念会によって肩代りされたことになる。ただし、その寄附金3万円をめぐる1940年度決算処理は、以下述べるように些か複雑で謎も孕んでいる。

実業史博物館建設計画に関しては、青淵翁記念会以外にも支援者がいて、徳川慶喜家の当主であった徳川慶光が1939年度に4,000円、42年度に3,000円を、また、渋沢家の事業であった魚介養殖も40年度に3,000円を寄付している。これらは受入時に貸借対照表上貸方（負債・純資産）の「日本實業史博物館建設資金」に記帳され、その後（決算書だけでは期中の経過の内容は全く分らないが）年度内の異動を経て、期末残高が決算時に報告されている。従って1940年6月に記念会より受け入れた博物館建設資金3万円も、一旦「日本實業史博物館建設資金」勘定に繰り入れられた筈である。そこで従来同様の決算処理が行われたと考えられるが、公表されたのは、更に追加処理がなされた後の貸借対照表であった。その「追加処理」については、収支計算書に付記されている。すなわち収支計算書については従前同様の方法で作成されたものが報告されており、1940年度

(1940年4月〜1941年3月)の収支差額はマイナス1万6,000円余であった(主として寄附金収入が前年度に集中して当年度は少なかったことに起因するが、ここでは竜門社全体の収支状況についての説明は省略する)。ただしその表示に続けて、これまでの決算書には見られなかった追加事項が記されている。『竜門雑誌』記事は次の通りである。

　　差引支出超過金壹萬六千圓四拾七錢
　　外に
　　金參萬千八百五拾九圓六拾錢　日本實業史博物館建設資金繰入
　　再差引金壹萬五千八百五拾九圓拾參錢　（積立金へ繰入）[24]

　この記述中3万1,859円60銭は貸借対照表・借方（資産）の仮払金（標本購入累計額）と同額である。「日本實業史博物館建設資金繰入」の意味が判り難いが、「再差引云々」の記述を読めば、仮払金と同額の資金を以て支出超過金を補塡した上、余剰額を「積立金」に加算したことが分る。「積立金」とは毎期の収支差額の累計額で、純資産（正味財産）の構成要素の一つである。従って「建設資金繰入」とは、むしろ「建設資金繰入分より引出」の意味と解される。この収支計算書と並んで報告された貸借対照表は、この追加処理後のもので、積立金（貸方）が1万5,859円13銭増加している。本来3万円増加した筈の「博物館建設資金」（貸方）は前期末より1,200余円増の5,283円56銭に止まっている。　つまり、自然状態ならば「博物館建設資金」に計上されてある筈の資金が、この「追加処理」により、同じ貸方（負債・純資産）の中の「積立金」に移転されたわけである。

　一方標本購入累計額の科目名は「標本」等に切り換えられず仮払

金のまま据え置かれた。将来の博物館完成時の標本購入額に関する科目構成を推測すれば、借方（資産）に「標本（あるいは「展示用資料」等適宜の名称）×××圓（取得金額）」、貸方（負債・純資産）に「日本實業史博物館建設資金○○○○圓、内 標本充當額×××圓」ということになろう。標本を基本財産の一部として把えれば、貸方では「建設資金」から「基本金の一部」に繰り入れることも考えられる（現在ならば貸方では「指定正味財産」として記載されるのであろう）。何れにしろ、「標本」「建設資金、内 標本充當額」と記載することで、特定目的のために寄附された資金が他に流用されることの無いよう枠を嵌めるというのがあるべき姿である。

　竜門社の1940年度決算ではそのような特定目的への資金の固定化状態を敢て回避した観がある。その理由については漠然と想像する外ない。伝記資料編纂や博物館建設の進行と共に支出額が寄附金収入を上回り、次第に収支構造が厳しくなりつつあることを事務局が察知して、汎用的準備金ともいえる「積立金」勘定の保全を優先したのかも知れない。とにかく、標本購入額にほぼ見合った寄附金を記念会から受け入れたにも拘らず、決算書の上では、予想されたような借方「特定資産」対貸方「特定資産資金」という構図は現れなかったのである。そしてそのように仮払金増加分相当額を「積立金」補強に充てる方法は翌1941年度以降にも継承されていった。

　1940年度決算案は1941年5月4日、会員総会直前の曖依村荘で開かれた理事会・評議員会に付議され、承認された。敬三も評議員として出席している。

　次に1940年から41年にかけての竜門社の役員異動を見ることにしたい。

　1940年7月18日、第一銀行本店において開催された理事会を最

後に、阪谷理事長が退任した。大正13年（1924）の財団法人への転換時に初代理事長に就任以来16年に亙る在任であった。もとより阪谷は明治19年（1986）の竜門社創始時代以来の中心者であり、特に明治33年（1900）に編纂刊行した『青淵先生六十年史』は、栄一没後に開始された伝記資料編纂に大きな影響を及ぼすものであった。後を継いだ明石新理事長は、その功績を讃える長文の感謝状を阪谷に呈した。評議員会長明石の異動により、新評議員会長には植村澄三郎が就任した。なお、前記青淵翁記念会からの博物館建設資金3万円の寄附金受領が報告されたのは、この日の評議員会においてであった。

　植村新評議員会長は同1940年11月の第101回会員総会にも出席しているが、翌41年1月、会長就任後半年にして永眠した。植村と栄一との関係は広く知られるところながら、敬三とも縁深き存在であった。竜門社では3月3日評議員会を開き、評議員会長の後任に、大橋新太郎を選任した。既に見たように、大橋は青淵翁記念会でも中枢にあった。

　欧州では1940年6月ドイツ軍がパリを陥落させ、我が国は同年9月にドイツ、イタリアとの三国同盟に調印した。翌41年、我が国は4月に日ソ中立条約を締結、日米交渉も始められたが内容的には進展せず、7月には米英などの日本資産が凍結される一方、日本軍は仏印に進駐した。この間6月にドイツはソ連と開戦した。我が国では外交交渉と開戦準備とが並行し、10月に第3次近衛内閣は総辞職して東條内閣が成立した。このような情勢の中、かつて栄一同様日米親善に努めた阪谷芳郎が、11月世を去った。阪谷の死去は、敬三の思慮と速決により、意外な形で実業史博物館計画に関係を生ずることになる。

1941年12月敬三は第一銀行副頭取に就任した。第一銀行首脳部は、明石頭取、敬三副頭取、尾上登太郎、佐々木修二郎、小平省三の3常務取締役という体制になった。この月、我が国は米英との戦争に突入した。

(2)「伝記資料」全体構成の確定(1940〜1941年度)

1936年4月に3年間の予定で開始した第2次伝記資料編纂事業は、39年4月に更に2カ年の継続が認められ、土屋以下の編纂員は、引き続き資料蒐集に力を注ぐ一方、期限を意識して全体構成の取りまとめにも配意しつつ編集作業を進めた。1939年7月の「編纂所通信(28)」で土屋は、明治初年の地租改正に関する陸奥宗光の書翰3通を読み「重要資料を見出すことを得て、大いに喜んでゐる」と記している。地租改正に実は栄一の功があったことの証明を得たというわけである。期限に留意しつつも、資料蒐集がなお不十分であるとの認識が勝るのである。同年9月の同通信(29)では、「(青淵)先生の誕生から大蔵省退官までの資料編纂は最近一應終了し、目下その仕上——にとりかかってゐる」と述べているが、直ぐその後で「決して完全でもないし、充分でもない」「資料は今後も出て來るであらうと期待されるので、今後も資料補充に注意を怠らないつもりである」と記し、なお読者にも情報提供を呼び掛けている。

同じ1939年9月の「編纂所通信(29)」の中で編纂員の高橋善十郎は、「瓦斯事業部門を一應おへて電気事業部門に移った」とし、「調査豫定表を作って仕事を進めてゐるが、よほどスピーデイにやらぬと追ひつかない」「詳細に穿鑿してゐる餘裕がないやうに思はれる」と苦心を漏らしつつも、なお『青淵先生六十年史』の記事

政にも關するものでなければならない。それ故に、「明治財政史」第十三巻に『明治五年ニ於ケル國立銀行條例ノ制定ニ商業ノ發達ニヨリ資本融通ノ不便ヲ感ジタル當時ニ於テ完全ナル銀行制度ヲ我國ニ始ムルノ急切ナリシニ因由スト雖モ政府發行紙幣ノ銷却處分ハ最モ之ヲ促シタルモノナリキ』とあるは、肯綮にあたるものと云はなければならぬ。その政府發行紙幣とはすなはち太政官札、民部省札等を指すのであるが、それらはいづれも政府が『歳入ノ缺乏ヲ補フカ爲メ……發行シタ』もので、『然レトモ當時政府紙幣ノ信用甚タ乏シク動モスレハ其流通停滯セントスル虞アリシカ上政府ハ深ク之ヲ憂ヒ大ニ畫策スル所アリシモ竟ニ一流通ニ便スル能ハサルノミナラス紙幣ノ價格日ニ益々下落セントセリ』といふやうな状態であつて、その救治策として國立銀行の設立が計畫されたのである。

（以上　土屋）

◆編纂助手林勸は一身上の都合で十一月八日附退職した助手内田修三が十月二十一日以來病氣請暇中又との退職に依て寫字に手不足を來たした爲め、綿田嚴を臨時雇生として十二月中寫字の手傳ひをして貰ふこととした。

◆借用資料の謄寫は、川村久輔氏所藏の同惠十郎氏の日記類の寫しに力を注いで居るが、其間に

長谷川好彌氏所藏　青淵先生書簡　壹通

澁澤子爵家所藏「江間政發筆普門品經卷」後書の謄寫を濟ませた。

（以上　藤木）

「青淵先生傳記資料編纂所通信」は『龍門雑誌』にほぼ毎号掲載され、土屋主任はじめ各編纂員が担当分野の資料蒐集状況や調査結果について報告している。

ここには無作為に撰んだ一例を掲げるが、右頁に土屋の記している「出納頭得能良介氏との衝突」とは、1872年（明治5）大蔵省内で洋式簿記法による伝票制度の採用、実施を進めた紙幣頭渋沢栄一に対し、これを不満とする出納頭得能良介が激昂して腕力で迫った事件で、その時栄一が冷静に事理を説いた態度は伝説化された。この小事件は、事務方式上の保守派（得能）と革新派（栄一）との衝突であったが、背景には省内での藩閥間の対立もあったと見られる。青年時の血気はともかく、仕官以後の栄一の一種老成した態度は、嫡孫敬三にも受継がれた感がある。

「伝記資料編纂所通信」の例。第32回『竜門雑誌』第615号（1939年12月）20-21頁

青淵先生傳記資料編纂所通信 (32)

◆澁澤子爵から先般、林・山本の兩氏が青淵先生に古い頭に會つてをられるとのお話しがあつたので、まづ十一月十三日山本勇君と同道林經明氏を水道端の御宅へ訪ねて、林氏が明治四年十三歳で大藏省の給仕をしてをられた際、青淵先生と出納頭得納良介氏との衝突を目撃されたときの囘想談を承つた。林氏は御高齡にも拘らず明晣な記憶力をもつてをられ、明治初年の大藏省內の狀況などをも拜聽して大いに有益であつた。誌上から林氏に厚く御禮を申上げます。

十一月二十七日には、山本勇君と同道山本讚七郞氏を吉祥寺の御宅へ訪ねて、同じく青淵先生に關する囘顧談を拜聽した。山本氏のお話しの方は、林氏のよりもつと古いことである。青淵先生が慶應元年三月一橋家から步兵取立御用掛を命ぜられ、攝・泉・播及び備中の一橋領を巡歷されたとき、備中の江原村に滯在中山本氏は當時十四歲の少年であつて、先生の食事の御給仕などをされたが、或時先生

がたはむれに山本少年の帶を握つて高く差上げられたことがあつた。その當時のことを山本氏は今でもよく記憶してをられて、話して下さつたのである。舊幕時代のお話しであるからまことに興味深く拜聽した。山本氏にも誌上から有りがたく御禮を申上げます。

◆前號の通信において、先生等の健全財政主義の一つの現はれとして、準備金のことを述べたが、いま一つ愚見を述べておき度い。それは、青淵先生が中心となつて調查立案に當つた國立銀行條例（明治五年十一月布告）が同じく健全財政主義の一つの現はれと見るべきものであるといふことである。國立銀行條例の成立の由來について深く承知してゐる人は、この點について正しい認識をもたれてゐる筈であるが、一般には該條例を以てたゞ國立銀行の設立の準據となつたものとしか考へられてゐないやうである。しかし、該條例を單にそれだけのものと考へるのは、誤りであつてそれは同時に政府發行の不換紙幣の整理をも目的としたものであつた。該條例第六條第五節に『銀行元金十分ノ四ハ本位貨幣＝テ之ヲ社中＝積立右公債證書ノ代リトシテ紙幣寮ヨリ受取ル通用紙幣ノ引換準備＝充ツベシ』と、立派に正貨兌換を規定してゐるのである。尤も、この趣旨は當時の實情から見て進み過ぎてゐたゝめに貫徹されなかつたのであるが、このことは單に金融に關するのみならず、また財

につき、詳細に穿鑿している(32)。高橋は、翌1940年4月の「編纂所通信（35）」の中で、我が国の国際電信事業史とその中で栄一の果した事績を詳しく紹介しているが(33)、その後の大戦や被占領時期を挿んで13年後、敬三は新設の国際電信電話株式会社の初代社長として、まさにその事業に関わることになる(34)。

編纂所では購入したり寄贈を受けた図書群をひとまず大まかに分類配架していたと見られるが、1939年暮頃から翌年初にかけて根本的な分類変更を実施、全収蔵図書の配置を変更した。その結果、数種類の資料が新たに目に付いた、と編纂員の市川信次は記している(35)。

前節でも触れたが、この時博物館準備室の小林、遠藤も図書整理の大作業に参加している。小林、遠藤にとって、得るところも少なかったことと想像される。

栄一の事績を見る上で、実業・経済の部分と社会・公共の部分の外にも諸人士との個人的交流や家庭生活など私的分野も見逃すわけにはいかない。1940年3月の編纂会議では、未着手であった「身邊其他」部門について検討し、8章の項目を定め、山本勇が担当することとした。8章中の1章は「竜門社」に充てられていたが、後に「竜門社」は「身辺」関係団体というよりも「修養団体」の一つと見るべきとして、社会・公共部門に移された(36)。

1940年5月、第100回会員総会での記念展示に博物館準備室が参加したことは前述の通りであるが、伝記資料編纂所からも栄一の編著書28種45巻や栄一書翰、初期『竜門雑誌』、栄一遺品の「直筆藍玉帖」などを出品している(37)。

第100回会員総会当日、総会直前に開かれた評議員会では評議員半数改選が付議され、候補者推薦を一任された明石座長は重任者を

含む15名を推薦、その中に土屋喬雄の名もあった。座長案は全員一致で承認され、土屋は竜門社評議員を兼ねることになった(38)。前年3月の理事会・評議員会以来第2次伝記資料編纂は竜門社の主要事業の一つとして位置付けられてきたが、ここでそれが役員人事にも反映されたわけである。

編纂所の情景に戻ると、1940年4月に編纂員に加わった宇野脩平(39)は、担当する株式取引所の訪問調査などを終えた後、更に資料補強のため、8月に荏原区戸越の三井文庫を訪問した(40)。当時の三井文庫は厳格な守秘方針を採っていたが、第1次伝記資料編纂事業の際に当時の編纂室では第一国立銀行創立期の文書10数点を借用して書写済みであった(41)。その第1次編纂室の編纂員であった山口栄蔵が同文庫に入所しており、その好意で特に訪問調査が認められたという。ところがそこで、所期の取引所資料に止まらず明治初年の伊藤博文、井上馨らの栄一宛書翰数十通や栄一の三野村利左衛門に関する談話記録などの存在が判明した。宇野の報告を受けて、土屋は改めてその一部について三井文庫の了承を得て、書写させて貰った(42)。取引所資料を端緒として、大蔵省時代の栄一の業績についての重大な情報を得たのであった。この年11月に土屋は藩札や紙幣撮影のため、ほぼ1年振りに矢張り戸越の銭幣館を訪ねたが、この時も田中啓文に「紙幣條例」「紙幣會社成規」を提示され、予定外の成果を得て欣然と借用してきた(43)。編纂期限が迫ってきても、貴重な資料は偶然的に現れてくるのであった。三井文庫にはなお資料閲覧の依頼をしており、翌41年2月から3月にかけて藤木が訪問し、栄一書翰や各種文書30点を写している(44)。

藤木の記述では「三井文庫から電話があって、青淵先生關係の資料を取揃へて置いたから、何時でも寫しに來ても宜しいとのことで

あった」とある。編纂所と三井文庫との間にある親密感が醸成されていた様子が窺える。ただ三井文庫には明治5年（1972）在官時の栄一の、三井、小野両組への関与経緯の記録（大元方日記）やまたその際に三井組に示された国立銀行条例立案過程を物語る文書が保存されているが、この時点では土屋の触手はこれらには及ばなかったかに見える。前述の通り当時の三井文庫は（他の旧大家の例と同様に）厳重な非公開方針の下にあったので、部外者には所蔵資料の全容が分るような目録は提示されなかったと思われる。三井文庫としても、第一国立銀行の営業報告書の類や明治顕官の書翰などの提供はしても、これら三井家経営中枢の内部記録については守秘の念が強かったとも考えられる。

ただし、『渋沢栄一伝記資料』第3巻には「青淵先生伝初稿」（関東大震災のため編纂中絶）の一部が収録されており、その中に「三井家大元方の日記」への言及があるので、土屋は日記の存在を知りつつも閲覧し得なかったのかも知れない（大正期に他見を認めた資料が、この時点では秘匿されたとすれば、あたかも栄一永眠の頃世上熾烈を極めた財閥攻撃の影響もあったのかも知れない）。もし土屋がこれらの資料を見ていたならば、『渋沢栄一伝記資料』第3巻の内容の一部は現在のものとは異なっていたことも想像される。

土屋は1940年5月の東洋経済の展覧会準備の際遠藤佐々喜から三井文庫の前年の人事交代情報などを聴取して、同文庫資料の偵察を思い立ったのかも知れない。そして当時可能な範囲での成果は得たのである。

新資料発掘に熱意を燃やしつつも土屋は、1940年6月頃の編纂会議において「網羅主義から重點主義への切換え」を唱えたらしい。

社会・公共部門担当の松浦総蔵は同年10月の「編纂所通信 (39)」の中で、「土屋主任の提唱された如く、機械的な細大漏さず主義を排して、重點主義に依りなるべくスピードをかけて進行させたい」「(青淵) 先生との御關係が深くとも社會的な意義の少いと思はれるものに對しては、比較的簡潔を期する方針を以て編纂を進めたい」「重點主義で進まなくては、數多い先生の關係事業を追ふことは時間的に云っても不可能である」と記している(47)。

この記事で松浦は、土屋の方針提唱時期を「旧臘六月」と記しているが、「臘」は十二月を表すので意味不明である（誤植かもしれない）。前年6月のことかとも取れるが、前年には松浦は未だ助手であり、同年6月と解するのが妥当であろう。

1939年4月に2年間延長した編纂事業は1941年3月に期限を迎えるが、41年1月の「編纂所通信 (42)」で土屋は、「今日においては、全體の七割以上進行と考えられるに至った」「今後二年を以てさまでの無理なしに段落に達し得ると思はれる」と述べている(48)。誌面で公然と更に2年間の延長を宣言しているのは、再度の継続について既に敬三の了解を得たためと解される。

1941年3月26日、銀行倶楽部において竜門社の理事会・評議員会が開かれ、明石照男理事長、大橋新太郎評議員会長初め白石喜太郎常務理事、西野恵之助評議員、敬三評議員など15名が出席した。第1議題は「青淵先生傳記資料編纂事業繼續の件」で、1936年度より1940年度までの5年間「鋭意編纂に從事し來れるも資料極めて廣範圍に亘る爲め到底所期の目的を達すること能わざるに依り今後猶ほ二ヶ年間右の編纂事業を繼續すること」が提議され、全員一致で可決した(49)。

編纂期限再延長に当り、敬三は当然寄附金追加の意思を有し、竜

ある日の伝記資料編纂所。第一銀行本店内、1937年10月22日撮影。渋沢史料館所蔵写真。

門社執行部もそれを（仮に明言が無くとも）察知していたことであろう。1941年10月、敬三は伝記資料編纂費として1万円を寄付した。[50] 第1次編纂事業以来、伝記資料編纂事業のための敬三からの寄付金累計額は7万円になった。実はこの時敬三は、編纂費として総額5万円を逐次提供する旨予告しているのであるが、それについては後述する。[51]

再度の事業継続の決定時点で、土屋は全体の達成度合を75％と見ているが、自身の担当部分（出生から大蔵省退官まで）の原稿は完結したので、出版計画を敬三に相談している。[52] ただ土屋としては、もう一度全体構成を見直すこととして、1941年4月は殆ど編纂会議に費し全員で時代区分、事項分類等につき討議、その基盤たる栄一論も活発に議論された。4月末には敬三の臨席も求めて審議を進め、

土屋の記事によれば「子爵から種々有益な御意見も出、編纂員諸君も熱心に論議」した、という。検討結果の内特に重要なのが「伝記資料の書名」と「時代区分」である。⁽⁵³⁾

「書名」について、これまで編纂所では、『青淵先生伝記資料』と称してきており、竜門社の表示も同様であった（本稿では「編纂所通信」と表記している記事タイトルも、正しくは「青淵先生伝記資料編纂所通信」である）。この書名には当然栄一への敬意が篭められているが、しかし出版計画を前にして、土屋はこの伝記資料は現代のみならず後世をも、また日本のみならず世界を視野にいれた事業であると考え、改めて相応しい書名の検討を行ったのであった。最後には敬三をも交えた審議の末に、題名は『渋沢栄一伝記資料』と決定した。「（編纂員の）感情として不本意ではあるが」客観性をより重視した、と土屋は述べている。⁽⁵⁴⁾

題名に爵位を付する案も出されたが、渋沢栄一の本質は「大平民の巨人」たることにあるとしてこれを採らなかった。

「時代区分」について、編纂所ではこれまで、「大蔵省退官まで」を編年体で、「実業・経済」「社会・公共」「身辺」の3部門を事業別に編纂する方針で、明治6年（1873）退官以後は昭和6年（1931）永眠までをそれぞれの分野で一括して取り扱ってきた。しかし、栄一の生涯の事績を通覧すると、明治42年（1909）の（第一銀行等一部を除く）実業界引退を境にして、活動の力点が経済分野から社会事業や国際親善の分野に移行している。そこで伝記資料の構成にこれを反映させるべきとの議論が生じ、結局次のような時代区分で目次の再編成を行った。各編纂員ともこの月は殆ど目次再編成の会議で終始した、と「編纂所通信（45）」に記している。3月末に退職した編纂員もこの会議には厚意で度々出席してくれた、と藤木が述べて

いる。
(55)

(決定した時代区分)

第1篇　天保11年（1840）〜明治6年（1873）
　　　　―在郷及び仕官時代―

第2篇　明治6年（1873）〜明治42年（1909）
　　　　(1) 実業界指導　(2) 社会公共事業尽力　(3) 身辺

第3篇　明治42年（1909）〜昭和6年（1931）
　　　　(1) 社会公共事業尽瘁（じんすい）　(2) 実業界後援　(3) 身辺

　退官以後の事績を1909年で分断する構成が決定して、各編纂員はそれぞれにこの方式に拠り文献探索や外訪調査を続行した。例えば第一銀行については、編纂所の初期に太田慶一が一応取りまとめ済みであったが、その後の資料発見や編纂方式の修正により、改訂増補を要することになり、国立銀行時代を山口和雄が、明治29年（1896）以降を楫西光速が急遽担当した。編纂所では作業速度を高めるため、8月にエレクトロ・コピストという複写機を購入、貴重資料の複写などに使用している。どういう構造、機能の機械であるのかは不明であるが、仕事を急ぐ雰囲気は伝わってくる。例年夏には資料書写体制補強のため、休暇中の大学生数名を臨時筆生として採用しているが、1941年は、最高時7名を補強した。
　土屋は伝記資料全体の構成案確定の後、出版計画について想を練り敬三に相談したものと考えられる。出版といってもとにかく通常とは異なる規模の計画である。しかも諸物資は統制下にあって調達

は容易ではない。敬三は明石とも十分協議したことと推測される。竜門社が1941年7月15日に東京銀行倶楽部で開催した理事会・評議員会に、議題の一つとして「青淵先生傳記資料出版に關する件」が付議され、この出版計画については委員会を設置して審議することとなり、委員の委嘱は明石理事長に一任された。敬三も土屋もこの会議に出席している。この決定に基づき明石は、渡辺得男、白石喜太郎、徳川慶光、佐々木修二郎、渋沢秀雄、渋沢敬三、土屋喬雄ら11氏に「資料出版計画委員」を委嘱した。8月2日に第一銀行本店で委員会が開かれ8名が出席、（委員ではないが）明石理事長の挨拶があり、委員長に徳川慶光を選んだ後、敬三と土屋とが方針を説明し委員間で種々協議を行っている。⁽⁵⁹⁾出版計画については、敬三は周到にことを運んでいる感がある。

『竜門雑誌』1941年9月号の「編纂所通信（47）」の中で土屋は、「（この七、八月の間に）資料出版計畫委員會の相談や澁澤子爵との御相談の結果、出版のことがほぼ具體化することとなった」と述べ、差し当り最初の8乃至10巻分の原稿を印刷に廻す用意をする、と告げている。判型、活字ポイント等についても具体案を進め、「資料の配列の樣式は、大體において『大日本史料』並びに『大日本維新史料』に倣ふこととし、多少の修正を加へること（と）した」（括弧内は引用者補記）と記している。⁽⁶⁰⁾

恐らく既に敬三は岩波茂雄に「伝記資料」出版の相談を持ち掛けていたことと想像される。

各編纂員は、時間を意識しつつもなお内容の充実に励んでいる。

株式取引所の後貿易・商業部門を担当していた宇野脩平は、明治以来の『竜門雑誌』の通覧を続け、同誌には栄一の動静や所見

金貳萬九千九百五拾圓五拾參錢
金壹萬五千圓　　青淵先生傳記資料編纂寄附金
金貳百五拾圓　　澁澤青淵翁記念會補助金
金壹萬七千七百四拾五圓　寄附金
金貳千六百四圓五拾錢　　配當金
金四千六百四拾九圓　　　會費
金貳千九百七拾九圓七拾五錢　利息
金參百六拾壹圓八拾貳錢　雜收入
合計金六萬四千八百九拾壹圓六拾錢

支出ノ部
金千八百五拾貳圓九拾參錢　會員總會費
金貳百五拾七圓四拾錢　講演會費
金貳千四百七拾圓拾四錢　雜誌印刷費
金四千七百四拾貳圓六拾參錢　原稿費
金六千七百六拾圓　俸給及手當
金四百四拾四圓四拾五錢　通信費
金七拾七圓四拾八錢　雜費
金七拾五圓　曖依村莊維持費
金貳百七拾貳圓五拾參錢　青淵先生傳記資料編纂費
合計金貳萬六千參百四拾壹圓拾錢
差引收入超過金參萬八千五百八拾圓四拾九錢
外ニ
金參千六百壹圓拾錢　日本實業史博物館建設資金繰入
再計算收入超過金四千四百貳拾九圓五拾九錢（積立金ヘ繰入）

一、入社申込者諾否決定の件
　　通常會員（九名）
稻室佐平君　　第一銀行兵庫支店
横田　昇君　　同上
源内繁治君　　同上
小林鐵治君　　同上
三浦　寶君　　同上
森　季廣君　　同上
高木一夫君　　日本常民文化研究所
三友守一君　　武州銀行秘書役
澤田　繁君　　龍門社

一、寄附金受領報告の件
昭和十七年三月三十日子爵澁澤敬三氏より青淵先生傳記資料編纂費として金五萬圓寄附の内第二回拂込壹萬貳千八百五拾圓五拾參錢を受領したり。

一、評議員半數改選の件
次で評議員會に於ては寄附行爲第十九條に依り評議員は來五月廿三日より就任するものとす。因に新任評議員は來五月廿三日より就任するものとす。

を附議し、西條峯三郎氏より右新評議員の推薦方は之を座長の指名に一任しては如何と語り、全員之に賛す。依て座長は新任評議員候補者として左記諸氏を指名し、全員一致之を承認したり。因に新任

　　新任評議員（拾五名）
（重任）石井健吾君　　（重任）德川慶光君
　　　　尾上登太郎君　　　　　岡田完二郎君

合計金八拾四萬七千七百五拾五圓參拾貳錢　貸借對照表

資産ノ部　　　　　　　　　　　　　　　　　借方ノ部（資産）

金貳拾八萬四千四百四拾四圓　　土　地　庭　園　　　　金貳拾八萬四千四百四拾四圓　　土　地　庭　園
但總坪數八千四百貳拾四坪四合
金五萬九千七百八拾五圓五拾四錢　建　　　　物　　　　金五萬九千七百八拾五圓五拾四錢　建　　　　物
但總坪數六百五拾七坪壹合七勺
金貳萬圓　　　　　　　　　　　什　　器　　　　　　　金貳萬圓　　　　　　　　　什　器
金參萬貳千四百圓　　　　　　　有　價　證　券　　　　金參萬貳千四百圓　　　　　有　價　證　券
但第一銀行株式四千參百株・大日本麥酒會社株式五拾株・電氣
　化學工業會社株式六拾株及四分利公債證書額面壹千圓評價
金九拾五圓　　　　　　　　　　保　　　　證　　　　　金九拾五圓　　　　　　　　保　　　證
金參萬五千七百五拾圓七拾錢　　日本實業史博物館建設假拂金　　金參萬五千七百五拾圓七拾錢　　日本實業史博物館建設假拂金
金貳萬千九百四拾貳圓九拾七錢　銀　行　預　金　　　　金貳萬千九百四拾貳圓九拾七錢　銀　行　預　金
但東京貯蓄銀行預金
金千貳百九拾四圓參拾貳錢　　　振　替　貯　金　　　　金千貳百九拾四圓參拾貳錢　　振　替　貯　金
合計金八拾四萬七千七百五拾五圓參拾貳錢　　　　　　　合計金八拾四萬七千七百五拾五圓參拾貳錢

負債ノ部　　　　　　　　　　　　　　　　　貸方ノ部（負債）

金貳百五拾貳圓七拾九錢　　　　現　　　　金　　　　　金貳百五拾貳圓七拾九錢　　現　　金
金拾參萬九千七百貳拾貳圓貳拾九錢　基　　本　　金　　金拾參萬九千七百貳拾貳圓貳拾九錢　基　　本　　金
金拾萬圓　　　　　　　　　　　青　淵　先　生　遺　贈　金拾萬圓　　　　　　　　　青　淵　先　生　遺　贈
金參拾七萬貳千六百八拾四圓四拾六錢　靑淵先生遺贈物評價金　金參拾七萬貳千六百八拾四圓四拾六錢　青淵先生遺贈物評價金
金拾萬參千五百圓　　　　　　　曖依村莊維持費　　　　金拾萬參千五百圓　　　　　曖依村莊維持資金
金拾萬參千圓　　　　　　　　　日本實業史博物館建設資金　金拾萬參千圓　　　　　　　日本實業史博物館建設資金
金四千五百四圓五拾錢　　　　　積　　立　　金　　　　金四千五百四圓五拾錢　　　積　立　金
金貳萬貳千九百六拾六圓六拾七錢　曖依村莊維持積立金　　金貳萬貳千九百六拾六圓六拾七錢　曖依村莊維持積立金
合計金八拾四萬七千七百五拾五圓參拾貳錢　　　　　　　合計金八拾四萬七千七百五拾五圓參拾貳錢

　　　　　　　　　　　　　　　　　　　　　　　　　　收入ノ部

が「月次を追うて出されてゐるため、それ自體、すでに青淵先生乃至竜門社の編年史料集たるの觀を呈してゐる」と述べている。宇野は1941年9月、明治期の資料調査のため銀行集会所（今日の東京銀行協会）を訪問したところ、ここでも予想外の厚意で、金庫内の秘蔵文書の閲覧が許された。宇野は編纂所の助手2名と10月初めまで採訪を続けたが、それを聞いた土屋も明治10年代の報告書綴や決裁書類綴などを借覧、「これらは我國金融史の史料としても極めて貴重なもの」と喜んだ。楫西は第一銀行大阪支店に出張調査したが、敬三（常務取締役）の口添えを得て、明治30年（1897）第1期以来の株主総会決議録謄本を借用し得た。更に翌10月にも同支店を再訪、考課状や支店長会議事録等明治・大正期の各種資料を借用した。これらの多くは関東大震災による本店所蔵記録の焼失を補うもので、これも貴重な収穫であった。

この年11月に兵役法改正が公布され、編纂員や助手にも召集の可能性が高まってきた。12月日米開戦、土屋も原稿の「仕上げといふ仕事は全く際限がないので、いよいよ打ち切りとしようと決心」する。そして伝記資料の出版について「大東亞戰となつたにかかわらず、その運びをすすめることの出來るのは實にありがたいことである」と述べている。しかし、用紙手配など我が国の出版事情は急速に厳しさを増すことになる。

開戦前の1941年11月4日、竜門社では東京銀行倶楽部において理事会・評議員会を開催、敬三評議員は欠席であったが、明石理事長以下、白石喜太郎、渋沢秀雄、清水釘吉、西野恵之助、徳川慶光、大橋進一、高瀬荘太郎、西条峯三郎、清水康雄ら理事、監事、評議員22名が出席した。議題は、次回会員総会、佐々木勇之助元評議員会長米寿への祝意、入会者承認、金属類の政府への供出、防空

用貯水池設置等多岐に亙ったが、寄附金・寄贈品の受領報告もあり、7件あった寄附中の6番目は次の通りであった。

　　十月三日子爵澁澤敬三氏より青淵先生傳記資料編纂費として
　　金五萬圓寄附の内第一回拂込金壹萬圓を受領したり[65]

　この年4月に伝記資料の編纂期間を再度2年間延長したため、当該年度分として1万円を寄附することは、これまでの敬三の姿勢に徴して関係者には予想されるところであったと見られるが、この時総額5万円の寄附を予告したことが注目を惹く。当時の竜門社の収支計算書における年間支出額を見ると、1940年度は5万6,000余円であり、1941年度は6万4,000余円であったからこの申し出は巨額のものといえるであろう。寄附の記事はこれだけで、その趣意についての説明は無いが、総額5万円の内、通常の編纂費2カ年分2万円を差し引いた3万円は、伝記資料出版のための当面の所要資金想定額と推測される。

　1941年度伝記資料編纂費支出実績は2万3,951円であった。1940年度実績は1万9,737円であったから4,214円（21％）増加している[66]。前述のように編纂費の内訳は不明であるが、この増加分中には出版関連の費用も含まれているかと想像される。

　同年度末の1942年3月、年間編纂費支出額が確定したところで、敬三は竜門社に対し予定総額5万円中第2回分の1万3,851円を提供した[67]。すなわち先の払込額と合せて同年度に2万3,851円を寄附して年間支出額をほぼ補塡したわけである。編纂期間再度延長と出版計画着手に際し、この事業は自らの責任において遂行してゆくとの意思が感得される。第2次伝記資料編纂は当初の予想を遙かに超え

た大事業と化した観があるが、敬三は旺盛な責任感を以て事業を統括していたのであった。

(3) 博物館準備室の旧阪谷邸への移転（1942年度）

　第一銀行本店内の日本実業史博物館準備室は、1941年7月に遠藤武が応召して以来、渋沢事務所の杉本行雄が週に一度半日出勤し、同じ階にある伝記資料編纂所の藤木喜久馬が随時応援対処してともかく資料購入を続けていた。購入可否は敬三が準備室に来て決定した。対米英開戦後10日を経た1941年12月18日に敬三は副頭取に昇進した。身辺多忙になったため、敬三は杉本を私設秘書に任命し、三田綱町邸内祭魚洞文庫と博物館準備室との兼務とした。(68)

　開戦直前の1941年11月14日に阪谷芳郎が世を去ったことは前述した。琴子夫人（栄一息女、すなわち敬三の伯母）は2年前の1939年10月に鬼籍に入っていた。琴子は教養もあり世事にも通じた才智の人であったことが伝えられているが、国内外に亙る芳郎の活動に伴い社交範囲も広かったらしい。(69) そのため渋沢同族株式会社が支援し用立てた金額が累積していたという。芳郎死去により長子希一が阪谷子爵家を継いだ時、小石川原町にある広大な邸宅と共に、同族会社への負債も相続する事情が生じた。希一はかねてから、この負債は自らの代で解決する覚悟を固めていたらしい。恐らく葬儀関連の諸事を終えると、希一は直ちに同族会社社長であり同時に親しい従兄弟同志でもある敬三と話し込んだのであろう。敬三もこれに応えて見事に速決する。希一の器量も格別であった。その経緯を希一の子息阪谷芳直は次のように述べている。

第3章　第2次伝記資料編纂と日本実業史博物館計画 (2)

阪谷邸。渋沢史料館所蔵写真

　（同族会社に対する）借金の始末は、敬三氏と父（希一）との間の話合いで間髪をいれずに処理がなされた。父は三千坪くらいの土地、三百余坪の家屋敷を惜気もなく差出し、敬三氏はこれを阪谷の同族会社への負債の返済として受取ると同時に、竜門社に寄付して、戦時下で建築が困難になっていた計画中の日本実業史博物館の別館に使うこととし……。[70]

すなわち、阪谷芳直の記述では、阪谷家が有していた同族会社への債務は不動産の提供により相殺され、同族会社はその不動産を竜門社に寄附し、竜門社はこれを実業史博物館（別館）として利用する、という大きな筋書きが忽ち決定したらしい。実業史博物館はこれによりとにかく建物を得ることになる。阪谷家にとっても、敬三及び竜門社にとっても懸案の難問が（希一と敬三との果断により）一刀

両断に解決された感がある。「間髪をいれずに処理がなされた」との言は、当時希一は中国連合準備銀行顧問として北京在勤の身であったため、帰任前の短時日の間に敬三と面談したのであろうことを推測させる。

後から見ればこのタイミングには重要な意味があった。1942年3月には、敬三の身分に関し思いも寄らぬ事態が生じることになるからである。しかしその「事態」についての記述に入る前に、この阪谷邸をめぐる処理が実際にはどのように行われたのかを見ておくことにしたい。

まず阪谷邸の概要を見ると、前記の芳直の回想では「三千坪くらいの土地、三百余坪の家屋敷」と記されているが、その内1,770余坪の土地と延330坪の家屋が竜門社に渡ることになった。家屋は木造3階建である。1939年5月の曖依村荘における地鎮祭の際の設計案では800坪（その前段階の「一つの提案」では700坪）の建物が構想されていたので、それに比べれば延面積は40％に止まるが、新築が不可能である以上、既存の家屋の利用を考えざるを得ない。既存の家屋にしても、300坪の邸宅を入手する機会は稀少であったといえよう。なお今日の渋沢史料館の延面積は約500坪とされるので、阪谷邸は、その3分の2ほどの広さになる。

では実際の手続きはどのようになされたのか。渋沢同族株式会社や青淵翁記念会の記録は非公開のため、ここでは、『竜門雑誌』の記事に拠って判明する事情を述べることとする。

阪谷家の負債額は不明であるが、敬三と阪谷希一との間では邸宅を30万円の金額で処理することとしている。両者間で大筋の合意が成立した後、敬三は青淵翁記念会の然るべき役員と協議し、1939年に一度取り消された博物館建設費の出捐を改めて求めたものと想

像される。記念会では物件取得費10万円と関連費用6万円を竜門社に寄附することを決定した。もとより敬三は阪谷希一との合意内容につき、順次同族会社幹部や竜門社内部の了解も得て行ったことであろう。

　実際の処理方法は前記芳直の説明とはやや異なっている。芳直は直接の当事者ではなかったことでもあり、また税務上の事情もあったのかも知れない。

　阪谷邸は同族会社に提供されるのではなく、竜門社によって買い取られることとされた。買取価格は30万円である。阪谷希一は受取代金を同族会社への返済に充当する。竜門社の買取資金は寄附金収入によって賄うが、30万円の内10万円は青淵翁記念会から、20万円は敬三から受け入れる。記念会から竜門社への寄附金10万円は、竜門社から阪谷家へ、阪谷家から同族会社へと実際に資金が移動したのかも知れないが、20万円については特段現実の資金移動を伴わずに書面上の決済で処理されたことかと推測される。ここで敬三個人の資金と同族会社の資金との関係を知りたいところではあるが、資料の制約上現時点では調査不可能である。本稿では、渋沢同族株式会社についてはそのまま措き、『竜門雑誌』に渋沢敬三（あるいは渋沢子爵）名で記されている資金については総て敬三個人の資金と見做して記述している。

　このような段取りについての関係者、関係団体の検討結果がまとまったのは、阪谷芳郎の葬儀から半年後のことであった。1942年6月4日、第一銀行本店において竜門社の理事会・評議員会が開催され、明石理事長以下18名の理事、監事、評議員が出席した。実はこの時期に敬三評議員は第一銀行には在勤しておらず、一層多忙の身にあって、この会に出席していない。席上には、白石喜太郎、尾

上登太郎、清水釘吉、西野恵之助、徳川慶光、清水康雄、小池厚之助、土屋喬雄らの顔が見られた。最初の議題は「日本實業史博物館假開設の件」で、次の通り付議され、全員一致で可決された。

一　日本實業史博物館開設資金として左の通り寄附を請ふこと
　　一金貳拾萬圓　　　　　澁　澤　子　爵
　　一金拾六萬圓　　　　　澁澤青淵翁記念會
一　前項の寄附を受けたる場合は其の内金參拾萬圓を以て左記土地建物を買受け日本實業史博物館別館とすること
　　東京市小石川區原町百二十六番地
　　一　宅地　壹千七百七十七拾參坪壹合八勺
　　　　右同所
　　二　建物　木造瓦葺三階建一棟參百參拾壹坪參合五勺
　　　　　　内　譯
　　　　一階　貳百五十九坪八合五勺
　　　　二階　五十一坪五合
　　　　三階　貳拾坪
　　外に倉庫並に附屬家
一　前項による殘金六萬圓を以て右買入に關する登録税其他經費模様替並に之に關聯する費用を支辨すること
一　日本實業史博物館を左記の場所に於て開館すること
　　一　本館　曖依村莊洋館並に青淵文庫の一部
　　二　別館　上記により買入るる旧阪谷子爵邸[73]

　すなわち、竜門社としては、敬三と記念会よりの寄附金を以て阪谷邸を購入し、これを博物館の別館として使用すること、併せて曖

依村荘洋館と青淵文庫の一部を博物館本館として使用することが決定したのであった。1937年以来営々とコレクション形成を進めてきた実業史博物館は、1942年に至って、かつて挫かれた建物建設の夢を、万全にではなくとも、旧物件取得という形でともかく実現に漕ぎ付けたのであった。

この時竜門社では、実業史博物館を本館と別館との2館構成にすること、そして「開館」を具体化することを定めている。2館構成案の内容についての説明はこの時の記事には見られないが、実は竜門社の方針は「青淵翁直接の記念物は暫く之を翁の舊邸曖依村荘に於て展示し、別に右以外の一般展觀は適當の場所に分館を設け以て實施する」というものであり、その「適當の場所」として（敬三並びに記念会の寄附金を以て）阪谷邸を購入することに決した、というわけである。栄一の「直接の記念物」は基本的にこれまで曖依村荘に保管されてきているのでこれらは移転せずに村荘建物の一部を利用して博物館本館として展示し、一方第一銀行本店内の準備室に蒐集されてきた実業史資料や肖像室資料は旧阪谷邸へ移送して展示しこちらは博物館別館として開館することとしたのであった。

この1942年6月4日の理事会・評議員会では、実業史博物館問題に続いて、「傳記資料出版の件」が審議されたのであるが、これについては後述する。この理事会・評議員会の開催時期に、敬三は日本銀行に移っていた。それはこの年3月のことであった。

1942年3月初に土屋は中耳炎を発して4月下旬まで編纂所を休んだ。3月1日に、第一銀行副頭取であった敬三は大蔵大臣賀屋興宣に呼び出された。後年敬三は次のように回想している。

　　賀屋大蔵大臣が私を呼びに来たので、何だろうと思って行っ

てみたら、君、日銀の副総裁になれ、こういう話です。とんでもない話だ、私なんか日銀へ行く資格もなければ能力もない、私は第一銀行で終始して死んでいくつもりだからそんな必要は絶対にない、私はお断りします、と帰ってきてしまった。そうすると賀屋さんはまた執拗な人で、今度はその当時の頭取明石さんを呼びつけて、何とか言うことを聞かせろ、というわけです。明石さんは、それは困る、跡取りを養子にこいというのはひどいじゃないか、とかなんとか言ってしきりと抗争しておった。

賀屋蔵相は第一銀行相談役の佐々木勇之助や石井健吾にも自ら訪問して説得する。

 とうとう相談役二人とも説き伏せてしまった。……断わると第一銀行もよさなければならぬくらいなせっぱ詰まった話で、しかも一方戦争がどんどん先に進んでいるときであります。……とうとう明石さんも折れてしまって、行ってくれというわけなんです。それでまあ内部の方の議はようやくきまった……東条総理から電話がかかってきて、ちょっと来てくれ。……賀屋さんがとうとう東条総理まで動かして、私を屈服させようという一つの手だったらしいのです。……ですから私は日銀へ行くのは全く自分の気じゃなかった[76]

第一銀行副頭取に昇進してから3カ月後の1942年3月、敬三は時の政財界有力者に見込まれて、自らの意思に関りなく、日本銀行副総裁に転じることになった。日銀入り受諾の決定は3月11日、発令

敬三の日本銀行副総裁就任に関わった人々。1942年10月、綱町敬三邸にて。前列左より、大久保利賢（横浜正金銀行頭取）、結城豊太郎（日本銀行総裁）、賀屋興宣（大蔵大臣）、池田成彬（枢密顧問官）、山下亀三郎（山下汽船社長）、後列左より、佐々木修二郎（第一銀行副頭取）、山際正道（大蔵省銀行局長）、谷口恒二（大蔵次官）、敬三、明石照男（第一銀行頭取）。渋沢史料館所蔵写真。

日は14日（土）、着任は16日という慌しさであった。もとより敬三は世間的栄誉を喜ぶ人ではなく、この転身は欲せざるところではあったが、決まった以上は退路を断って新しい役目に専念することになる。一国の金融政策の中枢に入って、渋沢同族会社を含む会社役職は総て退いた。(77) もっとも、非営利法人である竜門社評議員の役はそのまま継続した。第一銀行5階に位置する「伝記資料編纂所」と「実業史博物館準備室」では、実質上の運営の主がにわかに館内を去って、些か近付き難い場に行ってしまったわけである。旧阪谷邸の購入を決定した6月4日の理事会・評議員会の席には敬三の姿は無かったのである。

　敬三の日銀への転出から6月4日の理事会・評議員会までの約3カ月間には、実業史博物館準備室の内部にも変化があった。1940年7月以来準備室に在籍のまま（毎月25日頃には小林夫人が準備室を訪

ねて給料を受け取っている）休養していた小林輝次の（1年8カ月ぶりの）復帰である。小林は3月下旬には復職の意を固めたらしく、月末近くの日曜日に、軍務中の休暇日で在宅していた遠藤武を訪ね、遠藤在勤中の準備室の状況についての説明を受けている。[78]にわかに復帰した事情は明らかではない。恐らく小林の体調が快方に向かったのであろうと推測されるが、その後もマラリアなどの症状は発しており、本復したわけでもなかった様子も見える。戦時下の雰囲気に加え、敬三の転出を聞いて責任感に駆られたということもあったかも知れない。前年（1941年）7月の遠藤応召以来、杉本や藤木の兼務により何とか維持してきた博物館準備室に、約8カ月ぶりに職員が常勤することになったわけである。

1942年4月1日に出勤再開以来の小林の仕事ぶりは精気に満ちている感がある。初日には早速杉本に会って引継ぎを始める一方、竜門社事務局の高橋毅一にも電話で挨拶している。また編纂所の椙西光速から砂糖同業組合所蔵資料寄贈依頼の案件が持ち込まれ、敬三名の組合宛依頼状原稿を作成し、杉本に、多分敬三への取次を依頼している。翌日以後も甲州屋やうさぎや書店等との打合せ、自身不在の間の台帳や現物の確認、杉本との諸事協議などを行っており、編纂所で栄一の旧居住地記録を調査中の藤木には準備室所蔵の静岡や江戸の古地図を貸し出している。小林はこれらを毎日準備室日記に記録した。日曜日には（結果的には会えなかったものの）遠藤を訪ねている。11日（土）に三田綱町渋沢邸で漁業史研究会があり、小林は出席して敬三に会った模様である。ただし、準備室日記には、敬三や研究者の話を聴いたとしか記されていない。その直後、小林は親の葬儀で帰郷、18日夜は米機による空襲の報に急ぎ東京に戻るなど公私に慌しく過している。[79]その後も現物と台帳との照合に努め、

遠藤の休暇日に疑問点を質問し、杉本ともしばしば連絡を取っている。また土屋も頻繁に準備室を覗いている様子が日記から窺える。

5月3日の日曜日に竜門社の理事会・評議員会と会員総会とが曖依村荘で開かれ、敬三も双方に出席している。理事会・評議員会では1941年度決算案が付議され、可決されているが、貸借対照表の借方（資産）には日本実業史博物館建設仮払金として3万5,770円70銭が計上された。これは1937年以来1942年3月末までの標本購入累計額である。（因みにこの内1941年度1年間の購入額は3,911円10銭であった）この累計額に対し、青淵翁記念会より前年に3万円の寄附を受けたが、これが決算処理上「積立金」の中に組み込まれたことは前述の通りである。

小林は敬三との相談の機会を望んでいたと推測されるが、5月10日の日曜日に、同族会社の白石喜太郎常務や土屋が伝記資料出版問題等を相談する機会に博物館問題も併せて扱うとして、敬三との面談が叶った。この席で敬三は小林に、敬三らの出資により阪谷邸を購入して実業史博物館別館に充てる話を伝えた。阪谷邸購入の件が竜門社理事会・評議員会に付議されるほぼ1カ月前である。この日更に敬三は、博物館に関しては、特別の空襲対策は不要なること（成行きに委せる）や、織機等実物資料の手配の委託から文具、備品まで具体的な指示を与えている。

翌週の日曜日（5月17日）に小林は遠藤宅を訪れ、阪谷邸への移転計画について話すと共に標本購入記録上の不明点などを訊ねている。その後小林は阪谷邸への移転時期について敬三意向を杉本にも照会、5月19日には伝記資料出版の件で敬三に会う土屋に同行して日銀に行き、博物館移転開館の時期につき質問したが、前年（1941年）11月に没した阪谷芳郎の一年祭（神道）までは不可との答を得た。

小林の仕事は、資料標本現物の整理、購入記録、会計資料の作成、肖像室準備などであったが、この後は阪谷邸への移転準備が重大関心事になる。図葉・書籍などの現物整理では準備室の棚に入り切れず編纂所の戸棚を借りたりしている。最も日常的に時間と労力とを費やしたのは竜門社事務局の高橋毅一への対応である。会計資料の不備の追及を受けて、高橋から借用した書類を自宅にも持ち帰り、休日に遠藤に訊ねるなど努力している。5月27日には曖依村荘に高橋を訊ね、2人で会計簿と準備室記録とを照合したが解決せず、「1937年の樋畑武夫時代以来の全記録を整理して、決算額35,770圓70錢に合わせる事」を高橋から求められた。小林は6月1日に、結局解明出来なかった金額を「(敬三) 子爵寄贈」とし、「一応打切り」にしたが、それは小林側の「一応」の措置に過ぎなかった。そのように過ごしていた6月5日、土屋から、前夜の竜門社理事会・評議員会で阪谷邸購入の件が決定したことを聞かされた。小林は土屋の所持していた会議資料から「日本實業史博物館假開設の件」の項目(前掲)を全文「準備室日記」に書写している。6月7日の日曜日にも小林は遠藤宅を訪ね、持参の書類を広げて夜11時半まで質問と説明とを続け、後の質問は次の機会に回したという。例えば1939年10月遠藤着任早々に購入した伊勢辰の紙製品263点については原簿を作成せず、先方作成の綴込書類で箱毎に分類したに止まっていることなどが判明した。このままでは高橋には通用しないので、小林は改めて台帳を作り、全点に番号を付すことにした。

　7月1日の準備室日記にはこう記されている。

　　高橋老ト電話セシニ、分類其他ニツキ、承リタシ、トノコトニテ、出来ルダケ説明ス。高橋老ガ来イト云ウノデ、午后一時

出発飛鳥山ニ行ク。第1綴ヨリ第10綴マデノ清書ト、龍門社ヨリ借リ行キシ、実用部門ノ分類プリントヲ持参手渡シ、説明ス。原簿モ持参シテ説明。第11綴ヲ借用シ帰ル。

続いて7月3日には高橋の方が準備室に現れる。

高橋老来訪。第11綴ヲ渡ス。分類ノコト其他、説明スレドモ釈然タラズ。アア言フヅサンナモノデハ、人ガ変ッタトキ困ルトノ挨拶。

休日返上で仕上げた仕事を真向から杜撰と評されたが、小林は憤慨も漏らさずやや皮肉めいた表現をしている。高橋老人の性格を既に承知済みの感がある。

この頃から小林は時々体調を崩すようになる。持病のマラリアの断続的発症の外、時には扁桃腺や眼の異常、蕁麻疹などの症状を起している。高橋からはなお書類不備との指摘があり、11月にも標本の分類・集計方法をめぐって論争を行っているが、その後には阪谷邸への移転計画の方が重要課題になり、高橋が小林と共同で取り組む場面も生じるようになった。

8月2日の日曜日に小林は、土屋と共に敬三との面談の機を得ているが、小林に対し、敬三は矢張り、「移転は11月過ぎ」と告げている。ところが9月20日の日曜日に面会し、購入品についての決裁を得た際に、敬三から「移転は来春になる」といわれている。敬三がその理由を述べたのか否か「準備室日記」には記載がない。その週26日の土曜日に曖依村荘の竜門社本社から沢田という職員が準備室に来た時に、小林は移転時期について「子爵の意向では来年に

なるらしい」と高橋への伝言を依頼している。高橋も事務局責任者として移転時期について多大の関心を抱いていること、しかし日銀副総裁に転じた敬三には接触の機を摑めない状況であることが窺われる。

その日沢田が来た用件は、阪谷邸検分行の打合せであった。翌週29日に高橋、沢田と小林の3名で初めて阪谷邸を訪問することになった。この前後、9月5日に青淵翁記念会は竜門社に阪谷邸購入資金中10万円の寄附を実行し、同28日に敬三も20万円の寄附を行っている。(80)高橋とすれば、寄附実行を確認するまでは訪問を控えていたのかも知れない。

1942年9月29日朝、高橋、沢田、小林の3名は、小石川原町の阪谷子爵邸に直行した。当主阪谷希一子爵は北京在勤なので留守を預かっているのは坂上執事である。同執事の案内で全ての部屋を見せて貰い、質疑応答や打合せを行った後、小林は準備室に出勤、早速土屋と陳列計画などを相談している。

その後小林は肖像室のための実業功労者の資料調査にも精を出す。11月18日に高橋から電話が来て、（主管官庁である）文部省に報告のため「列品在庫表」を至急作成方依頼を受けた。更に博物館移転開館について、敬三子爵に督促して欲しいとも求められた。この督促依頼には小林は即答を避け、後日訪問して意見を伺いたい、と応じている。開館についても文部省からの圧力めいたものがあったのかとも想像される。なお在庫表は苦心してまとめ、20日に発送したが、高橋から催促の電話が来たので内容を読み上げると、標本種別の分類方法について批判され、議論になった。準備室日記に小林は、「イクラ説明シテモ頑トシテ主張スルノダカラ閉口」と些か憤懣を漏らしている。高橋の方も同様に感じていたことであろう。

12月12日の土曜日に小林は敬三に面談して移転問題を持ち出したところ、阪谷家に不幸があったため、今はその話は駄目と言われてしまった。翌週、日銀副総裁渋沢敬三はある問題に取り組むことになる。その問題の余波は準備室や編纂所にも大きな影響を及ぼしてゆく。

12月17日午後、副総裁敬三は総裁結城豊太郎に呼ばれた。三井銀行の万代順四郎会長が来たという（当時三井銀行では頭取も社長もいない会長制を採っていた）。話題は我が国の銀行合同の問題であったが、その挙句に第一と三井との合併論が出て急に進展し、結城と万代の間では、敬三に仲介役を依頼して合併案を進めようとの話になった、ということであった。

戦時経済体制強化のため既に地方銀行の合同が進行していたが、戦争の進行に伴って大銀行にもその気運が出てきたのである。元々三井銀行には第一銀行との合併を志向する底流があることは敬三も承知していた。(81) この時点での話の出方は唐突ではあったが、開戦により銀行の統合が時局の要請となりつつあることは明石第一銀行頭取も十分認識しているところであった。敬三としても、この合併問題の仲介者を務めることは自らの職責を果たすことと判断したものと推測される。翌18日、万代の訪問を受けた敬三は、直ちに仲介者の役目を引き受けた。22日に明石と万代は工業倶楽部で非公式に会って合併に向けての意思を確認した。翌日以後両者はそれぞれ行内調整を進めた。第一銀行の長老佐々木勇之助は「已ムヲ得ズ」と言い、石井健吾は「御時世ダナア」と漏らしたという。両長老とも内心は無念だったのであろう。明石の立場、敬三の立場を思い、それ以上の言葉は無かった（佐々木は1年後の1943年12月に長逝する）。25日、学士会館において敬三立会の下に明石と万代との正式

会談が行われ、「トップ人事」(明石と万代)、「本店」(第一銀行本店)、「行名」(従来の行名は残さず新しい行名にする)、等の重要事項で合意した。敬三も当事者の一人であった。両行の合併は、三菱と第百との合併等と共に、12月28日に発表、翌29日の新聞に掲載された。

1942年12月24日、明石が佐々木、石井両長老に事情説明をした日に、竜門社は青淵翁記念会から実業史博物館の仮開設に要する登録税その他諸費用の資金として6万円の寄附を受け入れている。9月に敬三並びに記念会から受け入れた阪谷邸購入資金30万円と合せ、竜門社は設備資金36万円を調達したことになる。

年が明けて1943年1月4日に小林は三田渋沢邸での碁会に参加したが、敬三は元日より北海道に出張して不在であった。(82)6日が御用始めで、小林は編纂所の土屋、藤木、椙西ら編纂員と挨拶を交した。そこで年末29日の新聞に大きく報じられた銀行合併が皆の話題になったことを小林は準備室日記に記している。場所は第一銀行本店内の一室である。しかし、この合併が編纂所や準備室にも影響を及ぼすとは未だ誰も気付いていなかった。

1月16日、土曜日午後に敬三が第一銀行に来訪、渋沢同族会社の重役白石喜太郎と小林との3名で博物館について合議、これまで時期不明確であった阪谷邸での開設準備に、いよいよ着手することが決まった。そこで小林は、翌々18日月曜日に早速渋沢事務所で白石と共に清水組の担当者と会い、19日には阪谷邸に行き、帰国していた阪谷希一子爵に挨拶、清水組担当者を混えて邸内を隈なく見分し、阪谷とも評議した。20日は朝渋沢邸に行き、日銀に出勤する敬三の車に同乗して前日の阪谷子爵家との交渉内容を報告し、その後渋沢事務所に白石を訪ねて同様に報告した。

1月25日に『竜門雑誌』第652号が発行されたが、「彙報」中に、実業史博物館の分館設置に至る経緯が次のように記されている。

> 本社は青淵先生を記念する為め、幕末より明治末葉に至るまでの我国實業史の各部門に亙る数々の資料を類別展示して、先覺の過去に於ける努力と其成果とを知らしめ、實業教育並に社會教化に資するを目的とし、曖依村荘内に日本實業史博物館を建設せんとし、鋭意その企畫を進めつつありし處、偶々支那事變勃發し其築造を延期するの已むなきに至れり。然るに同館に展示する為め蒐集せる資料は次第に多きを加へ之を此儘退藏するに忍びざるものあるを以て、假に開館することとし、青淵翁直接の記念物は暫く之を翁の舊邸曖依村荘に於て展示し、別に右以外の一般展觀は適當の場所に分館を設け以て之を實施することとし、鋭意考慮中の折柄、昨年九月五日澁澤青淵翁記念會より金拾萬圓、又九月廿八日子爵澁澤敬三氏より金貳拾萬圓を右分館として使用すべき建物及敷地購入資金として寄附せられ、更に十二月廿四日澁澤青淵翁記念會より右購入に關する登録税其他の費用支辨の為め金六萬圓を寄附せられたり。
> 依て右分館に好適の東京市小石川區原町百貳拾六番地所在の土地壹千七百七拾參坪八勺及建物本館參百四拾五坪八合五勺、附屬倉庫其他九拾九坪九合四勺を其所有者たる子爵阪谷希一氏より買受けたり。⁽⁸³⁾

1月下旬から2月にかけて、小林は旧阪谷邸を実業史博物館分館に仕立てるため、清水組や白木屋の担当者と具体案を協議し、また白石や高橋とも意見調整し、土屋の意見も聞き、重要事項は直接敬

三の指示を仰ぐなど連日苦心を重ねている。藤木などの協力者はいたとはいえ、部下も助手もおらず当事者としては全くの単身で万事を処理する責任を負っていたわけである。日曜日に渋沢邸を訪問することもあった。敬三は清水組や白木屋の材料確保を強く指示している。1939年秋に曖依村荘内建築を断念せざるを得なかったことへの反省からであろう。ただこの時期も小林の体調は芳しくなかった。胃腸や眼疾など故障は多々生じ、2月28日の日曜日には神経痛のため起居不能に陥り、已むなく1週間の休暇を取った。

　第一銀行本店は4月1日に帝国銀行本店に変ることとなり、三井銀行からも本部勤務者が着任してくるため銀行当事者は館内の部屋割りに苦心していたと推測される。伝記資料編纂所は3月末に閉鎖することを、2月23日に決定している。小林は「閉鎖ノ命アリシ由」と翌2月24日の日記に記しているが、「命」とは恐らく銀行よりの指示かと想像される。ただこの時、小林が博物館準備室の移転期限を意識した気配は、日記の記述からは感じ取れない。

　小林が体調を崩して休暇中の3月3日に第一銀行から、「博物館準備室を3月25日迄に明渡されたい」との通告が来た。恐らく銀行調度課から編纂所の藤木に伝達されたのであろう。しかし唯一の責任者兼担当者たる小林が病気休暇中のため、その通告は留保された。3月6日（土）には敬三の母堂敦子が永眠した。(84)8日（月）朝は雪であったが小林は一週間振りに出勤し、編纂所で「25日迄に明渡し」の通告が3日にあったことを聞いて驚く。この日（8日）には敬三母堂の告別式があり小林も参列した。式場で銀行の調度課長に会い、移転についての諸問題に協力を求めた。式場では阪谷邸の坂上執事にも会い段取りなどの打合せを行っている。小林は楫西、宇野と共

に編纂所に戻り、藤木に会おうとしたが退出後にて成らず、土屋は在席したので対応策を相談した。また早速移転作業への支援依頼状を、うさぎや書店、甲州屋（功刀）、樋畑武夫などに宛ててしたため、翌9日に投函した。

　準備室の阪谷邸への移転について大まかな計画は1月半ば以来考えてきたであろうが、日程が慌しく設定されたことで、小林は体調の不全も忘れて奮闘する。日曜日にも出勤、作業して、ともかく18日にはコレクション全点から什器、備品に至るまで、阪谷邸への搬送を成し遂げた。その経緯につき、3月9日から18日までの「準備室日記」の記事を要約すると以下の通りである。

9日（火）　　朝雪。小林、「苦労ヲ推シテ出勤」移転計画概要と費用等の対処につき、高橋、白石とそれぞれ電話相談。渋沢倉庫に包装紙、筵、縄等大量至急配送方依頼。作業員手配。渋沢邸杉本に電話、アチック（常民研）メンバーに作業監督を依頼。杉本は子爵に聞いて回答すべしと（10日「大体了承」の旨回答）。銀行調度課に再三電話せるも応答無し。

10日（水）　　銀行調度課と作業員手配、箱借用等の交渉。渋沢倉庫より包装紙入手。会計問題協議等。

11日（木）　　渋沢事務所より100円借用。宮本（常一？）ら応援。

12日（金）　　小林は土屋、藤木と搬出計画打合せ。

13日（土）　　15日搬出分207箱、階下へ。

14日（日）　　小林出勤、宮本ら応援、作業員梱包続行。

15日（月）　　常民研応援者中3名は阪谷邸に配置。渋沢倉庫手違いあり。自動車搬送午前2回、午後1回。

16日（火）　自動車搬送午前2回。博物館標本資料類の搬送終了。（自動車故障あり）渋沢倉庫、親和運輸と配車打合せ。

17日（水）　自動車搬送（書棚、什器、陳列棚等）午前2台、午后1台。本店内扇形部屋空けて銀行に返却。小林、宮本「二人ニテ掃除」

◇3月11日〜17日

常民研応援：宮本7日、鈴木老5日（？）、伊沢、竹内各3日、高木外。

書店応援：ウサギヤ6日、村田3日、功刀2日、粋古堂伊藤1日。

渋沢倉庫：近藤3日、第一銀行2名。

18日（木）　小林、阪谷邸に行き希一子爵夫妻と懇談、坂上らとも打合せ。渋沢事務所にて白石、高橋に報告、希一子爵意向を伝達。白木屋に電話、図面・ケース等。渋沢邸に電話せるも連絡取れず。

　限られた時間内に何人もの協力者を的確に動かして錯綜する工程を予定通り完了させた経緯は、社会運動で鍛えた小林の資質が最も良く発揮された場面であったと思われる。

　9日記事にアチックの名が見えるが、渋沢邸内の「アチックミューゼアム」は、敬三が日本銀行副総裁に就任して間もなく「日本常民文化研究所」と改称していた[85]。改称してほぼ1年を経過しているが、内部では未だ「アチック」と呼ばれることも多かったのであろう。献身的な協力者「宮本」とは宮本常一であろうか。17日、搬送終了後、空虚になった準備室を宮本と小林の2人が清掃している状景が想像される。

第3章　第2次伝記資料編纂と日本実業史博物館計画（2）

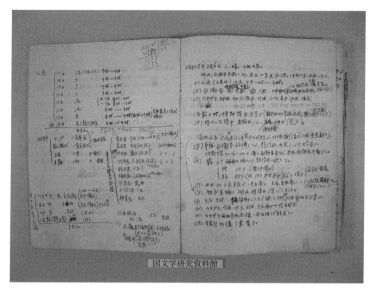

「博物館準備室日記」1943年（昭和18年）3月16日。第一銀行本店から旧阪谷邸への移転作業の記事。国文学研究資料館所蔵

　19日（金）、20日（土）、22日（月）と小林は帝大病院に通い、胃潰瘍の投薬や脊髄捻挫の診断を受けている。渋沢邸には再三電話するも連絡取れず、20日夜には訪問したが、敬三の帰宅は遅く、会えなかった。22日には日銀に電話して敬三と話し、白木屋からの展示用ケース入手などにつき指示を受けている。移転作業に協力した常民研メンバーには敬三が一席設けることも伝えられた。公務多端の中で小林の電話に対応する敬三の姿勢も注目されよう。この間に伝記資料編纂所も引き払ったので、24日には土屋、藤木、小林の3名が、第一銀行本店を訪問、明石頭取、佐々木（修二郎）副頭取らに多年の厚誼への御礼の挨拶をした。その後小林は渋沢事務所に廻り、白石と白木屋の件など敬三意向につき相談、再度銀行に行き、

161

調度課長らに挨拶したが、最後は歩行に困難を生じたと記している。翌25日には土屋と日銀で落ち合い、敬三に面会、白木屋陳列ケース購入の条件などについて承認を得、ケースの外にも紙、絵具から箒に至るまで買い付けるよう指示を受けている。

旧阪谷邸はこの後もはや「準備室」ではなく、「博物館」と称したらしく、「日記」にも博物館、あるいは「館」などと記されている。小林は22日に、軍務中ながら在京の遠藤宛に移転完了通知の葉書を出している。遠藤も展示準備の着手前に見解を述べたいと考えたのであろう。日曜日に外出が認められれば様子を見たいとの返事を小林に送っている。28日の日曜日朝、小林の自宅に遠藤から電話が来たので、直ちに出て現地で落ち合い、未だ開梱されていない箱などの積んである各部屋を案内し、小林の案を説明、遠藤の意見も聞いている。特段の議論は無かったらしい。

旧阪谷邸で執事を務めてきた坂上は、この後博物館で開館準備業務に従事することになる。戦況変化の中で、小林は開館に向けて資材の調達、搬入したコレクションの開梱、肖像室の準備、台帳、帳簿の整理などを進めてゆく。こうして実業史博物館準備室は慌しく1942年度末を送ったわけであるが、ここで同年度準備室活動結果の会計処理を見ておきたい。[86]

先述の通り、博物館資料関係の会計処理は（収支計算書上ではなく）貸借対照表上に記載されるが、まず1942年度も文書、書籍、器具等の資料1,857円の購入が行われており、その金額だけ資産勘定（借方）の「日本實業史博物館建設假拂金」が増加している。これに対応して負債・純資産勘定では、1940年度以来の特殊な処理を踏襲して（博物館固有の引当金ではなく）決算の追加的取扱いにより、一

般的な積立金に同額を組込んでいる。

　次に同年の重大事績である旧阪谷邸購入の処理方法を見ると、資産勘定の「土地・建物」計上額は前年度と同額であって、資料・標本類と同じ「日本實業史博物館建設假拂金」に30万円を上乗せ計上している。恐らく1943年3月末現在では登記未済のために仮払金として取り扱ったものと推測される。他方負債・純資産勘定では、これも「博物館建設資金」あるいは「博物館建設引当金」として30万円を計上してはおらず、やはり決算の追加的取扱いにより、一般的な積立金にこれを加算している。その結果、1942年度末貸借対照表上の積立金残高は38万8,035円が計上されているが、その中には博物館の資料・標本類引当分3万7,600余円と土地・建物引当分30万円とが含まれており、これを除いた本来の「積立金」は5万400余円に止まることになる。

　1939年度までの「積立金」は毎期の収支差額の累積額で、(基本金の変更が無い状況下では) その増減が純資産の状況を表していた。これを仮に「本来の積立金」と称すると、栄一が永眠した1931年度末 (庭園管理や伝記資料編纂、博物館準備等の開始前) の「本来の積立金」残高は11万5,000余円であり、その残高は11年間に半減したことになる。その意味については後章で考えることにしたい。

　なお1942年度には、旧阪谷邸購入に付随して、「登録税其他經費模様替並に之に關聯する費用を支辨する」ため、青淵翁記念会より別途6万円の寄附を受けているが、その残額は資産面では預金に含まれているかと想像される。負債・純資産面では、「日本實業史博物館建設資金」勘定に計上されている。この分は使途が流動的であるために、積立金に組み込まなかったのかも知れない。

(4) 伝記資料編纂事業の終結（1942年度）

　次々と新資料が発掘されて際限の無いかに見えた伝記資料編纂事業もいよいよ出版に向けて動き始めた。開戦半年後の1942年5月の「編纂所通信(51)」[87]に土屋は、「資料が今後も出ることは豫想されるが、自分の擔當部門の編纂濟原稿をいよいよ印刷に廻す段取となった」と記している。

　同年6月4日に第一銀行本店内で開かれた竜門社理事会・評議員会では、まず旧阪谷邸を買い受けて日本実業史博物館別館とすること、その資金として敬三子爵と青淵翁記念会よりの寄附金を受け入れることを可決した後、第2議案に移った。第2議案は伝記資料の出版についての提案であった。その内容は次の通りである。

　青淵先生傳記資料出版の件
　一　青淵先生傳記資料を左記により出版頒布すること
　一　名稱　澁澤榮一傳記資料
　一　體裁　Ａ列五號、九ポイント組、八百頁、クロース装、紙箱入
　一　數量　本文約六十卷外に寫眞集一卷を以て一部とし一千部出版するを目標とすること
　一　定價　本文一卷各金八圓、寫眞集金貳拾圓、一部金五百圓見當
　一　出版の形式　著作者兼發行者　竜門社、發賣者　岩波書店
　一　頒布の方法　購讀申込者を募集すること
　一　原稿　昭和十八年三月三十一日を以て打切り猶完成に到らざる部分に付いては多少の残務整理を認むること

一　校正　校正擔當者は全部新規に傭入るること
一　紙型　最初の二年分の紙型を取り必要の場合は部數增加の用意をなし置くこと(88)

　この議案も直ちに可決されて、伝記資料出版が竜門社の事業として正式に決定した。写真集を含め60余巻の構成で、1セット500円見当で頒布するとの構想である。このセット価格は、大学卒初任給の6～7倍というところであろう。1,000部を目標としているが、竜門社内部において何部位を損益分岐点と見ていたのかは不明である。出版の形式に関してこの議案では、「發行者竜門社、發賣者　岩波書店」としており、2カ月後の『竜門雑誌』8月号にも「右出版に關し岩波書店主岩波茂雄氏と交渉の結果同書店に於て發賣者たることを承諾したり。」との記事が見られるが、1944年6月に発行された第1巻の奥付には、「編者　竜門社」「發行所　岩波書店」と記されている。ただし、形式の如何に拘らず、岩波書店は、竜門社が費用を負担するとの前提で出版を引き受けたものと推測される。竜門社の中枢役員や事務局高橋毅一にとっては、重い課題が殖えた感があったかも知れない。

　この議案で「原稿を1943年3月末で打切る」としているのは、編纂費予算計上を1942年度で終了させるためであろう。竜門社の予算面で、伝記資料関係費をいかに取り扱っていたかを見ると、1942年度予算では伝記資料編纂費として2万5,000円を計上している(90)。前年度の同予算計上額に比し2,000円増加しているが、1942年度予算を決定した3月時点では未だ出版計画の付議（1942年6月）はなされておらず、出版関係費は織り込まれていないと考えられる。

　1943年度予算は同年3月の理事会・評議員会に付議、可決されて

いるが、「青淵先生傳記資料複製費」として1,500円が計上されている[(91)]。この金額が何を意味するのかは不明である。なお、出版費ではないが、1943年度予算に関しては、編纂事業閉鎖のための残務費用1万5,000円の追加支出が、同年6月の理事会・評議員会で可決されている[(92)]。

編纂費の実績を見ると、竜門社1942年度の決算において、収支計算書上「傳記資料編纂費」としては3万3,543円93銭が計上されている[(93)]。前年度の計上額は2万3,950円53銭であるから9,593円40銭[(94)](40%)の増加である。この中には出版関係費も含まれているのであろうが、内訳は判明しない。

そもそも6月4日の理事会・評議員会への出版企画付議に際して、竜門社中枢や事務局がどのような予算計画を樹てていたものかが不明である。戦時下という状況の中では先行きの事情が余りにも不透明なため、1937年に敬三が「一つの提案」の内に博物館建設の資金計画を織り込んだような綿密な作業をするわけにはいかなかったかも知れない。博物館計画は青淵翁記念会との共同事業であり、記念会の資金的支援を得て進行したが、伝記資料編纂は、記念会の伝記編纂と並行する竜門社独自の事業であり、その資金計画は飽くまで竜門社が責任を持つ性格のものであった。推測するに、この出版計画に際しては、敬三が責任を持って諸問題を解決するとの了解が、関係者に共有されていたのであろう。ただ、いよいよ出版を具体化する段階で、対米英戦争が始まり、あまつさえ敬三が日銀入りを余儀なくされてしまった。編纂開始時点では竜門社役員や事務局関係者にとって予想もしなかった事態であろう。

敬三は、前述の通り、1941年10月に伝記資料編纂費として5万円を寄附する旨申し出て居り、1941年度にその内2万3,851円を実

行した。1942年度末の1943年3月には1万6,149円を寄附、これで予告した5万円中4万円が実行済みとなった。ただ上記のように1942年度の編纂費支出額は3万3,544円であったので、敬三寄附金を充当しても、結果的に単年度で編纂費は1万7,395円の支出超過になった。

　5万円の寄附予定中最終分1万円の寄附を敬三が実行したのは1943年8月20日であった。一方1943年度に伝記資料関係費支出がどれだけであったかは不明である。1943年度決算結果は『竜門雑誌』に掲載されなかったからである。

　1942年度決算報告は1943年5月発行の第656号に掲載されている。これまでの例に倣えば、1943年度決算報告は1944年5月号に掲載される筈であったが同月発行の第668号は全頁を前年末に他界した佐々木勇之助（茗香先生）の追悼に当てており、一般記事は第669号に回している。しかし、頁数圧縮のためか第669号にも1943年度決算は掲載されていない。従って今日公開資料の範囲で判明する戦前・戦中期財団法人竜門社の決算は1942年までということになる。栄一没後の竜門社において1932年度以降1942年度までに展開された新規事業の資金調達については逐次述べてきたが、第5章においてこれを総括し、敬三の果した役割について考えることとする。

　戦場は編纂員の周辺にも迫ってきた。1942年5月の「編纂所通信(51)」（正しくは(52)）の中で宇野は、「四月から毎週木曜日は三田澁澤邸内日本常民文化研究所に出ることとなった。最近の海戦で弟を失ひ、竜門社に於ける編纂も一段落に達し、何かと心境の變化をおぼえつつある昨今である」と述べている。戦死した宇野令弟は翌

1943年2月の海軍合同慰霊祭で英霊として祀られたが、その際宇野は故人の遺書を編纂所に携え、博物館準備室の小林にも見せている。小林は2月6日の「準備室日記」に「遺言ヲ見セラル、流石ニ立派ナモノナリ」と記している。宇野の回想によれば、常民研の兼務は宇野の生計への土屋や羽原又吉の配慮を敬三が受け入れたものという。編纂員山口と楫西とは既に文庫内での漁業史研究と編纂所業務との兼務であった。

『竜門雑誌』は1943年9月までは、頁数を圧縮しながらも毎月発行している。ただ1942年に入ると「編纂所通信」の掲載は間歇的になった。それまでは例年夏期の1、2カ月を除き年間10回乃至11回掲載してきたが、1942年には3月、5月、10月、12月の4回に止められた。1942年10月号掲載の「編纂所通信（53）」で土屋は、「自分擔當の第一編の第一冊分原稿は既に出版者岩波書店に渡してあるが、遠からず校正も出ることと思ふ。多分來年春には第一巻が刊行の運びに至るであらう」と述べている。また、「初めの豫定では一年八冊位づつといふことであったが、今日の情勢下における紙及び印刷能力の關係で一年一・二冊刊行といふことになった。遺憾千萬であるが、まことにやむを得ない次第である」と記している。土屋は、1942年12月号の「編纂所通信（54）」には「第一巻の校正は近く出ることとなってゐるが、時節柄はかばかしく行くかどうか氣遣はれる」と懸念を示している。実際に第1巻が上梓されたのは1944年6月であったから、土屋の期待よりも1年余り遅れたことになる。

この「編纂所通信（54）」の冒頭には「目下第二巻以下の原稿の三度目の整理を急いでゐる」と記されている。しかしその後の戦局の悪化により、岩波書店から第2巻が出ることは遂に無かった。この「編纂所通信（54）」には高橋善十郎、楫西、山口、宇野ら10人

がそれぞれ担当事項の状況を綴っているが、藤木が編纂助手の欠員補充に苦心していることも判明する(101)。

前述の通り、第一銀行本店5階に設置されていた伝記資料編纂所は1943年3月末を以て編纂を終了することが1942年6月に決定していたが、小林輝次による「準備室日記」には、1943年2月23日に編纂所閉鎖の指示が来たことが記されている。「2月末日ヲ以テ打チ切リ、3月中ハ片付ケテ、其末日閉鎖ノ由」とのことであった。この2月に発行された『竜門雑誌』に掲載された「編纂所通信(55)」の各編纂員記事は、その指示の直前に書かれているが、編纂所閉鎖についての記述は無い。それまで同様各自担当分野の資料入手や整理状況を述べているばかりである。それぞれ資料編纂に勤しんでいた各編纂員には、ともかく今までの入手資料につき原稿取りまとめのために慌しい日々が待っていたことになる。「編纂所通信(55)」には土屋は執筆していないが、これが最後の「編纂所通信」になった。その末尾は「髙橋善十郎が昭和十七年十二月二十八日附で退職した」という藤木の記事であった(この日付は宛も第一銀行と三井銀行との合併が報じられる前日であった)(102)。

髙橋善十郎は、第2次編纂事業の初期から参加し、鉄道、ガス、電力、通信、特殊銀行などを担当した古参熟練の編纂員であったが、この時日本製鉄に転職している(103)。半月後の1943年1月16日（土曜日）には、前述の通り敬三が第一銀行本店を訪れ、白石、小林と会い、「實業史博物館準備室の舊阪谷邸への移転と開館準備開始」を決定したが、その夕刻から湊屋という店で髙橋善十郎の送別会を開いたことが、「実業史博物館準備室日記」に記載されている。敬三もこの宴に出席したことと推測される。「準備室日記」に拠れば、その1カ月後の2月14日（日曜日）に髙橋善十郎は敬三子爵への御礼

のため渋沢邸を訪問している。何の御礼かは記されていないが、編纂事業の終幕を間近に控えて、敬三は転職を世話したのかとも推測される。この日渋沢邸には土屋や小林も来て、実業史博物館分館の商業史部門の展示案などを検討したが、高橋も座に加わったことが(翌日付の)準備室日記に記録されている。

1943年2月の「編纂所通信 (55)」には編纂員9名が執筆して、大多数は3月末までに仕上げる意向を示しているが、本音は更に調査を深めたいところにあったようである。事実結果的に編纂所の閉鎖までに全員が担当部分の綱文原稿を完成させ得たわけではなかった。

編纂所閉鎖に際して、関係者一同の苦心の結晶たる膨大な伝記資料原稿やその資料は、第一銀行本店の大金庫に格納保管されることになった。三井銀行との合併直前で輻輳する第一銀行との間で大金庫利用の話し合いがどのように行われたのか、土屋が渋沢日銀副総裁を煩わしたのか、あるいは敬三の発意に因るものか、または明石頭取の了解の下に銀行調度課との事務的な協議で決定されたのか、等は不明である。大正期の栄一伝編纂の際の貴重な原稿や資料の多くが震災により灰燼に帰したことの教訓を竜門社は無駄にはしなかったのであった。その大金庫は、昭和初年に敬三が建設委員長を務めた本店の設備であった。

格納すべき原稿類の内、「栄一の大蔵省退官 (1973年) 以前」の土屋担当分は岩波書店との受け渡しが始められていたので別扱いとされた。その分を除く大多数の原稿類は、高さ40センチ程に束ね郵便小包用の油紙で丁寧に包装した。包みの数は172個に及んだ。包みには総目次に従って番号が付された。[104]

伝記資料編纂経緯については、戦後にも土屋は何度か回想しているが、その一つでは次の通り記している。

　編纂に従事したのは昭和十一年四月からで、終了したのは十八年三月末日であったが、場所は第一銀行本店の五階であった。その間終始故渋沢敬三氏、故明石照男氏に御親切な御世話をいただいたことは、終世忘れることができない。……右の編纂の仕事を開始した後、一年余で日華事変となり、その後四年余で太平洋戦争となった。編纂員や写字生は続々召集され、戦地へ向った。……そのような情勢下の仕事であったから、困難が相ついだが、編纂員ならびに写字生諸氏も熱心に事に当られたので、昭和十七年末までに渋沢栄一翁の主要な事歴については、編纂が大体終了していたのであったが、まだ編纂の完了しない分も残った。その分まで完了するには、なお数年を要したであろうと思われる。それにもかかわらず、十七年末には、戦局は不利となり、やがて空襲の危険が迫りくることが予想されたので、渋沢敬三、明石照男両氏も私も万一をおもんぱかって、十八年三月をもって編纂を打ち切ることとなった。そしてこの時までに編纂ずみ原稿や重要資料を第一銀行本店の地下大金庫に保管していただいたのであった。(105)

昭和18年（1943）3月に編纂を終了することは前年6月の理事会・評議員会で決定していたもので、空襲を理由としたこの事情説明とはやや異なるが、1944年秋から翌1945年8月の敗戦にかけての被災の惨禍を体験した日本人読者に対しては、様々な事象を空襲に結び付けて記述することがむしろ自然であったと考えられる。「編纂

171

の終了」の意味についても、出版の視点からは一定時点での打切りが必須であるが、研究の視点からは最大限の資料蒐集を企図して常に延引を欲することになる。その葛藤の深さがこの一文にも表れている。

斯くして1936年以来7年間に及んだ編纂事業は、原稿格納という形で終了を余儀なくされた。全体で60巻とも70巻とも予想された伝記資料は、その内の冒頭部分の1巻のみが翌1944年に刊行されたものの、何時か戦争が終結して出版が可能になる日まで保存されるべく大金庫の扉の奥へと運び込まれていったのであった。

1943年3月末を以て第一銀行本店内の編纂所は閉鎖されたが、恐らく残務整理のために、編纂員であった伊沢二郎他1名が旧阪谷邸の博物館分館に常駐することになった。藤木も分館に来るとの話もあったらしいが、渋沢事務所勤務となった。(106) 2カ月余り経過した1943年6月5日は戦死した山本五十六元帥の国葬が行われた日であったが、藤木宛の校正刷りが岩波書店より分館に届き、受け取った小林はそれを伊沢に渡している。(107)「準備室日記」では岩波からの連絡の記録はこの時限りなので、以後は渋沢事務所内藤木宛に送付されたかと推定される。

なお、その後の『竜門雑誌』発行状況を見ると、1943年10月、11月には休刊を余儀なくされ、12月に薄手の3カ月分合併号が発行された。「発行兼編集人」たる高橋毅一老人は、活字を小さくして容量の保全を図るなど努力しているが、国の大勢には抗し難く、1944年には、1、2月は休刊、3、4、5月は発行したが、次の6月号（第669号）(108) を最後に刊行を中断せざるを得なかった。第668号は全32頁、第669号は36頁であった。

(注)

(1) 渋沢敬三「日銀収蔵貨幣標本のいきさつ」『渋沢敬三著作集』第3巻、平凡社、1992年、547頁。執筆1960年9月。初出は『月刊金融ジャーナル』第1巻第2号（1960.11）、82-83頁。なお、土屋は翌1940年11月にも一橋藩札や第一国立銀行紙幣の写真撮影希望のため、銭幣館を訪問し、「紙幣條例」「紙幣會社成規」を借用して帰った（「編纂所通信（41）」『竜門雑誌』第627号（1940.12)、30頁)。これは大蔵省時代の栄一が国立銀行条例を立案する過程での重要資料であった。

(2) 「『準備室日記』の全文翻刻」『国文研報告書』115頁。

(3) 「『準備室日記』の全文翻刻」『国文研報告書』117頁。以下の記述も「準備室日記」（全文翻刻）（『国文研報告書』113-241頁）に依る。

(4) 個人の出品者として『東洋経済新報社百年史』には、石井研堂、長谷川如是閑、尾佐竹猛、渡辺幾治郎、野村兼太郎、遠藤佐々喜、三井高陽、渋沢敬三、樋畑雪湖の名が挙げられている（東洋経済新報社百年史刊行委員会編『東洋経済新報社百年史』東洋経済新報社、1996年、442頁)。

(5) 「本社第百回会員総会並に記念展観」『竜門雑誌』第620号（1940.5)。

(6) 昭和15年（1940）は皇紀2600年に当り、かねてより国家的行事が計画されていた外、民間にも相共に祝賀する雰囲気があった。「皇紀」は明治初年以来公的な場だけでなく、日常的にも使用されていた紀年法で、その根拠は皇国史観に立つものであったが、1940年当時は一般に、その使用が直接軍国主義や排外的姿勢に結び付くものではなかったと考えられる。当時政府の側には、皇紀2600年祝賀行事を通じて国民を非常時の意識や神国思想に誘導しようとする意図もあったと見られるが、行事には当初は万国博覧会など国際友好的な企画も構想されており、阪谷芳郎もこの祝賀行事に深く関っていた。東洋経済新報社の展覧会が「皇紀二千六百年奉祝」を掲げたことには諸官庁の後援を得るための配慮もあったかと推測される。（次に記すように）石橋、土屋、清沢が居並ぶ実行委員会は、世の神国思想的風潮とは無縁であったと思われる。

(7) 『東洋経済新報社百年史』442-445頁。青木睦「昭和15年経済文化展覧会関係史料――コレクション展示の唯一の事例として――」『国文研報告書』263-271頁。「昭和15年経済文化博覧会（ママ）関係史料」前掲書、525-536頁。

(8) 第1部「歴史の部」、第2部「図表の部」、第3部「実物参考品の部」、第4部「製品の部」、第5部「実演の部」、第6部「顕彰の部」。

(9) 「昭和15年経済文化博覧会（ママ）関係史料」『国文研報告書』530-533頁。

(10)「『準備室日記』の全文翻刻」『国文研報告書』119頁。
(11) 前衛画家福沢一郎は二高出身で、敬三、土屋、小林と学友であったと見られる。
(12)『東洋経済新報社百年史』443頁。東京会場の1日平均来場者数は1万人を超えていたものと推測される。
(13) 遠藤佐々喜は、三井企業の定年制により、前年の1939年に三井文庫を退職した。(『三井文庫——沿革と利用の手引き——』(改訂版)、三井文庫、1996年、12頁。
(14)『東洋経済新報社百年史』443頁。
(15)「彙報」『竜門雑誌』第622号(1940.7)、93頁。
(16)「『準備室日記』の全文翻刻」『国文研報告書』120-121頁。
(17) 竜門社事務局は渋沢事務所と関係が深かったと推測されるが、渋沢事務所には第一銀行出身者が多く、経理について特有の気風もあったのかも知れない。
(18) 小林、遠藤の動静は「準備室日記」に拠る。小林の長期休暇については、「理由は定かではないが、以前からマラリヤなどの病気がちであったため、静養ないし入院していた可能性が考えられる」と推定されている(郷間大輝「『準備室日記』——『実博』準備室の組織とその変遷」、『国文研報告書』81頁)。
(19) 準備室や編纂所の内部では、小林は敬三や土屋の学友であったことが暗黙の内に理解されていたであろうが、竜門社本社にはそのような事情は通用しなかったとも想像される。
(20) 遠藤武「祭魚洞先生と民具——日本実業史博物館始末記」297頁。
(21)「『準備室日記』の全文翻刻」『国文研報告書』130頁。
(22) この年、杉本は敬三の秘書になっているが、「準備室日記」の記述からは当時その主たる職務は(秘書というよりも)渋沢事務所にあったように読める。
(23)「『準備室日記』の全文翻刻』『国文研報告書』130頁。以下の記述も同様。
(24)「彙報」『竜門雑誌』第632号(1941.5)、104頁。
(25)「彙報」『竜門雑誌』第623号(1940.8)、99頁。
(26)「彙報」『竜門雑誌』第629号(1941.2)、99頁。
(27)「彙報」『竜門雑誌』第630号(1941.3)、120頁。
(28)『竜門雑誌』第639号(1941.12)、60頁。
(29)「役員一覧」『第一銀行史』下巻、第一銀行八十年史編纂室、1958年、111-12頁。
(30)「編纂所通信(28)」『竜門雑誌』第610号(1939.7)、4頁。

(31)「編纂所通信（29）」『竜門雑誌』第612号（1939.9）、4頁。
(32) 前掲書、6-7頁。
(33)「編纂所通信（35）」『竜門雑誌』第619号（1940.4）、31-33頁。「日本無線電信株式会社」に関する記述。資料は『渋沢栄一伝記資料』第52巻に収録。
(34) 山口和雄「敬三の経済活動——日本銀行転出後——」『渋沢敬三』下巻、渋沢敬三伝記編纂刊行会、1981年、796頁。『国際電信電話株式会社二十五年史』、国際電信電話株式会社、1979年、6頁。
(35)「編纂所通信（33）」『竜門雑誌』第617号（1940.2）、32頁。
(36)「編纂所通信（34）」『竜門雑誌』第618号（1940.3）、35-36頁
(37)「彙報」『竜門雑誌』第620号（1940.5）、91-92頁。なお、「直筆藍玉帖」とは「藍玉通（かよい）」のことと思われるが、土屋は『竜門雑誌』第603号（1938.12）・第604号（1939.1）に7冊の同通帳についての考察を掲載、『渋沢栄一伝記資料』第1巻（岩波書店版353〜379頁）（刊行会版140-152頁）に収録した。
(38)「彙報」『竜門雑誌』第620号（1940.5）、99-100頁。
(39)「編纂所通信（35）」『竜門雑誌』第619号（1940.4）、36頁。
(40)「編纂所通信（38）」『竜門雑誌』第624号（1940.9）、4頁。
(41)「編纂室たより（15）」『竜門雑誌』第560号（1935.5）、78頁。
(42)「編纂所通信（39）」『竜門雑誌』第625号（1940.10）、1頁。
(43)「編纂所通信（41）」『竜門雑誌』第627号（1940.12）、30頁。
(44)「編纂所通信（43）」『竜門雑誌』第630号（1941.3）、17頁。（前月に発行された『竜門雑誌』第629号掲載の「編纂所通信」も第43回と銘打たれており、通し番号が重複している。）
(45) 大元方日記の内容については、岩崎宏之『三井事業史』本篇第2巻、三井文庫、1980年、126-130頁や、今井典子「解題」『三井事業史』資料篇2、三井文庫、1977年、681-682頁を参照。また、国立銀行条例立案過程文書については拙稿「三井組の西欧会社制度導入計画（下）」『金融経済研究所論集』第2集、金融経済研究所、2001年、45-50頁を参照。
(46)「青淵先生伝初稿」『渋沢栄一伝記資料』第3巻、509頁。
(47)「編纂所通信（39）」『竜門雑誌』第625号（1940.10）、4頁。
(48)「編纂所通信（42）」『竜門雑誌』第628号（1941.1）、36頁。
(49)「彙報」『竜門雑誌』第631号（1941.4）、102頁。
(50)「彙報」『竜門雑誌』第637号（1941.10）、66頁。
(51)「彙報」『竜門雑誌』第638号（1941.11）、68頁。

(52)「編纂所通信(44)」『竜門雑誌』631号(1941.4)、12頁。

(53)「編纂所通信(45)」『竜門雑誌』632号(1941.5)、16頁。

(54)前掲書、16頁。

(55)前掲書、21頁。

(56) 山口記事「編纂所通信(48)」『竜門雑誌』第637号(1941.10)、13頁。楫西記事、同12頁。楫西記事「編纂所通信(49)」『竜門雑誌』第638号(1941.11)、69頁。

(57)山本勇記事「編纂所通信(47)」『竜門雑誌』第636号(1941.9)、4頁。

(58)藤木記事、前掲書、6頁。

(59)「彙報」『竜門雑誌』第635号(1941.8)、96-97頁。

(60)「編纂所通信(47)」『竜門雑誌』第636号(1941.9)、1頁。

(61)宇野記事「編纂所通信(47)」、前掲書、3頁。なお、『竜門雑誌』に「栄一言行・同時代記録集」の性格を持たせたのは、阪谷芳郎の『青淵先生六十年史』編纂時における苦労の体験であったという(小出いずみ「実業人アーカイブズを構成する資料:『渋沢栄一伝記資料』の分析から」『RIM Journal』第23号(2013.6)、ARMA東京支部、28頁)。

(62) 土屋、宇野記事「編纂所通信(48)」『竜門雑誌』第637号(1941.10)、11-13頁。

(63)楫西記事、前掲書、12頁。

(64)土屋、宇野記事「編纂所通信(51)」『竜門雑誌』第642号(1942.3)、54頁。なお、対米英開戦以後の戦争を、我が国では当時「大東亜戦争」と称していた。

(65)「彙報」『竜門雑誌』第638号(1941.11)、66-68頁。

(66)決算書については当該年度の翌年5月発行『竜門雑誌』所載「彙報」に拠る。

(67)「彙報」『竜門雑誌』第644号(1942.5)、55頁。

(68)杉本行雄「渋沢敬三先生に仕えて」『渋沢敬三』下巻、306頁(初出は『十和田観光』1963年11月28日号)。なお杉本は敬三の副頭取就任を1941年6月と記しているが、実際には12月であった(『第一銀行史』下巻、111頁)。12月18日の日付は、山口和雄「敬三と第一銀行」(『渋沢敬三』上巻、797頁)に拠る。

(69)『阪谷芳郎伝』故阪谷子爵記念事業会、1951年、678-680頁。

(70)阪谷芳直「渋沢敬三氏の二高進学のことなど」『渋沢敬三著作集』月報4、平凡社、1993年、IV頁。

(71)阪谷綾子編『倜儻不羈の人　追悼・阪谷芳直』阪谷直人、2003年、588-590頁。

(72) 渋沢史料館ウェブサイトによれば、延面積は1,653.13平方メートル (http://www.shibusawa.or.jp/museum/facility.html（2014年6月24日閲覧))。
(73)「彙報」『竜門雑誌』第645号（1942.6)、49頁。
(74)「彙報」『竜門雑誌』第652号（1943.1)、50頁。
(75)「編纂所通信（51)」（実は52とすべきもの）『竜門雑誌』第644号（1942.5)、58頁。
(76) 渋沢敬三「金融界の回顧」『第1回都市銀行研修会講義集』東京銀行協会、1961年、267-269頁。山口和雄「敬三と第一銀行」『渋沢敬三』上巻、797-799頁。なお、敬三の日銀入りをめぐる諸事情や当時の日銀の課題等については、山口和雄「敬三の経済活動――日本銀行転出後――」『渋沢敬三』下巻、731-738頁を参照。
(77)「柏葉年譜」『柏葉拾遺』1956年、3頁。渋沢同族株式会社の代表の役目は専務取締役の渡辺得男に託したと推定される。
(78) 以下準備室内の動静については、主として「準備室日記」に拠る（「『準備室日記』の全文翻刻」『国文研報告書』、131-170頁)。
(79) 1942年4月18日、東京、名古屋、神戸は米軍機による最初の空襲を受けた。
(80)「彙報」『竜門雑誌』第654号（1943.3)、49頁。
(81) 1938年に三井から第一に申し出があり、第一は応じなかった（『第一銀行史』では1939年としている)。三井側ではこの時既に結城日銀総裁に仲介を依頼しており、4年を経て2度目の相談であった。以下両行合併経緯については下記資料に拠る。

　A. 万代順四郎「帝国銀行成立について」佐々木邦編『在りし日――人としての万代順四郎』万代トミ（私家版)、1964年、390-412頁。
　B.『第一銀行史』下巻、第一銀行八十年史編纂室、1958年、315-328頁。
　C.『三井銀行八十年史』三井銀行、1957年、280-284頁。

【合併案推移】（括弧内の記号は上記文献）
12月17日　万代、結城豊太郎日銀総裁を訪問。(A、C)
　　　18日　万代、敬三副総裁と協議（A、C)
　　　21日　三井より第一に合併申し出（B)
　　　22日　万代、明石会談（A、B、C)
　　　23日　第一行内重役と協議（B)
　　　24日　明石は佐々木、石井相談役と協議（B)
　　　25日　敬三立会の下、明石、万代合併要項申合せ（A、B、C)
　　　28日　両行、声明発表　　29日　新聞報道（A、B、C)

(82) 敬三は日銀副総裁に就任した1942年から翌年にかけて全国の日銀支店を視察した。1943年1月には元日に出発して小樽、札幌、函館支店を順次視察し、10日に帰京している(「柏葉年譜」『柏葉拾遺』3頁および「旅譜」同、10頁)。

(83) 「彙報」『竜門雑誌』第652号（1943.1）、50頁。

(84) 「柏葉年譜」『柏葉拾遺』3頁。

(85) 桜田勝徳「敬三とアチックミューゼアム」『渋沢敬三』上巻、884-885頁。

(86) 以下、1942年度会計情報は「彙報」『竜門雑誌』第656号（1943.5）に拠る。

(87) 本当は第52回であるが、誤記されている。『竜門雑誌』第644号（1942.5）、58頁。

(88) 「彙報」『竜門雑誌』第645号（1942.6）、49-50頁。

(89) 「彙報」『竜門雑誌』第647号（1942.8）、42頁。

(90) 「彙報」『竜門雑誌』第643号（1942.4）、31頁。

(91) 「彙報」『竜門雑誌』第655号（1943.4）、25頁。

(92) 「彙報」『竜門雑誌』第657号（1943.6）、28頁。

(93) 「彙報」『竜門雑誌』第656号（1943.5）、35頁。

(94) 「彙報」『竜門雑誌』第644号（1942.5）、55頁。

(95) 「彙報」『竜門雑誌』第657号（1943.6）、28頁。

(96) 「彙報」『竜門雑誌』第664～666合併号（1944.3）、36頁。

(97) 「編纂所通信（51）」『竜門雑誌』第644号（1942.5）。

(98) 宇野脩平「ぼくの墓」232-233頁。

(99) 「編纂所通信（53）」『竜門雑誌』第649号（1942.10）。

(100) 「編纂所通信（54）」『竜門雑誌』第651号（1942.12）。

(101) 前掲書。

(102) 「編纂所通信（55）」『竜門雑誌』第653号（1943.2）。

(103) 「準備室日記」（1943年1月6日）に小林が記述（『国文研報告書』、143頁）。なおこの3カ月前の1942年9月に渋沢正雄が日本製鉄副社長在職のまま没している（『竜門雑誌』第648号（1942.9）、43頁）。

(104) 戸井哲哉「刊行事歴」『渋沢栄一伝記資料』第57巻、890頁。

(105) 土屋喬雄「後記」『渋沢栄一伝記資料』第57巻、882-883頁。同様の記述は次の文献にも見られる。土屋喬雄「凡例」『渋沢栄一伝記資料』第1巻、14頁。土屋喬雄「人間渋沢敬三」『渋沢敬三』上巻、261-262頁。

(106) 「準備室日記」（1943年4月2日および同5日記事）『国文研報告書』、149頁。

(107) 「準備室日記」（1943年6月5日記事）前掲書、154頁。

（108）第669号奥付の発行日は、第668号と同じく「昭和十九年五月二十五日」と印刷されており、5月に2冊発行されたかに見えるが、（イ）「竜門雑誌総目次」（『渋沢栄一伝記資料』別巻第8、700頁）では「昭19・6」と記され、（ロ）『青淵先生、想い続けて120年——竜門社の歩み——』も「昭和19年6月」としている。一方（ハ）「渋沢青淵記念財団竜門社百年史」（『青淵』第447号（1986.6）、70頁）では、「五月号は『佐々木茗香先生追憶号』（追悼号の誤植か）と普通号の二冊を発行した」と述べている。本稿ではひとまず上記（イ）（ロ）に従う。なお、次の第670号は敗戦後1947年1月に発行されている。

第4章　第2次伝記資料編纂と日本実業史博物館計画(3)
（1943年度以降）

（1）博物館開館準備と断念（1943～1944年度）

　第一銀行本店内にあった実業史博物館準備室は1943年3月、小石川原町の旧阪谷邸に移転し、博物館分館となった。正式名称は「財団法人竜門社附属　青淵先生紀念日本実業史博物館分館」である(1)。準備室時代の小林輝次らの給料は敬三から支払われていたとされるが、移転後小林や元阪谷家執事・坂上時治らは分館職員となり、給与は竜門社から受け取ることになった(2)。

　開館準備に努める小林と坂上との主要事項は、展示ケース等の設備や陳列用工事の手配、竹森文庫の受入れ、肖像室の対象者（実業功労者）選定、標本購入台帳や会計記録の整備そしてこれらの進行過程での敬三、白石（竜門社常務理事）、高橋（竜門社主事）との相談や連絡等である(3)。

　旧阪谷邸を博物館に転じるために基本的に必要な備品は展示用ガラスケースであったが、敬三はその調達先を当初から白木屋百貨店に決めていたと見られる。実業史博物館計画の出発点たる「曖依村荘利用に関する委員会」の委員長でもあった西野恵之助は1920年代に白木屋の社長を務めており、1943年当時も同社の取締役であったので、資材不足の時期に協力を依頼する上でも白木屋が好適であったであろう(4)。小林は1943年3月旧阪谷邸への移転終了後、早速

白木屋に連絡しているが、日記に記述は無いものの、既に敬三の意を受けていたものと想像される。

　適格の品を纏めて調達するために小林は苦心を重ね、白木屋もこれに応えるべく奔走した。曲折もあったが、移転後4カ月余を経た7月末にガラスの無い陳列用ケース35点と額縁1,000枚が搬入された。8月初めに白木屋がガラス屋を伴い来訪し、陳列用ケースにガラスを嵌め込んだ。ケースの仕様が間際に変更になり、竜門社本社（高橋毅一老人か）との間で書類の再作成をめぐって悶着を生じたりしている。棚やケースについては9月以後も補充や塗装などが、試行錯誤的に実施されてゆく。

　この頃日本銀行では結城総裁が体調を崩し、副総裁である敬三はますます多忙になった。

　6月から8月にかけては、清水組により邸内の一部改装工事も行われた。こうした展示施設準備とは別に、9月にはにわかに竹森文庫購入案件も生じている。

　この年（1943年）東洋経済新報社は大冊二巻の『索引政治経済大年表』を上梓したが、これは実際上同社研究所竹森一則の業績というべき労作であった。この編纂に使用した厖大な資料群は殆どが竹森の蔵書であった。折しも都内では疎開が始まり、田端にいた竹森も栃木県に移住することになって、蔵書の保管方法について考えを巡らせたと見られる。

　竹森と敬三との間を誰かが仲介したのか等の経緯は不明であるが、同年9月、敬三は竹森の厖大な経済文献コレクションを私費で購入すること、そしてこれを実業史博物館に寄贈することを決めた。9月13日、正午過ぎに小林は日銀に呼ばれ、同蔵書一括購入の手配

につき、敬三から立ち話で指示を受けた。「準備室日記」には次のように記されている。

　　子爵（は文献コレクションを）購入（して実業史博物館に）寄付スル由ナリ。東洋経済ヲ訪問、伊藤喬氏ト会ヒ、中食シテ竹森氏ノ出勤ヲ待チ、築比地氏ヨリ馳走サル、夕景ニ及ブ、竹森文庫購入決定ス。……築比地氏ヨリ蒐集ノ功ヲ紀念シ責任ヲ採ッテ貰フタメ竹森文庫トシテ保存シ、今後完成ニモ助力ヲ頼ムベシ、竹森老生存中、自由利用ヲ許スコトヲ二条件トスベシト提案アリ、大ナリ（ママ）ト思フ。[8]

　翌週20日の月曜日、田端の竹森家から小石川原町の旧阪谷邸の博物館まで、出入りの植木屋の荷車で数回往復して二千数百冊の書籍類を搬入した。小林は日銀に行き敬三から小切手を預り、竹森に支払った。この日から小林と坂上は竹森文庫の整理を始めている。「大體ノ整理分類ト、カード作成」を終了したのは10月18日であった。冊子目録作成は坂上が引き受けている。ただ竹森からは逐次蔵書の追加提供があり、以後もそれらの整理は続けられている。坂上は12月22日に竹森文庫2,430冊の目録を仕上げた。小林は翌23日早朝渋沢邸を訪ね、寄贈者たる敬三に「竹森文庫総目録」を呈した。竹森にも電話で近日届ける旨伝え、27日訪問、竹森は不在であったが隣家に託した。

　貴重な文献コレクションを散逸や、また空襲から守ろうとの意思は、日本銀行で銭幣館コレクションを引き取った経緯（後述）にも通じるが、敬三には竹森文庫購入により、更に一歩を進めた研究体制を構築する意図も存したのではないかとの推測も湧く。これにつ

いては次章において考察したい。

竹森文庫受入れ手配最中の9月14日に応召中の遠藤が挨拶に来た。19日に召集解除になるという。小林は16日、敬三に電話し、竹森文庫の件の打合せと共に遠藤の処遇についても相談した。第一銀行内準備室時代以来遠藤の給料は敬三が個人的に支出してきたが、敬三は、遠藤を10月より竜門社の社員とすること、除隊後10日余りの休暇を与えることを指示した。

遠藤は1943年10月1日から勤務に復帰したが、程なく竜門社本社の高橋から、1937年以来の購入品台帳の根本的整理を求められた。「準備室日記」の小林の記述に見る限りは、遠藤は博物館開館のための展示計画などよりも、台帳の整理、集計に時間と労力を費やす状況になってゆく。

博物館計画の一部を成す「肖像室」は我が国の実業界発展上の功労者を顕彰するもので、小林は第一銀行本店内準備室時代以来、土屋の助言も得ながら参考文献を繙いて、展示候補者選定を検討してきた。11月9日に白石常務理事（渋沢事務所常務）が分館に来訪して館内見分の上、小林と諸事協議したが、その中で実業功労者の選定を急ぐよう求めている。11月から12月にかけて、「準備室日記」には「遠藤ハ会計續行、小林ハ功労者續行」などの記事が度々見える。

遠藤は1937年標本蒐集開始以来の購入記録を整理し、一点一点の受入れから決算書計上までの各段階の集計表を期間別に作成、総ての取扱いを体系的に纏め上げた。

1944年1月には小林は体調を崩した模様で数日職場を休んでいるが、2月初頭に約1,500名の功労者（展示候補）名簿を作成した。

2月3日は雪が降ったが、小林は、功労者名簿と遠藤の作成した会計表とを携えて日銀に向った。「準備室日記」にはこう記されて

日銀ニ廻リ、大分待ッテ子爵ニ會ヒ、實業功勞者名簿大體1,500名程度完成セシニツキ指示ヲ乞フ。今度ノ日曜日泊リ、豫備選定會ヲセシト云ヒシモ、土屋氏不在ラシク、見込ナシ……遠藤君完成ノ會計表ヲ見テ貰フ。白石常務ニ見セヨトノコトニツキ、事務所ニ廻リタルモ、（白石は）風邪欠勤ナリ。

　会計表については、2月8日に白石に見せて報告した。本社高橋とは10日に面談予約したが、当日高橋より延期の電話が来たため、結局14日に小林と遠藤が飛鳥山本社で説明した。
　「準備室日記」には「（高橋らに）會計簿ヲミセル、可否ヲ言ハザルモ、早ク出来過ギテ驚異ナリシ様子ナリ」とやや皮肉めいた語調で記されている。
　功勞者選定会議は、敬三、土屋と日程調整の結果、2月20日の日曜日に渋沢邸で行われた。翌21日の「準備室日記」には、「昨日午后二時頃ヨリ（略）子爵ト土屋教授ト3人デ5時頃マデ博物館ノ人名ニツキ懇談。大綱ヲ決シ、後ハ研究所デ選定會議ヲシテ、各専門委員ニ任スコト」とあり、その後「夕食ヲ馳走サレテ、子爵ノ鹽、及水産ノ執筆中ノ論文ノ話ニ終始ス。午后八時散會ス。」と記されている。ただこの日の審議結果たる「大綱」の内容説明が無いのは残念である。記事中の「研究所」というのは、渋沢邸内の常民文化研究所を指していると解される。22日の火曜日には「小林、遠藤は朝九時ヨリ渋沢邸ニ行キ、山口、楫西、鈴木氏等参加シテ、人名選定ヲ午后マデ」行っている。山口和雄、楫西光速は前年3月の編纂所閉鎖まで伝記資料編纂員を務めていた。もっともこの段階でど

のような議論があり、どのような内容が決定したのかは全く分らない。

「準備室日記」の記述では、実業功労者の最終決定の方法をどのように定めていたのかも判然としない。2月22日の常民文化研究所での上記選定結果は、3月3日に再び土屋に持ち込まれる。小林は功労者名簿表に印を付すよう土屋に依頼した。土屋の回答を小林は13日に受け取っている。回答内容についてはやはり記述が無いが、「選定方法」に関する土屋の所見は次のように記録されている。

①重複ヲ避ケヨ、主功労事業ニ確定スベシ(10)
②經營者ト技術者ヲ區別セヨ
③セン {「センイ」カ} 工業ヲ例ヘバ、生糸、綿糸紡、人絹、羊毛、布等各小産業ニ分類シテ、ソノ人名ヲ列擧スベシ
④小林ガ責任ヲ以テ300名ヲ確定スベシ

土屋の意見により小林は、事業細分類の上功労者数絞り込みの作業に入ったかと考えられるが、「準備室日記」にはそのような記述は暫く現れない。1カ月余りの後、4月18日に漸く「小林ハ功労者名（に従事）」との記事が出る。そして翌19日、小林は諸案件について敬三に（恐らく電話で）報告しているが、その中で敬三から「功労者表ハ探シテ居ルカラ待テ」との応答を得ている。この言から察するに、小林は作業成果を既に敬三に届けており、これで宜しきやと承認を求めていたのであろう。しかし実はまさに1カ月前の3月18日に敬三は日本銀行総裁に就任しており、流石に博物館問題にまで手が廻り兼ねたかと推察される。小林もこれ以上は動けず、結局「実業功労者選定」はこのまま膠着してしまった。

この1943年から1944年にかけての期間には、小林、坂上、遠藤らは館内の工事、展示ケース用のガラスや鍵などの手配、写真資料の蒐集、昭和19年度（1944）予算案、庭園整備、防空演習等様々な仕事を処理してゆく状況が「準備室日記」に窺われる。小林が事務所の白石常務に直接指示を仰ぐと飛鳥山本社の高橋主事が激昂する事態もあった。竜門社事務局運営上白石と高橋とは直属の上下関係にある筈ながら、両者間の意思疎通は必ずしも円滑でなかったらしく、「準備室日記」の筆致には時に小林の憤懣が漏れ出している。ただ、基本的には、「本来の竜門社」の意識を堅持する高橋老人には、栄一を直接記念する伝記資料編纂はともかく、「実業史博物館」準備事業に対してはある種の異物感を抑え難かったのかも知れない。

「準備室日記」は開館準備過程の状況を今日に伝える唯一の原記録であるが、第一銀行内準備室時代に蒐集した標本コレクションをどのように整理、分類して展示内容を構成するかという根本的課題への対処についての記述は断片的である。原町への移転後間もない1943年3月24日の同日記の「左頁補注」に「特別陳列プラン」の記載があり、蒐集資料を次のように12分類しているが、本文中に説明が無いのでこの分類メモの位置付けは不明である。

　1．度量衡　矢立（洋館に3ヶ月一回更新）、 2．紙（伊勢辰）、 3．看板、 4．ソロバン、硯箱、机、帳場格子、ソノ他、 5．藩札ヤメテハドウカ？　功力（ママ）説、 6．鑑札、 7．横濱其他開港、 8．番付、 9．スゴロク、 10．諷刺畫（物價其他）、 11．財産保管諸道具、 12．鐵道、馬車鐵其他

また4月13日の同日記には「本日、倉庫整理2日目。看板、制札、講札、錦絵等包を解き、試ミニ二階ニ、陳列シテミル。小林、坂上、水品夫妻ノ4人ガカリ、2時半迄、天候、怪シクナリシタメニ中止ス。」とあるが、この時限りの即興的な試みに止まった模様である。

移転後約3カ月を経た1943年6月20日の日曜日に小林は、土屋、山口、楫西らと共に渋沢邸に呼ばれて夕食に与り、博物館問題についても夜10時半頃まで懇談した。その折敬三は次のように指針を示している。

- 事業史を讀み、寫眞を抜き、それを会社に示して模型を作って貰う。
- グラフ、表の作成。
- エネルギーの変遷（人力－畜力・馬力－水力・風力－蒸気力－電気等）、動力機、伝導機、作業機の変遷等を寫眞で見せる。
- 舊応接室では総論的に展示。
- 各会社の機械専門家に変遷を聴取する。又石川一郎博士らにも教示を乞う。
- 技術史と併せ、会社設立過程も示す。

この所見は概ね1937年の「一つの提案」の趣意に即したものではあるが、ただ「一つの提案」では「所謂近代工業ハ之ヲ他ノ機関ニ委ネ」と想定していた。従って第一銀行本店時代の準備室の蒐集標本は錦絵や古地図、伝統的な器具等が主体であり（購入した錦絵の中には近代化の風景を描いた作も多かったとはいえ上記の工業技術発展史の展示のためには部分的材料に止まるものといえよう）上記の工業技術発展史の展示のための蒐集には至っていなかった。ここで敬三が特に工業

技術に焦点を当てて述べたのは、既に時代が戦時下に転換していたためであったともいえよう。敬三としては蒐集活動の重点を近代産業資料に移す意図を抱えていたと見られる。[12]

ただしこの敬三の指針に基づいて小林が近代技術資料の蒐集に着手した気配は無い。一つには小林としても前述の設備手配や実業史功労者選定に追われていたためであるが、またこの指針を具体化するために必要な実務的指示を逐次発してゆくことは、要職に転じていた敬三には不可能であったためとも推測される。

既に蒐集済みの標本の展示計画についても、それら蒐集品を如何に展示するかはそもそも敬三の意識の表現であるべきものであり、小林も、博物館専門家たる遠藤ですらも、具体案を作成することには躊躇を覚えたとも想像される。遠藤には展示への方法論もあったとしても、軍務を経験した眼を以て時代状況と竜門社の事情とを冷静に見て、敢て求められる作業にのみ専念したのかも知れない。その間にも（一般国民に情報は不十分であったが）戦況は逐月悪化を辿っていた。

1944年6月15日夕刻には警戒警報が発せられたため、遠藤は帰宅をやめ館内に宿直した。翌16日小林は出勤するや遠藤に様子を訊き、「編集室の貴重文書」などを土蔵に格納した。「準備室日記」には「ラヂオハ北九州並ニサイパンノ敵襲ヲ報ズ。警報第二夜小林宿直。本日モ空襲ナキモ、サイパン、北九州ノ外ニ、南朝鮮ニモ小笠原ニモ來襲セル如シ。」と記されている。恐らくこの頃敬三と明石との間で相談がなされたことと推測される。かつて「一つの提案」の当時博物館計画を推奨した「曖依村荘利用に関する委員会」のメンバー9名はその後「博物館建設委員」となり、一部メンバー

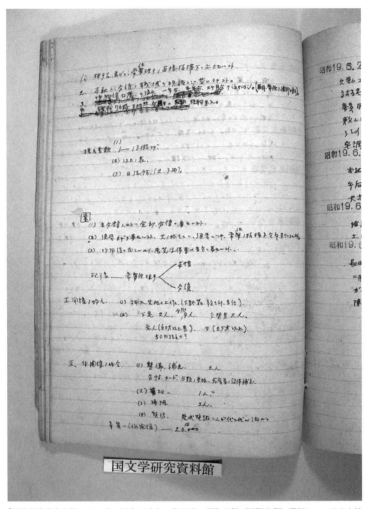

「博物館準備室日記」1944年（昭和19年）6月27日。原町分館（旧阪谷邸）運営についての小林輝次私案。この4日後「非開館」が決定した。国文学研究資料館所蔵

の交代もあったが、その委員会を開催することにしたのである。

6月27日（遠藤は子息誕生直後にて欠勤であったが）に本社の高橋主事から小林に電話があり、「7月1日（土曜日）午後3時半、博物館分館（原町）で博物館建設委員会を開催するので準備されたい。博物館を開館するか否かを検討するらしい。もし開館を中止する場合はその対応策も議題になるだろう。」とのことであった。「準備室日記」にはその日も小林と坂上は竹森文庫のカード作成に勤しんでいるとの記事があるが、更に左側の頁には正規の記事とは別に、「分館の運営は分館に委せてほしい」旨や、「開館、非開館それぞれの場合の人員体制」など、いわば「小林私案」が記されている。また、6月30日には「陳列案ソノ他ヲ練ル。」とあるが、その内容は分らない。

1944年7月1日（土）、博物館原町分館では、小林、坂上、遠藤が朝から博物館建設委員会のための設営作業を行った。午後3時過ぎ頃から、明石理事長、敬三や渡辺得男らの建設委員に高橋主事も加わり計10名が到着した。白石は5月の会員総会前に健康を害しており、代って後藤謙三が参加している。会議は3時半に始まり、3時間に及んだ。議論の経過は分らないが、博物館は「非開館」と決定した。1937年以来7年に及ぶ開館準備活動はここに凍結された。会議の後、小林は高橋と懇談しているが、今後の問題を協議したのではなく、単に当面の事務的問題を打ち合せた様子である。

「非開館」と決しても博物館事業を取りやめるわけではないとの了解は、関係者間に共有されていたのであろう。7月3日の月曜日も小林、遠藤は古書展で資料を購入し、博物館協会の個人会費を振り込み、資料整理やカード作成作業を行っている。その後も竜門社の一部署としての博物館原町分館の営為は空襲激化の中で保持されてゆく。

1944年7月1日の「非開館」決定への議事経過は不明ながら、敬三の真意は「凍結」であったかと推測される。空襲が差し迫っていたことがこの決定の主要因であったにしても、敬三としては空襲如何に拘らず、中央銀行総裁の重責を担っている間は、自ら一博物館の展示計画に関与することは叶うべくもなかった。いつの日か「自由の身」に復帰した暁に自身の手により開館を実現したいとの意思が、この「非開館」決定に篭められていたのではないかと推測される。しかし、「一つの提案」以来忍耐を重ねつつ努力してきた「実業史コレクションの展示」を自らの手で竜門社において実現する機会は、この「非開館」決定によって永遠に失われる結果になった。実業史博物館コレクションのその後の軌跡については後節に略述する。

(2) 伝記資料刊行開始と中断（1943～1944年度）

　第一銀行5階の伝記資料編纂所は1943年3月末を以て閉鎖されたが、土屋の担当した「1873年（明治6年）大蔵省退官以前」部分については岩波書店に出稿して、順次版組み、校正が行われた。先述のように、1942年10月時点で土屋は、「多分來年春には第一巻が刊行の運びに至るであらう」と記したが(16)、その「來年春」すなわち1943年春には未だ校正もさほど進んでいなかったものと推測される。

　伝記資料発刊の趣旨と経緯を伝える序文は竜門社理事長たる明石が執筆したが、その日付は昭和18年（1943）10月12日である。その頃には第1巻の部分は校了も間近のことであったと想像される。（もはや「編纂所通信」の記事も無いので印刷経緯は想像する外ない。）明石

第4章 第2次伝記資料編纂と日本実業史博物館計画 (3)

の序文はA5判10頁に亙る詳細な記述であり、これを要約すれば次のようになる。[17]

明石照男。敬三の叔父であり、第一銀行頭取を務めた明石は、昭和戦前期、戦後期を通じて竜門社でも理事長、評議員会会長として力を尽した。渋沢史料館所蔵写真。

- 竜門社は栄一の道徳経済合一主義の昂揚・実践を信条としているので、その伝記資料を編纂し公刊することは自社の使命の一端に当る。
- 従来栄一伝記は20種を算え、優れた著作も存するが、栄一の事績は余りに多岐広汎に亙るためそれらの叙述は必ずしも十分といえない。
- 竜門社や栄一の関係者はこれまで6次に亙って伝記資料蒐集や伝記編纂に努力してきた。[18]
  (1) 1887年「雨夜譚」編纂
  (2) 1897～1900年『青淵先生六十年史』編纂刊行
  (3) 1917～1923年「渋沢栄一伝稿本」未完成
  (4) 1926～1930年「雨夜譚会談話筆記」稿本作成
  （1931年　栄一永眠）（青淵翁記念会において幸田露伴に伝記執筆依頼）
  (5) 1932～1935年　第1次伝記資料編纂（編纂主任　幸田成友）
  (6) 1936～1943年　第2次伝記資料編纂（編纂主任　土屋喬雄）

- 上記の内 (4)「雨夜譚会談話筆記」は、「澁澤敬三氏の主張により、傳記の編纂と史料の蒐集とを截然区別し、傳記編纂を側近者に於いてなすことは適當に非ざる爲めこれを止め、専ら資料の蒐集に努力する」との趣旨による事業であった。また、(5) 第1次伝記資料編纂は「全資料を編年體に集輯したもの」で1935年12月に一段落を告げた。その上で「更に完璧を期したしとの意向があって、渋沢敬三氏の發議と厚意とに基き、再び竜門社の事業としてこれを更始することになった」その (6) 第2次伝記資料編纂は「明治六年の大藏省退官に至るまでを編年體により、その以後、翁の薨去に至るまでを身事、家門、事業等の部類別によるとの方針を採り、前後を通じて七年の日子を費し、昭和十八年三月末日を以て遂に「渋沢栄一傳記資料」の編纂を完成し得た」[19]
- 今や第1巻刊行の運びとなったが、全巻ではA5判、各冊約800頁、凡そ70巻の見込みにて今後幾年を要するや予測し得ず。しかしこの刊行は閑事業にあらず、青淵翁の精神の体現であり、国運の発展に寄与するものである。
- 第1次、第2次編纂委員、特に第2次諸氏の彫心鏤骨(ちょうしんるこつ)の労に謝す。また助言、資料提供等の協力者及び岩波書店主に併せて謝す。

全体の巻数見込みは、1942年6月の理事会・評議員会時点では凡そ60巻としていたが、1年4カ月後のこの序文では約70巻へと増加している。

明石がこの序文を執筆して間もない1943年11月19日（金）夕刻、竜門社の第107回会員総会が帝国ホテルで開かれ、敬三を含む78名

が出席した。理事長の明石を初め、佐々木修二郎、白石喜太郎、高橋毅一らも参加している。この日は講演2本が用意され、最初が漢学者宇野哲人による「青淵先生と論語」、次が土屋による「青淵先生伝記資料編纂関係者としての所感」であった。開会頭初の理事長挨拶において明石は、栄一、論語、宇野哲人の関係を述べた後、次のように述べている。[20]

　　土屋先生には青淵先生の傳記資料編纂の主任として見た所感を願ふことにしました。御承知の通りに青淵先生の傳記資料が愈々上梓されまして、最近その第一巻が出るのでありますが、土屋先生はこれに多年お携り下さいましたのであります。この事につきましては私が此處で彼れ此れ申述べるよりは、今度出ます傳記資料第一巻に掲載する序文がありますので――私にこの序文を書けといふことで、私は文章などは下手で序文なんか書くのはどうかと思ひましたが、併し龍門社の理事長を仰付って居りますので書きましたのであります。これに凡そ傳記を編纂しました謂れがあるのであります。これを讀みまして土屋先生にお願ひした譯を御諒承願ひたいと思ふのであります。

この言に続き、前掲の序文が延々と読み上げられた。この挨拶に、伝記資料第1巻の発行が間近いものと期待されていたことが窺われる。
　会員総会では明石の挨拶に次いで宇野哲人の講演があり、その後土屋が壇に立って「青淵先生伝記資料編纂関係者としての所感」を語った。その内、伝記資料編纂の経緯について述べた箇所を拾うと、次の通りである。

（昭和11年に編纂を引受けたが）初めは幾ら青淵先生が偉大であると申しましても、大正十二年の震災でほとんど資料が焼失したと云ふことですから……編纂員も四・五名位で、まず三年で完結する見込を立てたのあります。ところが段々資料の蒐集と編纂を進めて行きますに從ひまして、青淵先生の御事業、御事歴が非常に廣汎で多岐に亘り……それで到頭多いときには編纂員及び助手を二十五名に致しまして、それで満七年を費やして漸く一應、今年（昭和18年）の三月で完結といふことになった次第でございます。一應完結と申しましてもまだまだ多くの新資料が見出されてをりますし、また將來も見出される見込でございます。それで私は特に龍門社の方々にお願ひを致しまして、補遺資料の蒐集のことをもお取計らひ頂いて居るやうな譯でございます。(21)

　土屋は、事業別編纂の所以や、経済・産業史の意義、栄一の指導者としての特質等について熱弁を揮い、この講演を次のように結んだ。

　　今の情勢のままでは、恐らく数十年の後に、もしも情勢好轉しますれば、十年位の後に於きましてこの傳記資料の刊行は完了致すことと存じまするけれども、私としては先刻申上げましたやうに、この資料が非常に貴重なる資料として後世の史家によって遇せられることを確信して居る次第でございまして、この機會に私の確信を申上げまして、私のお話を終ることに致したいと存じます。(22)

前記の通り、会場には敬三もいたが、『竜門雑誌』の記事上では発言の記録は無い。自ら企画し運営を支えてきた敬三が、明石や土屋の論述を聴きつつ何を考えていたかは、ただ想像する外ない。恐らく敬三は、これより始まる出版上の諸問題について思い巡らせていたことであろうと推測される。諸問題の第一は、用紙などの物資や人員の不足による出版自体の可能性の有無であり、次には、むしろ約70巻にも及ぶ刊行が実現する際の収支計画の検討であろう。結果から見れば、岩波書店から第1巻が発行されるまでに、この会員総会以後7カ月を要した。明石執筆の序文を掲げた第1巻が上梓されたのは1944年6月10日であった。前述の通り、これに先立つ3月18日に、敬三は日本銀行総裁に就任していた。

　第1巻はA5判、全646頁で、内容的には天保11年(1840)の栄一生誕から文久3年(1863)末の京都行きまでの資料集成である。昭和6年(1931)に至る生涯の序幕の入口部分に過ぎない。漸く刊行成って竜門社本社では、関係先への挨拶状、礼状等の発送に際し、実業史博物館原町分館に勤務していた能書家の坂上元阪谷家執事に協力を求めている。[23]

　第1巻刊行時には我が軍が既に太平洋戦線で劣勢にあったことは、(一般国民に正確な情報は届いていなかったが)日銀総裁には見えていたことであろう。欧州戦線でも、第1巻刊行4日前の6月6日に連合軍がノルマンディー海岸から上陸していた。栄一の明治6年(1873)の大蔵省退官以前部分を担当した土屋の原稿は編纂所閉鎖以前に渡されていたが、第2巻が岩波書店から発行されることは遂に無かった。

　第一銀行本店大金庫に眠る172包みの伝記資料原稿類は、その後

の度重なる大空襲下にも生き延びることが出来た。1943年3月末に格納された原稿群が金庫室から取り出されるのは11年の後であるが、これについては次節に略記する。

　このように、1944年夏を以て、「渋沢栄一伝記資料編纂」事業も、「日本実業史博物館」建設計画も未完成状態のまま停止された。両事業の展開事態を逐う視点からは状況は未だ中途の段階にあるが、本稿の主題である「渋沢敬三と昭和戦前期竜門社」の視点からは、実は両事業の経緯の記述はここで終了することになる。この後の両事業の展開は、1936年から1944年夏にかけての如くに、「敬三主導による竜門社活動」という形では進め得なかったからである。

　1944年夏、我が国では既に主要な劇場が閉鎖されるなど文化活動に尽力することが困難な状勢が生じていた。しかも敬三は、戦時下の中央銀行総裁という重大な職責を担い、自ら創始した両事業にももはや関わっていられる状況ではなかった。ただ、「伝記資料」の原稿類は大金庫に格納され、「実業史博物館」の蒐集済み標本類は展示されずに旧阪谷邸である分館内で保存された。敬三は両事業共、貴重な資料群をそのままの状態で凍結したのであった。恐らく敬三の念頭には、(その時期は不明であっても)何時の日にか自らこれらの解凍に関わろうとの意図が存したことであろう。しかし、敗戦と、その直後の敬三をめぐる状況はその意図の実現を阻むことになる。その概要は次節に記すが、それは本稿の主題たる「渋沢敬三と昭和戦前期竜門社」の付加部分に過ぎない。上述のように、敬三が「伝記資料」編纂と「実業史博物館」建設計画に自身で関与し得た時期は、1944年夏の両事業「凍結」までで終ってしまったからである。

(3) 渋沢敬三の戦中・戦後（略記）（1944〜1963年）

　前節に述べた通り、敬三は1944年3月結城豊太郎に代って日本銀行総裁に就任した。敬三自身の意思を超えてシナリオが固められていたと見られる。敬三の胸中については親友中山正則が、「渋沢さんは（総裁に）いやいやなったんだからね」と回想している。敬三は動かし難い廻り合せで戦時下の中央銀行総裁の役目を担わざるを得なかったのであったが、本稿のテーマに還れば、敬三にとっては、もはや個人の理念によって博物館開設を主導する道などは一旦断たれたことになる。

　敬三が総裁に就任して4カ月を経た1944年7月初、前述の通り竜門社では、敬三も参加して日本実業史博物館の非開館を決定したが、この月には日本銀行として将来の博物館資料たり得るコレクションの受入れを進めている。すなわち田中啓文が多年蒐集整理してきた銭幣館の古貨幣標本群である。本土空襲が予想される中で、田中と敬三との信頼関係によってこの厖大な貨幣コレクションの日銀への寄贈が決定し、同時にその管理担当者であった郡司勇夫も日銀に移籍して業務を継続することとした。搬送は年末から翌年3月にかけて、苦心しつつ実施された。直後の5月には銭幣館のあった戸越近辺は爆撃を受けており、この英断によって貴重な標本群が護られたのであった。

　この1944年7月、東条内閣は総辞職して小磯国昭内閣が成立した。組閣に際して敬三は蔵相就任を求められ当然応じなかったが、この時は無理強いに到らず石渡蔵相の留任で納まった。

　米軍による本土空襲が開始された1944年秋から翌年8月の敗戦までの間に敬三としては自ら能動的に博物館計画に関わる余裕は無

かったのではあるが、実は小石川の博物館分館に生じた様々な問題への対処に際して、受動的に巻き込まれることを余儀なくされた。敬三は、多忙を極めた公務の傍ら、一民間公益団体の細事にも責任を果たしてゆくのである。

　博物館計画が凍結された後も、小林、遠藤、坂上らの勤務する分館（旧阪谷邸）の管理をめぐって次のような諸問題が続発した。[27]

　　イ．昼夜防空態勢のため、小林、遠藤は家族ごと分館に転居する。
　　ロ．飛鳥山曖依村荘内に保管されてきた栄一の遺品類を分館に移転するとの本社案への対応。
　　ハ．坂上時治（元阪谷家執事）は個人的事情で退職する。
　　ニ．分館の附属建物が強制疎開（取壊し）対象となる。
　　ホ．軍より分館全体の徴用につき打診受ける。

　小林は主任としてこれらの問題に対処するが、自身には決裁権限が無いため、その都度敬三や後藤謙三常務理事（白石常務理事病身のため交代就任）、時には明石理事長にも面談して承認を受ける必要があった。日銀では受付係に顔を覚えられる程であり、敬三は短時間でも面会に応じて、対処策を即決したり、明石への処理取次を引き受けたりした。小林は早朝渋沢邸に、出勤前の敬三を訪ねることもあった。上記のロ．については、竜門社本社の髙橋毅一は栄一遺品の分館への移管を提案、小林は栄一生家への疎開を考えたが、敬三は三田綱町の自邸に引き取ることとし、日曜日に自ら曖依村荘に赴いて手配した。曖依村荘本館はその後全焼する（後述）が、これら遺品は敬三の処置により護られたのであった。ホ．は重大な問題で

あり、敬三は分館の移転先を検討し、候補先の内諾も得た様子であるが、幸い徴用案の具体化の前に終戦になった。

　敬三の日銀総裁就任後、日本軍はサイパン、グアムなどを失い、1944年11月には米軍B29爆撃機の本土襲来が始まった。1945年3月10日未明の東京東部大空襲は広く知られているが、4月13日夜の爆撃では、飛鳥山曖依村荘の本館や附属建物も焼夷弾を受けて、青淵文庫と晩香廬を除き焼失した。(28) 竜門社では、国の手による防衛を期待して事前に曖依村荘を国に寄附していたが、もはや国にも村荘を護る力は無く、方策は空しかった。

　5月24日未明にはB29、200余機が来襲、東都中部から南部が被爆した。敬三は日銀の防衛に徹夜で奮闘した様子である。小石川の博物館分館（旧阪谷邸）でも本玄関前に焼夷弾が落下したが、幸い建物には燃え移らなかった。午後小林は三田の渋沢邸を見舞う。日比谷からは歩いた。綱町の半分は焼失していた。渋沢邸は無事で、執事の杉本に訊くと敬三も帰宅していたが、昨夜来の疲労のため就寝中で面会は出来なかった。

　B29は翌5月25日夜にも来襲した。小林は「準備室日記」にこう記している。

　　夜十時頃ヨリB29、相当数来襲、当館モ危ク焼失ノ危機ニ臨ム。小林、遠藤共力（ママ）シテ、阪谷芳直氏モ手伝ヒ、中庭ノ垣ノ炎上ヲ消シ、内玄関ノ飛火ヲ消シ、シロ（ママ）ノ発火ヲ終始防グ。前後左右皆火トナリ、共同印刷ノ炎上ニテ、竜巻起リ、火ノ海ニ推シ倒サルルコト2回。邸内ノ竹垣ハ殆ド倒レ、戸（硝子）、雨戸等吹キ飛バサレ惨憺タリシモ、終ヒニ防ギ止メ、

「博物館準備室日記」1945年（昭和20年）5月24日、25日。米軍B29爆撃機による空襲の記事。国文学研究資料館所蔵

爲メニ、126番地、旧阪谷分譲地全部ノ危急ヲ救ヘルハ、省ミテ、快心ニ堪ヘズ。……夜明ケテ後、火勢漸ク衰フ。

　周辺一帯が焼き尽された中で小林、遠藤らの苦闘により無事な姿を残した旧阪谷邸は小石川の風景の中で突出していたかも知れない。翌26日には近隣の家族、縁故ある人などが当面の宿を求めて分館に来始めた。元阪谷家運転手であった堀田もその一人で、以後小林、遠藤の下で分館管理の仕事を手伝うことになった。空襲翌々日の27日（日）、小林は敬三宛の報告書をしたため、堀田に託して渋沢邸に届けさせた。渋沢邸も無事であり、敬三は在宅して直ぐ小林宛の詳しい返書を書き、小林、遠藤、堀田への慰労金小切手と共に堀田に託している。

　当時分館の近隣に社会教育協会という団体があった。理事長は穂積重遠で、阪谷芳郎も生前会長を務めており、3年前以来女学校卒業後の女子を対象とした1年制の「勤労女子青年錬成所」を経営していた。団体の主宰者は小松謙助という元新聞記者で豊富な人脈を有し、明石とも知己であった。団体の支援者には、緒方竹虎、美土路昌一、片山哲、星島二郎、牧野英一、正田貞一郎などがいたとされる。1925年に財団法人として設立された際には、基本金3,000円を穂積が用意したという。穂積は上記錬成所の所長も兼務し、毎週講義も行っていた。(29) その団体が校舎、学生寮ごと焼け出され、26日、小松引率の女子生徒凡そ40名が阪谷元会長縁りの分館に来たのである。小林は、他の来宿家族の一部にはガレージを充てるなどの方策を講じてともかくこの一団を受け入れた。小林と敬三との（堀田を介しての）往復書翰には恐らくこの一団受入れの件についての意見交換もあったことであろう。

この団体受入れは単に住居の提供だけではなく、教室の提供でもあった。27日には小松から経緯を聞いて、穂積が来館し小林らに挨拶している。以後穂積は毎週講義に来館した。

　その後寮生の人数は減少したが、分館には藤木の家族も入り、協会一団以外に10世帯18名が居住することになった。協会一団を含め、小林は管理者としての責任感に駆られる。6月16日には小松の夜間点灯をめぐって小林と小松との間で議論になっている。敬三からは、協会一団については自分と穂積に委せるように言われたが、日常生活の場であるだけに小林としては一団の起す諸問題に関わらざるを得ない。小松としても、錬成所の行事には小林にも建物管理者として挨拶の機会を与えたり、遠藤には服飾史の講義を依頼したりと、それなりに分館側に気遣いを見せてはいるものの、そもそも建物借用についてはトップ同士の問題として明石の了解を得て、自分の協会の錬成所をそのまま移転して使用しているものと認識していたことであろう。旧阪谷邸は、小林にとっては敬三の事業である博物館の施設であったが、小松にとっては「財団法人竜門社の所有物件」であり、所有者の代表は明石理事長であって、小林らについては単に竜門社の使用人と位置付けていたかと推測される。小林は仮居住者全体への管理責任意識から細部に亙る指摘を行うのであるが、小松の方ではそれに違和感を覚えたように見える。

　空襲恒常化の下、被災した知己を多数受け入れたのは三田綱町の渋沢邸も同様で、入れ替りはあったにせよ、敬三家族以外に累計25世帯・66人が滞在したというが、こちらは和気藹藹、「人々お互いに渋沢村の村民と称し合う」[30]との雰囲気であった。

空襲の日々の内に、沖縄戦や原子爆弾投下、ソ連の対日参戦などによる民族的悲劇が続起し、この年8月、我が国はポツダム宣言を受諾した。終戦詔勅放送の日に鈴木貫太郎内閣は総辞職、次いで世上混乱に対処した東久邇宮首相も10月に退陣して、幣原喜重郎が組閣に当ることとなる。

　戦争終結により、分館では防空対策や軍への対応からは解放され、逗留家族も漸次退去していったが、小林にとってはなお問題が続出する。
　まず博物館についての今後の方針であるが、敬三は、標本類はそのまま保管するように指示した。他日を期す考えであったと思われる。物資欠乏の折、小林は器物の破損、紛失にも目を光らせる必要があった。9月には大蔵省から建物借用の打診を受ける。宮内省からも話が来る。小林はなお残留中の仮寓者達に事情を説明、撤収予定を聴取する。大蔵省などの意向については敬三や後藤に報告して竜門社としての対応を依頼する。大蔵省からは庶務課長黒金泰美なども視察に来て、小林としては、借上げの可能性が高いと認識する。小松は小石川区内の修道院に移転先を定め、小松自身と錬成所女子の一団は9月末に引き揚げることとなった。
　9月28日には錬成所の卒業式が行われ、穂積所長は勿論、文部省の局長も出席、小林も祝辞を述べている。9月29日、30日の土、日曜日に一団は転出した。翌10月1日には小松と女子卒業生たちが清掃に来た。ここまでは円滑な進行に見えた。ところが、（小林の記した「準備室日記」に拠れば）小林が跡を点検すると器具がまとめて失われており、協会の職員に問い質したところ、錬成所撤収の際に持ち去った模様である。小林としては分館の大蔵省借上げを想定、万端

遺漏無き用意に腐心していたので甚だ心外に感じた。10月2日、小林は協会・錬成所の移転先に小松を訪ね、持出した器具類の返却を求めたらしい。小林は小松の態度が誠意を欠くと見たらしいが、小松が器具類のことを知っていたのか、事実の程は分らない。管理責任を意識する余り猪突した小林は、小松に向って遂に感情を爆発させ、小松の家族や協会職員らに送られて出た。小松主宰の協会は穂積、阪谷、明石に（すなわち渋沢家に）縁の深い団体である。小林はその足で日銀に向い、敬三に事態を報告し、進退を伺った。敬三はその必要無しと言い、その夜慰労の宴に招いた。当夜の渋沢邸で、小林は泥酔して杉本に介抱されるに至る。

10月9日、敬三は組閣本部に呼ばれ、幣原から蔵相就任を求められた。当然固辞したが、遂に説得され、また相談した新木栄吉、山際正道にも背中を押され、蔵相就任を受諾した。明治初年の頃、大隈重信に説得されて已む無く大蔵省入りした若き日の栄一を想起させるが、他面では、後年の栄一の入閣拒否の姿勢に倣うことは叶わなかった。勿論周囲の状況の差異は大きく、単純な対比は適切ではない。むしろ、敬三が栄一から継承した「公共のために私を捨てる」との意識に基づく判断であったかと見られる。(31)

問題を起こした後一度は敬三に慰留された小林であるが、結局11月下旬に退職した。(32)その前に、土屋との間にもにわかに不和を生じ、敬三は正に公務多端の中で仲裁を図っている。不和に至る経緯はよく分らないが、小林の言が誤解された様子で、遠藤も絡んでいたらしい。あるいは小松との紛議が喚起した出来事であったのかも知れない。一方竜門社と社会教育協会との関係はその後も良好に

保たれている。敬三も何らかの対処をしたかと想像される。

　これまでの経過を見ると、博物館（準備室）の運営・管理体制に無理があったことは否めないであろう。すなわち、「主宰者敬三と担当者」の体制で発足した博物館準備室は、敬三が第一銀行館内にいて諸事即決出来ることを前提としていた。しかし、主宰者が日銀に去って即決は不可能になった。一方博物館（準備室）は形式上財団法人竜門社の一部であり、竜門社本社の命令系統の内にあった。敬三も日銀への転出に際して、実業史博物館計画についての自身の代理役の配置を考えたかも知れない。しかし、主任たる小林は旧学友であること、博物館の内容面については敬三自身の理念が唯一の根拠であり他者の代理は困難であること、そしてまた戦争のために人的資源逼迫の時期であることなどから、最後まで自ら決裁者の役割を担ったのであろう。その結果「準備室日記」に見る限りでは、敬三主宰事業（内容面）であることと竜門社事業（制度面）であることとの二重性が、平衡安定装置たる敬三の日常的不在により露わになって、円滑な業務処理を妨げ勝ちであったという印象を受ける。

　小林の退職を以て「準備室日記」もほぼ終るので、以後の分館の管理・運営状況についての詳細は辿ることが出来ない。ただ時期は不明ながら、分館は進駐軍に接収される。館内に保管されていた実業史標本群は、暫くはそのままの状態を維持することが認められたのであろうと推測される。

　敬三は蔵相として財産税制定、金融緊急措置令の施行（新円切替え、預金封鎖）などを強行してインフレの猛威に対抗し、また財閥解

体にも関与した。組閣半年後の1946年4月、幣原内閣は総辞職し、敬三は漸く一民間人に戻った。自ら敢て渋沢同族株式会社も財閥指定対象として解散、財産税として自邸本館を国（大蔵省）に物納、公職追放令も受け、肩書と併せて財産をも失って、ただ自由を得たのであった。自身はニコボツ（にこにこ没落）と称して泰然たる姿勢であったという。

一方竜門社は、戦時中の1945年2月、曖依村荘を国に寄附した。僅かな常勤職員では村荘全体の防空態勢は不可能のため、むしろ政府の施設として防衛されることを想定した方策であったが、前述の通りその願いは空しく本館初め大半の設備は灰燼に帰してしまった。敗戦後には小石川原町の分館も接収されて、竜門社は資産無き財団法人と化した。そこで理念を共有し、またやはり明石が理事長を務める財団法人である渋沢青淵翁記念会との合同案が浮上した。記念会では1946年4月に財団解散と残余財産処分（竜門社に寄贈）につき決議、6月に主務官庁の認可を得た。記念会の清算人は膳桂之介、渡辺得男、佐々木修二郎の3名が務めた。この合同により竜門社は約130万円の寄贈を受け、名称を渋沢青淵記念財団竜門社と改めた。また事務局は、これまで記念会が使用していた日本工業倶楽部の事務室に移転した。竜門社では戦時中に国に寄附した曖依村荘の返還を希望して当局と折衝を重ね、一時は有償買取の提示もあるなど曲折の末、1949年3月末、国よりの無償譲与が決定した。

『竜門雑誌』の発行は1944年6月以来中断されてきたが、1947年1月に復刊された。用紙調達困難の中で、1947年には3回、翌1948年には4回発行されたが、同年12月の理事会と続く翌年1月の評議員会で廃刊が決議され、第677号（1948年12月発行）を以て長い歴史に終止符を打った。廃刊の理由は不明であるが、渋沢同族会社が財

閥指定企業であったこととの関係も推測されている。ただし竜門社ではこれに代る雑誌の発行方法を検討し、直ちに出版活動に精通している社会教育協会の小松謙助と協議したらしい。敗戦の時期、穂積重遠は東宮大夫兼侍従長に就任したため、同協会理事長の職を小松に譲っていた。同協会は戦時中の旧阪谷邸への避難受入れに謝意を抱いていた。協議の結果、竜門社と同協会とは「社会教育協会が新雑誌を制作、発行し、竜門社が毎号1,500冊実費を以て買取りの上、竜門社の費用負担により協会が会員に送付する」という内容の覚書を交した。(35)こうして『竜門雑誌』最終号から4カ月後の1948年4月に新雑誌『青淵』が社会教育協会から発行された。1951年、第一次追放解除や持株会社整理委員会解散（財閥解体終了）の行われた時期に、竜門社は『青淵』の発行事業を社会教育協会から受け継ぎ、今日に至っている。

　蔵相辞任後の敬三は各地を遊歴し、至る所で永年の知己より歓迎を受けている。蔵相在任時から日本民族学協会会長であった敬三は、1947年、関係六学会の連合を進め、それは更に九学会連合に至った。(36)1948年には各地の民間古文書散逸の状況を憂えて庶民資料館の設置運動を開始、歴史学界の有力者多数を巻き込んで文部省に申請し、1951年戸越に文部省史料館（現・国文学研究資料館）の開設を実現させた。他方小石川原町の分館は接収解除の目算立たず、博物館標本類も搬出を要することになり、竜門社施設における博物館開設の構想はここに断念せざるを得ない状況になった。敬三の決断により1951年、それら実業史実物資料は新設の専門機関である文部省史料館に寄託された。そして、恐らく敬三の配慮かと推測されるが、遠藤武が蒐集資料と共に史料館に入所した。(37)

敬三は戦後も諸方面からの要請で経済界に活動した。例えば、貯蓄増強中央委員会会長、国際電信電話（KDD）初代社長、ICC（国際商業会議所）日本国内委員会議長、同東京総会運営会長、文化放送初代会長、金融制度調査会会長などである。政党党首就任の依頼を受けたこともあったが、固く断った。民族学の世界と経済、金融の分野との両面で重要な役割を担い続けてきた敬三は、1960年代に入ると体調を崩すようになる。1962年には、これまで他日を期してきた懸案事項の整理を進めた。その一つ、文部省史料館に寄託中の日本実業史博物館資料を国（文部省史料館）に寄贈することに決し、竜門社理事長植村甲午郎に手続きを依頼した。伝記資料刊行へも関りを持ったが、これについては次節に記述する。

　1963年1月、敬三は漁業史、民族学、民俗学への貢献により朝日文化賞を受賞した。同年3月には東洋大学より名誉学位を受けたが、8月以後病状進み、遂に10月永眠した。

(4) 伝記資料全68巻の刊行（1954〜1971年）

　A5判約70巻と目されていた『渋沢栄一伝記資料』は、1944年6月に第1巻が刊行された以後中断されたまま敗戦を迎えた。戦争は終ったが、当時の惨憺たる社会状況では、このような浩瀚な出版は実現すべくもなかった。竜門社では、1940年以来国家激動の時期に運営を担ってきた明石理事長が1948年12月を以て退任し、翌年1月に諸井貫一が第3代理事長に就任した。就任時に諸井は、戦時中第1巻を上梓した岩波書店から続巻を出版することへの希望を述べたという。しかし岩波書店にも事情があり、結局従前の出版企画は白紙に戻った[38]。

サンフランシスコでの講和条約調印のあった1951年に、敬三は追放解除となり、自ら推進して新設成った文部省史料館に（前記の通り）実業史コレクションを寄託、また、土屋の求めにより、11回に及ぶ回想談聴取にも応じた（この回想談は、「金融史談」として、敬三没後の1974年刊行の『日本金融史資料』昭和編、第35巻、289-395頁に収められた）。質問者側には土屋の外、楫西や時には宇野も加わっており（他に加藤俊彦、安藤良雄等）、また場所は毎回三田渋沢邸でもあり、往年のアチックや伝記資料編纂所の空気が幾分か喚起されたかも知れない。恐らくこの頃から敬三は、『渋沢栄一伝記資料』出版の方策を検討し始めたかと想像される。

前述の通り、戦後程なく竜門社は青淵翁記念会と合同したが、インフレの渦中で運営には苦心惨憺していた。また財閥解体に敢て身を投じた渋沢家当主（敬三）に、伝記資料全巻の刊行を支え得るような財力は残されていなかった。伝記資料刊行を実現するためには、戦前・戦中期の当初構想とは異なる形で財務体制を整える必要があった。敬三は恐らく明石や諸井、植村甲午郎ら竜門社の宿老達とも意見交換しつつ、大型出版の実行計画を練り上げたのであろう。

1954年頃にはほぼ構想もまとまり、財界有力者達にも協力依頼を取り付けていたものと考えられる。同年9月に敬三は竜門社に対し、伝記資料出版計画を提案した。それは竜門社とは別個に伝記資料の刊行会を設置して出版事業を取り行う企画であった。すなわち、竜門社に財務上の負担を負わしむることなくこの大規模出版事業を遂行するために、独立の団体「渋沢栄一伝記資料刊行会」を設立し、会員制で発行部数1,000部の限定出版を行う、会長には矢野一郎（第一生命保険社長）を迎える、ただし、実務運営には主として竜門社が当る、という内容の提案である。竜門社はこの案の実施を決

定、刊行会設立を進めた。

渋沢栄一伝記資料刊行会は翌月、1954年10月に設立され、矢野会長の外9名の理事、3名の監事が就任した。土屋は理事と監修を依嘱された。理事中には実業史博物館建設委員であった清水康雄やかつて敬三に仕えた酒井杏之助（第一銀行頭取）、斎藤栄三郎などもおり、常任理事として戸井鉄哉が実務運営を引き受けた。このように仕切り直しの刊行事業は、敬三の点火によって発足した。しかし敬三自身は役員には就かず、独自の立場を守りつつ事業を支援してゆく。

戦前期の編纂所時代同様、事務室は第一銀行の協力を得た。戦争遂行のため敬三も関与して成立した帝国銀行には十五銀行も加わったが、敗戦により合併の前提事情を失い、旧銀行の企業文化の相違が露わになって、1948年第一銀行と三井・十五側の帝国銀行とに分離していた。1953年に創立80周年を迎えた第一銀行では、行史編纂を開始、土屋はこちらでも監修を引き受けていた。行史編纂室は丸の内本店4階に設けられていたが、1954年9月、伝記資料刊行会設立に先立って刊行会事務室は行史編纂室の隣に準備された。ただその隣室は直ぐ手狭になり、翌年には行史編纂室に移動した。行史編纂に際し、土屋指導の下に渋沢栄一伝記資料は有効に活用された。『第一銀行史』上・下巻は1957年に上梓、敬三も巻頭に祝辞を寄稿しているが、これを機に伝記資料刊行会事務室は第一銀行馬喰町支店ビル内に移転、更に広いスペースを提供された。事務室開設以来戸井常務理事の下、実務は高木一夫、長沢玄光ら常時10名前後のメンバーが担当した。

刊行会設立の翌月、1954年11月に竜門社では植村甲午郎が諸井貫一に代って理事長に就任した。以後約10年間、植村は伝記資料

刊行に力を注ぐ。

　刊行会は会員募集に着手する。敬三の提案に基づき会費は1年毎に5冊分前納制とし、B5判2段組で全45巻と想定して趣意書を作成した。かつての岩波版はA5判で70巻と計画したが、これをB5判2段組に換算し、多少の余裕を含めて45巻と策定したのである。会員募集に当り、恐らく植村は経団連関係ルートで、酒井は銀行協会ルートで、敬三も博大な人脈を通じて、全国の有力企業、大学・研究機関、研究者等に対し入会を勧奨したことと想像される。その成果は公表されていないが、大学や大企業では一機関で可成りのセット数を予約する事例が見られた。

　伝記資料原稿類172包が、第一銀行本店地下金庫室から取り出されたのは刊行会設立翌月の1954年11月である。格納から11年を経ており、刊行担当者らは初めて目にする原稿群であった。刊行担当者らは、この時不完全原稿がかなり存在していることを知って驚く。1943年3月の編纂所明け渡しの際に当時の編纂所員全員が、綱文原稿を完成し得たわけではなかったのである。刊行事務室では学生アルバイトを雇い、3週間をかけて全包装分の原稿完成状態を調査し、総目録を作成した。関係者は様々な困難に遭遇しつつも、刊行会設立約半年後の1955年4月に第1巻を発行した。巻頭には、かつて岩波版に掲載した明石の序文と土屋による凡例とを再録し、刊行会会長矢野の序文を新たに掲載した。

　印刷、製本、輸送等の関係者をも含めた一同の努力により、伝記資料は2カ月に1巻のペースで着々と発行された。しかし、1959年頃に刊行会では重大な局面に遭遇する。原稿総量が、そもそもの出版計画当時以来の想定よりも遙かに多く、1954年11月の趣意書で入会者に予告していた45巻には到底収まらないことが判明した

のである。刊行開始後数年間の経験を基に刊行担当者総動員で残存原稿枚数調査を実施したところ、「日記・演説・談話・書翰・写真」等を含めた総巻数は68巻に達すると算定された。刊行会常任理事の戸井は、会長矢野や土屋らと対応策を検討した。恐らく植村や敬三にも事態は報告されたことであろう。結論が出たのは1961年末頃と見られる。敬三は既に体調を崩していた。刊行会では全原稿を収録する基本方針を保持し、予定巻数を68巻に拡大することを決定した。予約済み会員にとっては大幅な負担増になる話である。1962年1月、刊行会は矢野会長名を以て全会員宛に事情説明と諒承方懇請の書面を届けた。当初戦時下の作業で誤算があった上に、編纂を無理に終了したため今回刊行に際し、「国際親善」項目等に不備分補足の必要を生じたことなどについての土屋の説明文書も同封された。

　刊行会では、更に対応方策の検討を重ね、全68巻の内、「日記・演説・談話・書翰・写真」収録の10巻分は、今回の事業から切り離して将来の課題とすること、従って今回の巻数は58巻とすることに改め、同1962年の10月に再度の変更通知を行った。

　巻数の拡大は会員にとっての負担増であると共に、刊行会としても事業長期化により物件費、人件費の増加や設備確保等の対応に苦心を要した。直接的な刊行会計は刊行会において処理されたにせよ、背後で運営に当る竜門社も恐らく様々な影響を受けざるを得なかったことであろう。

　刊行計画の財務面について具体的な記録は公表されていないが、戸井による「刊行事歴」の記述から関係者の苦心は窺われる。刊行巻数が当初予定の45巻に迫った頃、既に病臥中の敬三は別途の手段を考案した。

1943年に敬三と青淵翁記念会の寄附金により竜門社は旧阪谷邸を購入し、実業史博物館分館とした。しかし戦後建物が接収されたため博物館計画は成らず、敬三の意思により、館内に保管されていた蒐集資料類は1951年新設の文部省史料館に寄託された。その後建物の接収は解除されたが、1960年代に入って急速に健康を害した敬三は、自らの手による博物館開館を断念、前述のように、竜門社理事長の植村に依頼して、既に寄託中の蒐集資料をそのまま国（文部省史料館）に寄贈した。そこで敬三は、もはや用途を失った分館（旧阪谷邸）は売却して、代金を伝記資料刊行事業と竜門社再建に充当して欲しいと、更に植村に要請した。（併せて、戦時中の買入価格が低廉であったので阪谷家遺族へも配慮方希望する旨の付言があったという）敬三の提案を受けて竜門社では、1963年9月2日の理事会において「分館の土地建物処分につき一切を理事長に一任する」と決議、植村は直ちに売却計画に着手した。敬三の永眠は同年10月25日であった。伝記資料は第51巻まで発行を重ねていたが、未だ完了していなかった。

　植村は敬三の遺志を忠実に履行し、翌1964年9月に分館売却を成約させた。価格は2億5,000万円という。[39]再三記したように、元はといえば、購入金額の3分の2を敬三の寄附金により竜門社が取得した物件であった。1942年に敬三が博物館計画のために投じた資金は、当初の目的と異なり、伝記資料刊行を助ける結果となった。刊行事業は滞りなく続けられ、1965年第58巻を発刊して10年に亙る事業を終え、刊行会は解散した。

　刊行終了に当り、土屋は第57巻巻末の「後記」に、今回見送りとした日記等の別巻10巻刊行の早期実現を切望すると述べている。竜門社では1964年12月、植村に代って酒井杏之助が理事長に就任

した。伝記資料別巻は竜門社自身の手で刊行を開始し、1971年第10巻を上梓して終了した。1936年敬三が土屋を招いて第2次編纂事業を開始してから35年に及ぶ事業であった。竜門社は財政事情厳しい中にあったが、別巻10冊を本編全58巻会費完納者に無料で配本した。[40]

　伝記資料本編58巻完成の翌1966年1月、監修者土屋は朝日文化賞を贈られた。竜門社では2月に朝日賞推薦委員中山伊知郎らを招いて祝賀会を催した。土屋喬雄、矢野一郎、植村甲午郎、酒井杏之助、井上薫、渋沢秀雄、渋沢雅英ら約40人の出席者は、そこにいるべき敬三の姿の無いことを異口同音に慨いたという。

　竜門社では伝記資料編纂を通じて蓄積、保管してきた厖大な実業史・社会事業史資料について、一部の研究者等の閲覧希望には応じてきた。酒井理事長らは別巻刊行中の頃からそれらを広く公開する意図を抱き、その方策を検討してきたが、主として財政の実情から具体化には至らなかった。酒井は1974年に理事長を退任したが、1978年には評議員会長に就任、1980年没するまで竜門社の運営基盤の安定のために尽瘁した。

　1981年には財政事情改善のため、人員圧縮や事業内容の見直し、会費増収策等が検討され、実施された。[41]戦後の竜門社が長く財政上の困難から脱し得なかったことについて、不動産価格の上昇に伴う固定資産税の負担増大が挙げられている。[42]しかも公園予定地のため、園内に収益事業のための建築を行うことは許可されず、関係役員や事務局の苦心は容易ならぬものであったとされる。ただし、今戦前期と戦後期の収支構造を対比して見れば、仮に固定資産税負担の急増が生じなかったとしても、戦前期の事業活動を継続することには

根本的に無理があったと考えられる。

　財団法人は本来基本財産の果実（利子、配当等）によって運営されるべき筋合にある。しかし敗戦直後の急激なインフレの結果基本財産の価値が低下して果実が実質的に効果を失った一方、惨憺たる社会・経済状況の中でそれを補うような出捐を企業や団体に依頼することは不可能であった。戦前期、竜門社の1932年度から1942年度まで（1943年度以後の決算内容は不明）の収入費目別の年度平均を大まかに見ると、会費収入が4,500円であるのに対し、基本金の果実である配当金収入と利息収入とが合わせて1万9,000円あり、他に一般寄附金が8,000円、青淵翁記念会からの補助金が1万余円、更に特定寄附金もあって、収入金額全体の内会費収入の構成比は10％に満たなかった[43]。しかし、戦後の経済状況転換によって、竜門社の財政は殆ど会費収入に依存せざるを得ないことになったのであった。他方竜門社の存在意義を守るために、戦前期以来の基本的事業、すなわち会員総会・懇親会、定例講演会、機関誌発行等の維持は不可欠であり、その上に前記のように固定資産税負担の急増が生じたのである。当時、理事長、評議員会長以下関係者の苦心は一通りではなかったといわれる。

　こうした厳しい状況下であったが、1981年11月は栄一没後50周年に当り、竜門社では記念会や『青淵』の特集号などを実施、また渋沢家による供養の催しもあり、栄一の事績が総合的に顧みられた。記念会では土屋喬雄と永野重雄の講演があり、渋沢雅英が謝辞を述べた[44]。

　前述の通り、竜門社内には、『渋沢栄一伝記資料』編纂・刊行の過程で集積された実業史や社会事業史の夥しい資料の公開体制を整えたいとの意思が存したが、財政的余裕が無く見送られてきた。更

に「博物館開設」に至っては、まさに1937年敬三が「一つの提案」を提出して以来、時代の波に幾度か実現を妨げられてきた夢であった。しかし、1980年代当時の事務局長関本毅の回想によれば、むしろ財団が財政危機に面していたからこそ、その対策としてにわかに博物館開設案が浮上したとされる。というわけは、「博物館であれば固定資産税は非課税」であることを突き止めたところから、青淵文庫を活用して、博物館法による登録博物館との認定を受けるための準備に入ったのであった。[45]

1982年5月開催する会員総会の準備に際しては、所蔵資料を青淵文庫に展示して会員の展観に供することとした。5月の評議員会、理事会においては同年度事業計画として「保有史料の展示公開」を決定し、予算に展示室整備費が計上された[46]。会員総会では青淵文庫に栄一遺品の一部を展示し、これを機に恒常的公開展示施設設置の実施体制に入り、関係者一同は諸方面の協力も得つつ獅子奮迅の勢いで準備に邁進したという。

1982年11月、青淵文庫を主たる施設として渋沢史料館が開館した。文庫の3室に、栄一の生涯の事績を中心としつつ、敬三や竜門社、同族会を含め、史的事実とその背景に関わる文書、遺品、写真、書籍、書画等が解説文と共に隙間無く展示された[47]。1937年の「一つの提案」に盛込まれた博物館構想の内、「青淵翁記念室」の部分は青淵文庫内に具現化されたことになる。同時に固定資産税減免により、1982年度は次年度繰越金の増加を見た模様である[48]。展示された栄一遺品の中には、かねて竜門社が譲り受けていたものや史料館開館に向けて渋沢家同族より受贈・受託したもの等があったが、その一部は戦時中に敬三が三田綱町の自邸に保管して焼失を免れたものであったと推測される。もとより渋沢史料館は単に展示施設に

止まるものではない。「史料館」の名称が示すように、実業史コレクションを継承保管している国立史料館（旧称・文部省史料館）同様構想の原点はアーカイブズ機能にあり、栄一と実業史についての研究拠点としての役割を担うものであった。開館翌年の1983年10月は敬三没後20年に当り、テーマ展「渋沢敬三展」を開催している(49)。『青淵』1983年10月号には、短いながら「日本実業史博物館構想」についての紹介記事も掲載されている。1990年代には竜門社常務理事の石井浩が副館長として史料館の運営に当った。

1989年には外部研究者と史料館関係者とで「渋沢研究会」を結成して研究報告会を逐次開催することとし、翌1990年に紀要『渋沢研究』を創刊した。

渋沢史料館の大きな課題は、展示施設としては建物（青淵文庫）が延床面積約330平方メートルと狭隘なことであった。1990年代に入り、東京都北区では飛鳥山公園の大規模な整備を計画、竜門社とも協議が重ねられた。結局1992年に竜門社は所有地（旧曖依村荘の一部）を北区に売却することを決定、そして北区では公園内に「北区飛鳥山博物館」（新設）、「紙の博物館」（移転）と共に新装の「渋沢史料館」と、博物館3館を並べて建設する計画を決定した。新しい渋沢史料館は隣接の両博物館と共に1998年3月開館した(50)。その位置は、正に1939年日本実業史博物館の地鎮祭が行われた場所である。館内に入れば、幕末から昭和初期にかけての時代背景と共に栄一の生涯と理念を多彩な展示の内に辿ることになるが、その一角には、敬三関連の資料も並べられて今日も来訪客を迎えている。

(5) 実業史博物館への関心の進展（1963年以降）

　敗戦後様々な条件が重なり厳しい状況下に置かれた竜門社も、関係者の献身的努力によって数々の記念事業を実施しつつ次第に体力を回復した。前述のように1982年には青淵文庫に渋沢史料館を開設した。1937年に敬三の作成した「一つの提案」中の「青淵翁記念室」の部については、新たな知見も加えつつ実現を見たのであった。渋沢史料館開設構想の直接の機縁は税務対策にあったが、その前段には伝記資料出版事業完了後の史料公開体制への模索があり、史料館は博物館であると同時に史料群の保存・利用施設でもあったのである。更に北区の飛鳥山公園整備計画に協力することにより、1998年3月には青淵文庫から新史料館へと発展した。戦時中三田の敬三邸に保管されて危うく被爆焼失を免れた栄一の遺品は、1939年実業史博物館地鎮祭の行われたまさにその場所に建てられた史料館の中に展示されて、幕末期以来の我が国の近代化の様相を物語っている。

　ところで日本実業史博物館設立計画の経緯に関し、管見の限りでは、敬三自身は「柏葉年譜」中の記事以外には特段書き残していない様子である。敬三が実業史博物館建設を志していたという事実について、1963年の敬三永眠から1980年代にかけては、敬三追悼文献等への遠藤武の寄稿や佐藤健二論文での言及[51]また「渋沢青淵記念財団竜門社百年史」中の記事などで紹介されている。現時点で顧みればそれらは何れも貴重な記述であるが、それぞれ単独の現象であった。

　敬三没後30余年を経た1997年、記念財団竜門社では敬三嗣子雅英が第9代理事長に就任、翌1998年には前述の通り新史料館が開館

している。そして世紀が変った頃から敬三の実業史博物館構想に対してにわかに照明が当てられ始めた。2001年3月から6月にかけて国立民族学博物館では近藤雅樹が中心になって「敬三とアチック・ミューゼアム」の企画展を開催したがその中で、実業史博物館資料も関連コレクションとして紹介され、その図録を兼ねて出版された『図説・大正昭和くらしの博物誌』には山田哲好による実業史博物館資料の解説が掲載されている。(52)

同じ2001年10月から11月にかけて、渋沢史料館が「日本実業史博物館をつくりたい!!」と題する企画展を開催して、実業史博物館の設立構想と蒐集品について正面から採り上げた。国文学研究資料館（旧・文部省史料館）もこれに協力、所蔵する錦絵、地図、番付、写真等を出展した。この展示の準備の過程で、1937年に敬三の提出した計画書「一つの提案」が着目され、翌2002年に五十嵐卓が神奈川大学・日本常民文化研究所の機関誌『民具マンスリー』に論考を寄稿した。(53) 同年10月から11月にかけて、横浜市歴史博物館と神奈川大学日本常民文化研究所との共催により開かれた「屋根裏の博物館」特別展でもその一部に実業史博物館計画が採り上げられ、図録を兼ねた出版物には刈田均の解説が掲載されている。(54)

2003年11月には、現代情報技術によって実業史博物館を電子世界に実現するとの使命の下に渋沢栄一記念財団（旧渋沢青淵記念財団竜門社）内に実業史研究情報センターが設置された。(55) 同財団では前年に研究部を設置しており、これで史料館と合せ、栄一の道徳経済合一思想に基づく財団活動上の3本の柱が形成された。研究部では、敬三にも深い影響を及ぼした栄一の理念と実践の軌蹟とをめぐり、毎年十数回のシンポジウムや研究会を、国内のみならず世界各地で開催している。

実業史博物館をめぐり、2004年には国文学研究資料館の研究会に井上潤（渋沢史料館館長）が報告したり、雑誌『青淵』（竜門社発行）に山田哲好（国文学研究資料館）が寄稿したりと、敬三に縁の深い両機関の交流が続いた。

　国文学研究資料館では、所蔵する実業史博物館資料研究のプロジェクトチーム（代表・丑木幸男）を組成、蒐集品目録のデータベース化を進めると共に、青木睦の主導下に院生などの外部協力者も加えて蒐集品のみならず準備室の記録文書の多面的研究を実施した。研究は人間文化研究機構の連携研究（代表・青木睦）に発展し、2006年及び2008年に報告書を刊行した。(56)この報告書には、「一つの提案」の段階的推敲原稿や標本購入記録、同会計記録、準備室日記等の丹念な調査報告と原記録とが掲載されており、まさに「原文書を整理して他日学者の用に供し得る形にすることが自分の目的なのである(57)」との敬三の方針が貫かれている。同資料館では、更に実業史コレクションの電子画像化を進め、その進行状況はウェブサイト上で紹介されている。(58)

　国文学研究資料館が実業史博物館の総合的研究を実施したのと同時期に、渋沢栄一記念財団の実業史研究情報センターでは、「原資料を情報化して研究者の便宜に供する」との敬三の方法を継承して、栄一の事績と実業史資料のデジタル化、データベース構築事業に着手した。具体的には、「かつて博物館準備室において蒐集し国文学研究資料館に寄贈された錦絵類」「実業史の具体的事例集である会社史群」「栄一関係企業の系統を明示する『社名変遷図』」「我が国の主要な企業アーカイブズのディレクトリー」等の電子情報化とウェブ上での提供が進行中であるが、更に2006年には「『渋沢栄一伝記資料』の全文データベース化」という難事業を開始し、既に本

編58巻の全綱文や栄一全生涯の編年体年表がアクセス可能になっている[59]。この事業のための調査活動に基づき、「伝記資料」編纂過程に関する山田仁美論文が2008年発行『渋沢研究』第20号に発表された[60]。錦絵等の蒐集済みコレクションだけでは「一つの提案」による博物館構想の一部を構成するに過ぎないが、会社書群や栄一伝記資料を加えることにより、近世末以来現代に至る「日本実業史」の全体像をウェブ上の博物館・史料館として展示することが可能になったわけである。

他方2007年には、実業史博物館計画に篭められた敬三の社会的理念についてのアソウ・ノリコ論文が、神奈川大学日本常民文化研究所の論集に掲載される等[61]、佐藤健二論文に続き社会学の視点からの関心も高まったと見られる。

2013年、敬三没後50年に際し、渋沢史料館では「祭魚洞祭」展を、国立民族学博物館では「屋根裏部屋の博物館」展を開き、国文学研究資料館では実業史博物館構想にあった「青淵翁記念室」の復元などの企画展を行った。実業史研究情報センターではウェブ上に「渋沢敬三アーカイブ」（渋沢敬三記念事業実行委員会公式サイト）を開設、敬三の年譜や著作集の提供などを開始した。また2012年から2013年にかけて、民族学・民俗学分野や財政史・金融史分野における敬三の軌跡とその意義を深く追究する研究会、シンポジウム等が多々開催され、メディアにも採り上げられた[62]。これら諸機関や研究者による催しの多くは、年来「渋沢敬三記念事業実行委員会」（委員長　由井常彦、事務局　井上潤、小出いずみ：MRAハウス助成）[63]において連携や実施が協議されてきたものであった。同委員会を運営する渋沢栄一記念財団（旧竜門社）はかつての日本実業史博物館建設予定地に立地し、同財団の渋沢史料館、実業史研究情報センターは展示や

ウェブ上の発信等を通じて、博物館建設や伝記資料編纂に託した敬三の遺志を未来社会に伝える役割を担っている。2001年頃より生じた渋沢敬三研究のうねりは、技術革新の成果を方法として捉えつつ、今なお余白を残す敬三の人間像に向って更に広く深く進みゆくものと予想される。

(注)

(1)「準備室日記」昭和18年(1943)4月8日記事補注(「『準備室日記』の全文翻刻」『国文研報告書』149頁、以下「準備室日記」の引用はすべて同資料(同書、113-241頁)に拠る)。なお、1942年6月理事会・評議員会の議案では「別館」と称していたが、移転後4月8日竜門社本社の高橋毅一との打合せで、「分館」として名刺、ゴム印、封筒等に表示することを決めている。
(2) 小松賢司「『実博』準備室の業務とその変遷」(『国文研報告書』90頁)。
(3) 本節の記述には「準備室日記」原文の他、これを事項別に要約した小松賢司「『実博』準備室の業務とその変遷」(『国文研報告書』86-90頁)に負うところ大である。
(4) 由井常彦編『西野恵之助伝』、日本経営史研究所、1996年、48-57頁。『白木屋三百年史』、白木屋、1957年、341-361頁及び628-629頁。
(5) 東洋経済研究所編『索引政治経済大年表』索引篇・年表篇、東洋経済新報社、1943年。
(6)『東洋経済新報社百年史』445頁。「日本実業史博物館旧蔵資料(一)解題」、『史料館所蔵史料目録』第11集、88頁。ただしこの「解題」では蔵書処分時期を『索引政治経済大年表』完成の翌年としているが、実際には発行(1943年9月10日)直後のことである。同「解題」は筆者無記名であるが、『渋沢敬三先生景仰録』(前掲)には、遠藤武「日本実業史博物館資料について」として再録されている。
(7) 敬三は、竹森の人物についてもその蔵書についても、1940年の「経済文化展覧会」への協力により、熟知していたものと考えられる。『索引政治経済大年表』は天保12年(1841)以来の我が国の政治・経済の詳細な事績集成であるが、栄一の生年は天保11年であり、まさに「渋沢栄一伝記資料」と同一の時空

を対象としている（1943年版「大年表」索引篇によれば、渋沢栄一については文久3年（1863）の横浜居留地焼打計画から昭和6年（1931）12月の遺言書発表まで62項目が掲載されている）。編纂開始も1936年であり、竜門社の第2次伝記資料編纂と同時に進行している。敬三は、戦局厳しき中竹森文庫を散逸から護るために私財を投じたが、その意思の底には竹森の理念と方法とに対する深い共感が存したことと推察される。

(8) 「大ナリ」とあるは「尤ナリ」か。

(9) 「セシ」とあるは「セン」か。

(10) 「確定」とあるは、あるいは「限定」か。

(11) 実直な旧阪谷邸使用人夫婦で、引き続き分館に勤務。

(12) この構想の背景には、かつての卒業論文、K・ビュッヘル所説に基づく「本邦工業史に関する一考察」が見えてくるが、そもそも「一つの提案」がビュッヘル所説に連なっていたことについて、夙に五十嵐卓が「渋沢敬三と日本実業史博物館──草稿『ひとつの提案』にみる博物館への眼差し」中に指摘している（『民具マンスリー』第35巻7号、12頁）。

(13) 例えば清水釘吉は清水康雄に交代していた。

(14) 遠藤の長男には敬三が命名している。

(15) 『国文研報告書』230頁。

(16) 「編纂所通信（53）」『竜門雑誌』第649号（1942.10）。

(17) 明石照男「序」『渋沢栄一伝記資料』第1巻、1-11頁。

(18) 栄一伝記資料に関る以下の6項目摘出は、「編纂所通信（2）」（『竜門雑誌』第581号（1937.2））に佐治祐吉が論述した「青淵先生伝記編纂事業の沿革略」を踏襲している。同記事については山田仁美「『渋沢栄一伝記資料』に関する記録調査──『竜門雑誌』掲載記事を中心として──」（『渋沢研究』第20号、2008年）参照。

(19) 明石は第1次伝記資料編纂委員10名、第2次同21名の姓名を列挙している（内2名は第1次、第2次に共通）。

(20) 「彙報」『竜門雑誌』第664〜666合併号（1944.3）、27-29頁。

(21) 「青淵先生伝記資料編纂関係者としての所感」、前掲書、12頁。

(22) 「青淵先生伝記資料編纂関係者としての所感」、前掲書、24頁。

(23) 故阪谷芳郎は書が得意ではなかったとされ、かつて執事採用に際して能書家を求めたのであろう。

(24) 敬三の総裁就任事情については下記資料参照。山口和雄「敬三の経済活動──日本銀行転出──」『渋沢敬三』下巻、749頁。「第百八回会員総会」『竜

門雑誌』第669号（1944.5)、31頁。「谷口恒二氏を偲ぶ」『犬歩当棒録：祭魚洞雑録 第三』、角川書店、1961年（『渋沢敬三著作集』第3巻所収）。「金融界の回顧」『第1回都市銀行研修会講義集』272頁。

(25)「追懐座談会記録・河田重氏談話」『渋沢敬三』下巻、613頁。

(26) 銭幣館コレクションの日銀への移管については下記を参照した。渋沢敬三「日銀収蔵貨幣標本のいきさつ」『渋沢敬三著作集』第3巻、平凡社、1992年、547-549頁（初出は『月刊金融ジャーナル』第2号）。「柏葉年譜」『柏葉拾遺』3頁。郡司勇夫「銭幣館コレクション移管当時を思い出して」『渋沢敬三』下巻、272-273頁。西藤要子「日本銀行金融研究所貨幣博物館——銭幣館コレクション」『古文書研究』第66号（2008.8)、日本古文書学会、89-90頁。

(27) 以下戦中・戦後の分館をめぐる諸問題は、「準備室日記」（主として小林が記録）の記事中より抽出せるもの。

(28)「渋沢青淵記念財団竜門社百年史」73頁。

(29) 樋口秋夫「小松謙助と社会教育協会（白梅学園の先駆者たち1)」『地域と教育——小平から教育を考える』創刊号（2000.11)、白梅学園。小松隆二「穂積重遠——初代学園長・日本法社会学の先駆者（白梅学園の先駆者たち3)」『地域と教育——小平から教育を考える』第3号（2001.1)。山路憲夫「阪谷芳郎——近代財政確立に寄与した『渋沢同族』（白梅学園の先駆者たち11)」『地域と教育——小平から教育を考える』第13号（2007.2)。『白梅学園短期大学創立五十周年記念誌』白梅学園短期大学、2009年、19-23頁。

(30) 渋沢雅英『父・渋沢敬三』94-95頁。「柏窓年譜」『柏窓拾遺』3頁。渋沢邸の滞在者中には、木内信胤、中山正則、佐々木修二郎、桜田勝徳（何れも家族共)、杉本行雄らがいた。

(31) 渋沢雅英『父・渋沢敬三』には、日銀入り以後の敬三について「一度これを受け入れてからは……与えられた運命を甘受し『面白くは思わなかったが』誠実な気持で新しい環境に順応し、その義務を果そうと努力した。」と述べられている（84頁）。由井常彦「渋沢敬三の学問、思想と人格形成」には、敬三の後半生の身の処し方は「無為（無心、無私）自然」を説く老子に近く、国の中枢の要職において渋沢敬三は道を誤ることがなかった。それは彼の『無私、無欲、自然』の彼の人格のもたらしめたもの」と論述されている（『歴史と民俗——神奈川大学日本常民文化研究所論集』第30号（2014.2)、40-42頁）。武田晴人「銀行家渋沢敬三の横顔」には、敬三は職務を勤勉に果たしつつも「一歩引いて観察者となる習性があった」として、敬三を「歴史の立会人」と称した所以が説かれている。また「銀行の仕事は面白いと思ったことはない」

と言う敬三も実際には銀行家として取引先の成長を助けることに力を注いだのであり、それは民俗学分野で多数の若い才能ある人達を学問的にも経済的にも支援した事蹟に通ずると指摘されている（前掲『歴史と民俗』第30号、63-64頁）。
(32) 小林輝次は戦後共産党員として活躍したが、1964年部分的核実験停止条約を支持して党を除名されたという（『20世紀日本人名事典（あ〜せ）』前掲、1045頁）。なお『河上肇著作集』第11巻巻末には、中野重治による「詩歌集解説」と共に、小林による「書簡集解説」が掲載されている（筑摩書房、1965年、470-475頁）。
(33)「渋沢敬三氏金融史談」『日本金融史資料』昭和編、第35巻、331頁。
(34) 竜門社と青淵翁記念会との合同、曖依村荘返還の経緯については主として「渋沢青淵記念財団竜門社百年史」71-87頁に拠る。
(35)「渋沢青淵記念財団竜門社百年史」79-82頁。
(36)『財団法人民族学振興会五十年の歩み――日本民族学集団略史――』民族学振興会、1984年、28-33頁。
(37) 文部省史料館の敷地と建物は、旧三井文庫の設備を買い上げたものであった。旧三井文庫の所蔵史料も館内に保存のまま史料館に寄託された。そして三井文庫所員中井信彦、山口栄蔵の両名がやはり史料群と共に史料館に移籍した。先に銭幣館の郡司が日銀に転じた事例を見たが、遠藤、中井、山口も史資料に伴って異動したのであった。なお山口栄蔵は第1次伝記資料編纂（幸田成友主任）に参加している。旧三井文庫史料群は三井グループの要望により、1965年、新設の財団法人三井文庫（中野区上高田）に返還された。
(38) 戦後の伝記資料出版への道筋については「竜門社百年史」88-89頁に拠る。また、出版の実施過程については、主として下記記事に拠る。矢野一郎「序文」『渋沢栄一伝記資料』第1巻（伝記資料刊行会版）、12-13頁（矢野は渋沢栄一伝記資料刊行会会長）。土屋喬雄「後記」『渋沢栄一伝記資料』第57巻、881-885頁。戸井鉄哉「刊行事歴」『渋沢栄一伝記資料』第57巻、886-900頁。
(39)「渋沢青淵記念財団竜門社百年史」94頁。
(40) 一般の希望者には10冊セット5万円で頒布した。
(41)『青淵』第385号（1981.4）所載「竜門社だより」(47頁)によれば、2月3日に工業倶楽部で「臨時理事会」を開催、（酒井の後を継いでいた）西園寺実理事長が竜門社の厳しい現状を説明し、3時間に及ぶ協議により収支改善のための抜本的方策の実行が決議された、という。

(42)「竜門社百年史」には、1965年度43万円であった固定資産税が1982年度には1億280万円となった、と記されている（99頁）。
(43)『竜門雑誌』所載各年度決算書に基づく試算。
(44)『青淵』第394号（1982.1）。
(45) 関本毅「渋沢史料館誕生の頃」『青淵』第752号（2011.11）。
(46)「竜門社だより」『青淵』第399号（1982.6）、及び「お知らせ」『青淵』第404号（1982.11）、17頁。
(47) 巻頭記事『青淵』第406号（1983.1）、及び「渋沢史料だより（1）」『青淵』第407号（1983.2）。
(48) 関本毅「渋沢史料館誕生の頃」。
(49)「渋沢史料館だより（9）」『青淵』第415号（1983.10）。
(50)『青淵』第588号（1998.3）、54頁。開館時の状況については同誌、第589号（1998.4、渋沢史料館新館開館記念特集号）、2-21頁参照。
(51) 佐藤健二「渋沢敬三とアチック・ミューゼアム」『日本の企業家と社会文化事業』。
(52) 山田哲好「日本実業史博物館準備室旧蔵資料」『図説・大正昭和くらしの博物誌——民族学の父・渋沢敬三とアチック・ミューゼアム——』。
(53) 五十嵐卓「渋沢敬三と日本実業史博物館——草稿『ひとつの提案』にみる博物館への眼差し」『民具マンスリー』。
(54) 刈田均「日本実業史博物館」『屋根裏の博物館——実業家渋沢敬三が育てた民の学問——』。
(55) 渋沢栄一記念財団実業史研究情報センター設置事情については主として下記を参照した。「実業史研究情報センター設立趣意書2003」渋沢栄一記念財団実業史研究情報センター・ウェブサイト、2003年10月27日 http://shibusawa.or.jp/center/birth/index.html（2014年7月1日閲覧）。小出いずみ「実業史研究情報センターが誕生——渋沢敬三の夢から」『青淵』第658号（2004.1）、54-55頁。『青淵先生、想い続けて120年——竜門社の歩み——』34頁。井上潤、小出いずみ「めざせ文化資源館！——渋沢栄一記念財団附属渋沢史料館、実業史研究情報センターの新展開——」『経営史学』第41巻3号（2006.12）、57-65頁。小出いずみ「文化資源を作り出す——（財）渋沢栄一記念財団実業史研究情報センターの活動——」『びぶろす』2007年10月号（電子化38号）、国立国会図書館（http://ndl.go.jp/jp/publication/biblos/backnumber/2007/10/02.html（2014年7月4日閲覧））。
(56)『国文研報告書』（第2章、注25を参照）。

(57) 渋沢敬三「豆州内浦漁民資料序」『渋沢敬三著作集』第1巻、577頁。
(58) 「日本実業史博物館コレクションデータベース」国文学研究資料館電子資料館http://base1.nijl.ac.jp/~jituhaku/（2014年7月4日閲覧）。
(59) 小出いずみ「実業人アーカイブズを構成する資料：『渋沢栄一伝記資料』の分析から」『Recrods & Information Management Journal』（日本版）第23号（2013.6）、ARMA東京支部、24-33頁。
(60) 山田仁美、前掲書。
(61) アソウ・ノリコ「私的な公共――幻の澁澤青淵翁記念実業博物館」『歴史と民俗』（神奈川大学日本常民文化研究所論集）第23号（2007.2）、平凡社、35-51頁。
(62) 2012年から2013年にかけての敬三をめぐる多彩な催しについてはウェブサイト「渋沢敬三アーカイブ」（http://shibusawakeizo.jp/（2014年7月4日閲覧））の「関連イベント」項目を参照。うち武田晴人主宰のシンポジウム等については2013年11月23日付日本経済新聞が「経済人・渋沢敬三　再評価進む」と大きく報じている（松岡資明記事）（44面）。
(63) 委員会の構成は以下のとおり。青木睦（国文学研究資料館准教授）、近藤雅樹（国立民族学博物館教授、2013年8月3日逝去）、佐藤健二（東京大学大学院教授）、佐野賢治（神奈川大学教授、日本常民文化研究所　前所長）、武田晴人（東京大学大学院教授）、宮本瑞夫（宮本記念財団理事長）、由井常彦（明治大学名誉教授、三井文庫文庫長）、井上潤（渋沢栄一記念財団　渋沢史料館館長）、小出いずみ（同財団　実業史研究情報センター　センター長）、筆者（企業史料協議会　前理事）

第5章　昭和戦前期竜門社運営と渋沢敬三

（1）敬三における伝記資料編纂と実業史博物館計画の意味

　渋沢敬三の67年の生涯における足跡は範囲も広く、奥行きも深くこれを一望の下に把えることは殆ど不可能である。渋沢栄一記念財団の調査によれば、敬三の関与した機関・団体・企業等は300以上に上っている。(1)今敢えてそれらの事蹟中知名度の高い事例を選び、仮に次のように分類して概観を試みることにする。

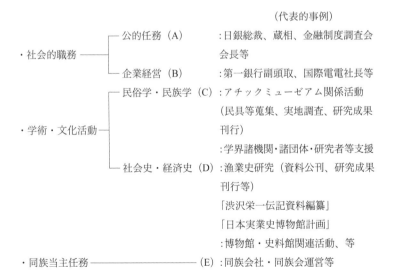

上図の「代表的事例」は敬三自身が主体的に関わった事項中より知名度や社会への影響の度合等を考慮して選択したものであるが、多面的存在である敬三への見方は人により異なるので、勿論異論はあり得よう。各部門を並列的に表示しているが、社会への影響度は (A) が最大であり、(C) がこれに次ぐと考える。いささか補足すれば、漁業史研究室は、設置場所の上ではアチックの一部とも見られるが、主題内容上 (D) に配されるべきものであろう。(C) の中には共同研究を主宰・指揮した事蹟が多いが、敬三自身の研究成果も存する。敬三の個人研究の内、『本邦工業史に関する一考察』はもとより (D) に属するが、『日本魚名集覧』『塩：塩俗問答集を中心として』などは (C) と見られ、「延喜式」研究は (C)(D) の両面に跨ると見るべきであろう。

　敬三の意識の面から見れば、「社会的職務」は概ね自身の意思を超えた社会の側からの要請に応じて引き受け真摯に精励したものであり、いわば「外発的活動」であった。一方「学術・文化活動」は自身に宿る天来の声に従って実行された「内発的活動」であった。

　本稿でこれまで述べてきた「『渋沢栄一伝記資料』編纂」と「日本実業史博物館計画」とは (D) の主要部を形成しているものと考えられる。

　前章では「栄一伝記資料編纂」と「実業史博物館計画」とに関して戦後の事蹟にも簡略に言及したが、縷説の通り敬三がこの両事業を自ら主導したのは1944年7月までであった。この時点においては、伝記資料の第1巻は刊行されたものの続刊の見込みは立たず、約60巻分の厖大な原稿は銀行の大金庫に厳重に格納されていた。また博物館の開館準備活動も停止され、蒐集品は竜門社原町分館（旧阪谷

邸）内に格納保管されていた。伝記資料編纂も実業史博物館計画も、多年の努力により、実現にあと一息の段階まで漕ぎ付けながら、戦局暗転の下で無期限の凍結を余儀なくされたのであった。本書の主題はこの両事業の開始から凍結までの経緯にあり、事業自体の展開の物語の中では中途半端な内容とならざるを得ない。しかし、物語としては中途半端であっても、敬三が主導したこの時期（1936年から1944年まで）の両事業の軌跡を顧みると、そこには今日改めて考えるに値する様々な課題が見出される。そこで二つの事業の結果的成否はひとまず措き、「両事業の進行の過程での事象が時空を超えて我々に指し示す意義」を確かめてゆくことにしたい。[2]

　上図中の「学術・文化活動」につき、敬三自身が主宰した戦前・戦中期の事業の主要なものを開始年次順に概観すると次のようになろう。[3]

◇戦前・戦中期における渋沢敬三主宰の調査・研究活動（概観）

開始時期	実施機関	実施場所	事業内容	目的
1921年	アチックミューゼアム｜（改称）日本常民文化研究所	三田綱町邸	標本蒐集・研究　　　　　　文献・実地調査	標本陳列　研究成果刊行　研究成果刊行
1926年	渋沢事務所	渋沢事務所	雨夜譚会（栄一事蹟聴取）	資料として保存
1932年	漁業史研究室	三田綱町邸	文献・実地調査	資料集刊行　研究成果刊行
1936年	竜門社	第一銀行本店	渋沢栄一伝記資料	伝記資料刊行

			編纂	
1937年	竜門社 (協力：青淵 翁記念会)	第一銀行本店 ｜　（移転） 竜門社原町分館 (旧阪谷邸)	日本実業史博物館 準備	博物館開設

　これらの「事業内容」を改めて総合的に眺望すると、学術・文化面での敬三の活動方法の特色として次の諸点が抽出される。[4]

・学友や若手研究者を集め、指針を示して共同研究を進行させた。
・後人の研究のための資料蒐集を重視した。
・文字記録のみならず画像や実物の蒐集・保存をも重視した。
・資料蒐集に際し、社会的・経済的視野で構想した。
・諸事業の進行に必要な資金を計画的に負担あるいは提供した。

　敬三にとってのあるべき人間集団像は、各個人が個性を発揮しつつ全体が調和している姿であったと見られる。敬三はそのような集団像に向っての自らの役割を見定め、自ら楽しみつつ真摯に努力したと想像される。その姿勢は、1920年代から1930年代前半（大正期から昭和初年頃）の我が国の社会状況と敬三の生育環境とが敬三の本来的資質に反映されて形成されたものではあるが、実は栄一の理念を継承するものであるとの指摘もなされている。[5] ただし、「後人のための資料蒐集の重視」「画像・実物情報の価値への認識」などは時代に先んじた見識を示す事項であり、敬三自身の本来的資質に拠るところが大であったと解される。

上記諸事業の内、「伝記資料編纂」と「実業史博物館計画」とについては、既に記した通り、それぞれの着手時点では個別的目的が存在したのではあるが、「それらの事業が（実際の展開は暫く措き）計画通りに実現した暁には更に総合的な効果を生じることになったのではないか」という問題に思いが誘われる。そのような全体像に関する敬三自身の言説記録は見当たらないにせよ、敬三の行為の帰結するところを推測することにより、語られざりし敬三の意図を逆算し得るのではないかと考えられる。

　まず1936年敬三が自ら栄一伝記資料の編纂事業を提起した事由について改めて考えてみたい。

　1932年から1935年にかけて、竜門社が幸田成友に統括を依嘱して（第1次）伝記資料編纂を実施した際には、敬三は渋沢家所蔵資料の提供、外部関係者への資料提供依頼、寄附金提供等熱心に協力した。しかし、蒐集し得た資料を編年的に整理配列する、という幸田の方法は（歴史学者として誠実な姿勢であることは敬三も理解していたのではあろうが）、敬三を満足せしむるものではなかったであろう。明治初年から、大正、昭和初期に至る我が国の近代化の渦中で栄一の果した役割は余りに広範囲に亘り、これを編年体でまとめることに無理が存するとの認識もその不満の一つであったと考えられるが、それだけでなく、蒐集し捕捉し得た資料にのみ史実を見るという歴史学的厳格主義に敬三はある違和感を抱いたのではないかと推測される。

　関与した企業や団体、学校等を合せれば当時の調査でも数百件に上ると見られていた栄一の伝記資料蒐集については、まず全体像の概略を想定してこれを構成すべき資料を体系的に探索する必要があ

ることを、敬三は意識していたのであろう。自然な集積に委せるのではなく、意図的に資料群体系を構築しようとする意欲である。加えて、(学生時代の工業発展段階研究や早川孝太郎の花祭研究成果への評から推測すれば)栄一の伝記資料は、栄一個人に着目する視点からだけではなく、基本的に同時代の社会的経済的事象を展望する視野に於いて蒐集編纂されるべきであると認識していたものと考えられる。伝記資料編纂をめぐって、幸田と敬三との間には(何れが是か非かという問題ではなく)方法論上の懸隔があって、その懸隔意識が敬三をして第2次編纂事業に向かわせたものかと想像される。

1937年に青淵翁記念会による栄一記念室建設案の機を捉えて「一つの提案」を練り上げ実業史博物館計画へと誘導した事蹟もやはり社会・経済史の視点を重視する理念に基づくものと考えられる。「幕末期から明治期にかけての経済状況の変化を如実に示すべき博物館は未だ何処にも計画されていない」との問題意識により事業が開始されたが、そもそもの公共的新施設建設計画の発端であった「栄一個人の記念に関わる部分」は殆ど渋沢事務所や竜門社内での遺品等の保管体制に委せ、敬三自身は主として江戸後期から明治期にかけての産業、商業、金融等に関わる書画や器物等の蒐集に熱意を注ぐことになった。また、企画立案時の「一つの提案」の段階では「最近代ノ科学ヲ応用セル所謂近代工業ハ之ヲ他ノ機関ニ委ネ」としたが、戦時の日銀副総裁の立場に転じた時点では、「動力の変遷」について蒸気、電気など蒐集対象の範囲をある程度近代工業にも広げることを説いている。この意図が実行されれば、まさに我が国の産業史を反映した「実業史博物館コレクション」が形成されたであろうが、結局時勢がその実現を許さなかった。今日国文学研究

資料館に保存されている蒐集品は、もとより敬三の識見と熱情とを伝える貴重な遺品であるが、しかし敬三の意図に照らせば近代産業技術資料を欠く未完成のコレクションであったと考えられる。(6)

「栄一伝記資料」（別巻を含め全68巻）の出版は戦後敬三の着火により1955年から1971年にかけて実現を見たが、敬三はその実行組織の表面には立たず、後方での（実質的に重要な）支柱役に徹した。刊行継続中の1963年に敬三は世を去ったため、刊行終了後の資料の管理に関する敬三の意図については想像する外ない。ただ敬三は戦前期から、我が国の企業経営者には珍しく文書管理にも関心を抱いていたのであり、(7)また戦前期の豆州内浦漁業文書保存や戦後の文部省史料館創設運動の推進等の事蹟に徴すれば、恐らく伝記資料原典や原稿の保存管理を通じて、我が国の実業史に関わる史料館（アーカイブズ）機能を竜門社に備えさせようと企図したに違いないと推測される。

かくして竜門社の中に我が国の実業史に関わる博物館と史料館とを並立、連携させることを、敬三が企図していた可能性が想像されるが、ここで想起されるのは1943年9月にわかに竹森文庫を購入したことである。前章に記した通り、それは東洋経済新報社の竹森一則が同社編『索引政治経済大年表』を殆ど独力で作成した際に使用した厖大な蔵書であった。その大年表の記載範囲は天保後期から昭和戦前期に亙り、まさに栄一伝記資料の年代に符合していた。疎開する竹森が蔵書処分を発意した時、敬三は即座に個人で購入してこれを竜門社に寄贈し、実業史博物館の管理下に置いたのである。個人で購入したにも拘らず三田綱町邸内祭魚洞文庫蔵書に加えるので

はなく、竜門社蔵書としたことが注目を惹く。

　敬三が伝記資料編纂に乗り出し、実業史博物館計画を進行させたことは、それぞれの個別事業としてももとより意義を有するが、そこに竹森文庫という社会・経済・産業史図書館機能を合体させようとした事実は何を物語るであろうか。

　敬三はこの時、「天保年代後期（1840年代）から昭和戦前期に至る凡そ百年間における我が国の社会・経済・産業発展史」の資料を包含する図書館、博物館、アーカイブズの3機能を、竜門社の内に兼備させる構想を抱いたのではないかと想像される。現実には、時代がその実現を阻んだとはいえ、竜門社をそのような「我が国の近代化の過程を実証的に提示する総合的情報施設」たらしめようと構想したとすれば、かかる構想を抱いただけで十分その先見性が評価されるべきであろう。もとより敬三自身はそのような企図についての言説を残してはいない。しかし、敬三の行為の軌跡が、かかる構想が存したであろうことへと我々の推理を導くのである。こうして見れば、図書館、博物館、史料館の3機能連結という先端的構想への帰結を生み出した機縁になった点においても、「伝記資料編纂」と「実業史博物館計画」には意義が存したことになる。今この想像される敬三構想を図式化すれば次の通りである。

敬三における伝記資料編纂と実博計画の帰結（推測）

渋沢栄一伝記資料……史料館（アーカイブズ）―┐　　　竜門社
日本実業史博物館……博物館　　　　　　　　　├―　実業史資料
竹森文庫………………図書館―――――――――┘　　　総合センター

我が国の敗戦を経て現実には爾後の敬三の境涯も竜門社の行路も曲折を辿ったが、今日の渋沢栄一記念財団の姿には、上図のような敬三の先駆的構想との「断絶を含んだ連続関係」を感得することができよう。

　このように、第2次伝記資料編纂を開始して以来、敬三の内発的活動意識において、竜門社という機関の意味は段階的に深まっていったと推測される。敬三にとっての竜門社の存在意義は、一つには（三田綱町邸における常民文化研究や漁業史研究と並立して）「実業史発展過程の資料集積と研究進行のための機構」としての役割にあり、更には、例えば博物館計画において渋沢青淵翁記念会の財政的支援を得るための媒体としての機能にもあった。伝記資料編纂と博物館準備の両事業には多様な協力者の存在が必要であり、諸方面よりの協力を組織的に受け入れつつ進行するために、竜門社という機関が有効に機能したと言えよう。

　ここまでは敬三の視点から竜門社の意義を見てきたが、次に竜門社の側から戦前・戦中期における敬三の果した役割について、前章までの記述内容の上に立って考えてみたい。

（2）昭和戦前期竜門社における敬三の意義

　1931年11月に栄一が他界した時敬三は35歳であった。栄一没後の竜門社にとって、敬三はまず「栄一遺書に基づく曖依村荘土地・建物等並びに維持資金10万円寄贈の執行者」であった。3年後には敬三自身が村荘維持資金として更に10万円を、また第1次伝記資料

編纂費2万円を竜門社に寄附している。栄一の理念普及を図る団体である竜門社において、敬三は渋沢家当主という存在であると共に最大の財政支援者であった。一方で組織体としての竜門社は会員1,500余名を擁し、これまで栄一に親炙してきた長老達が役員を務めており、竜門社のあり方についても一家言ある人士に事欠かなかったであろう。

前述の通り栄一生前の竜門社では、通常限られた執行部メンバーの手により会員総会・懇親会、定例研究会、機関誌発行などが定型的に実施されてきたのであるが、曖依村荘受納により「公共的庭園管理」という新事業が加わることになった。ただ栄一永眠翌年の1932年度から1935年度までは追悼行事にせよ第1次伝記資料編纂にせよ、諸事業は基本的に従来の執行部主導で進行し、敬三はそれら事業の協力者にして財政的支援者という役目を果した。

1936年敬三が土屋喬雄に統括を委託して第2次伝記資料編纂に着手したことにより、竜門社の事業実施体制はにわかに新段階に入る。執行部主導による旧来の基本的事業とは別に、敬三主導による編纂事業が開始されて、活動の体制が二元化したのである。

ただし、第2次伝記資料編纂の当初の計画は、「期間3カ年、必要資金は敬三側で用意する、実施の内容・方法は敬三が主導する」というものであった。竜門社の事業は二元的体制で実施される形になったが、この時点ではそれは一時的状況と、旧来の執行部にも意識されていたことであろう。しかし、翌年には実業史博物館準備活動も始まり、伝記資料編纂事業も期限毎に再三延長され、1942年には旧阪谷邸が竜門社分館と位置付けられるなど、事業執行の二元的体制は戦前・戦中期を通じて定着してゆくことになった。

栄一伝記資料編纂や実業史博物館計画は敬三にとっては内発的活動ではあるが、現実には財団法人たる竜門社の所管事業であるから、敬三主導ではあっても自邸でのアチックや漁業史研究などとは異なり、形式上は理事会・評議員会の管理下に置かれることになる。敬三は恐らく、1936年評議員会長に就任した明石と緊密に連携することとまた両事業以外にも広く財政的支援を提供することにより、両事業の円滑な進行を図ったものと推定される。

　両事業の内、土屋が統括する（第2次）伝記資料編纂の方は比較的早期に執行部との一体感が醸成された感がある。一つには渋沢事務所員たる佐治祐吉が実際上副主任の役を果していたことにもよると考えられるが、土屋も『竜門雑誌』にしばしば所論や書評等を執筆し、また編纂員にも伝記資料調査に関わる論考を同誌に寄稿させたことにもよるであろう。戦死した編纂員太田慶一が知的性格を世間から称賛されたことも、（不幸な事態であったが）竜門社内における編纂所の評価を高める結果を生じたかも知れない。また伝記資料編纂の場合は、第2次事業以前に第1次事業が執行部管轄下に行われていたことも、竜門社組織に馴染み易い土壌があったと想像される。

　一方実業史博物館計画の方は、実際の活動内容が栄一の理念の伝達や事蹟の顕彰からやや遊離している感があり、伝記資料編纂に比して敬三の個人事業的色彩がより濃厚であったため、執行部の実務面の中核である竜門社事務局との一体感が容易に醸成されなかった様子である。記録上の確認は取れないが、準備室が第一銀行本店にあった時期には博物館準備室職員たる小林と遠藤の人件費も敬三が私的に負担していた様子である。1939年入所した小林は「準備室日記」の記事中に、銀行内で隣り合う伝記資料編纂所を竜門社と呼び、準備室を竜門社の外部組織であるかのように認識していること

を示している。実業史博物館準備室を竜門社に結び付ける機能を荷っていたのは、この時点では敬三のみであった。この頃までは標本類購入代金もひとまず敬三（あるいは渋沢事務所）が支払っており、領収書の宛名が敬三である例も少なくなかった。準備室と竜門社との位置関係は小林らにも漸次理解された様子ではあるが、準備室においては事業の企画から決定権限まで敬三一人が掌握する態勢が貫かれた。それは敬三が銀行本店内に勤務していることで成り立っている態勢であって、敬三の日銀への転出によりその前提は破壊されたのであり、前章に見た通り、敬三自身は多忙の中努力を尽したが計画を実現させることは叶わなかった。

竜門社の本来的事業（会員総会、研究会、雑誌発行等）と敬三主導の新規事業（伝記資料編纂と実業史博物館計画）とを比較すると、前者は主として会員の知識涵養や親交に資するための活動であり、後者は学界、経済界、更に広く社会一般を視野に入れた活動であった。竜門社が栄一の理念の普及を図る団体であるとの認識は共通であっても、まず団体としての結束を優先する執行部の意識と、直接社会に資料を提示しようという敬三の意識との差異が存したかに見える。

竜門社執行部、殊に事務局から見れば、「伝記資料編纂」は馴染み易く、「実業史博物館計画」は違和感があったようであるが、それは事業内容面のことで、財務面への影響の度合いはまた異なっていた。

博物館計画は元来青淵翁記念会の栄一記念施設建設案に発しており、（竜門社と記念会双方の役員であった）敬三は記念会と十分に協議の上で「一つの提案」を竜門社に提示したと見られる。先章に紹介し

た通り、「一つの提案」においては、費用負担の方法に関し、「本館ノ経営ハ龍門社之ニ当リ青淵翁紀念会ニソノ建設費ノ負担ヲ仰グコト」と明記され、経常的な運営費は竜門社が負担し、設備費は記念会が負担することが前提とされた。曖依村荘内に博物館を建設する計画は時局のために実現しなかったが、標本購入は開始された。その代金については、まず敬三（あるいは渋沢事務所）が立替支払し、これを竜門社が（貸借対照表上）仮払金勘定で引き受け、竜門社は後に記念会から相応の寄附金を受け入れている。実際には表面に現れずに敬三が負担した部分もあったかと推測されるが、竜門社の決算書で判明する限りでは、博物館準備室は1937年度から1942年度の間に標本3万7,628円分を購入し、竜門社は3万円の寄附金を記念会から受納している。すなわち今日国文学研究資料館に保存されている旧実業史博物館コレクションを、当時竜門社は資金負担軽く入手したのであった。また前章に記した通り、旧阪谷邸の入手に際しても、（背後の事情はともかくとして）購入資金30万円の内10万円は記念会からの、20万円は敬三からの寄附金を以て処理したもので、（外に登録費用として記念会より6万円を受け入れ）竜門社としては資金負担無しに原町分館を取得したことになる。このように、財務・経理面では、竜門社は、実業史博物館計画によって、所有資産を33万余円増加したのであった。特に旧阪谷邸が戦後、伝記資料刊行と竜門社財政の苦境打開のための一財源となったことは前章に見たところである。

　次に伝記資料編纂の竜門社経理に及ぼした影響を見ることにしたい。ただし、公開資料は1942年度までの決算書に限られるので、判明するのは各年度の収支計算書に伝記資料編纂費として計上され

ている金額のみである。ただ、この編纂費の内容は不明である。また編纂費以外の費目中に編纂所関係の費用が含まれているかも知れないがそれを追究することはできない。

今1932年度から1942年度までの収支計算書上の伝記資料編纂費（費目名は一定ではないが）を累計すると18万5,116円になる。うち第2次編纂事業分は13万7,293円である。これに対しこの期間に敬三は編纂費充当の目的で合計10万円の寄附を行っている（敬三はその外に1943年度にも編纂費のために1万円寄附しているが、同年度の竜門社決算状況は不明なので本稿では対象外としている）。編纂費目的の寄附金には外に佐々木勇之助の1万円と研究会講師の謝礼金寄附と推定される100円とがあり、竜門社としては編纂費に関し、総額で11万100円の寄附金を受け入れたわけである。この11年間の編纂費支出額と寄附金との収支差額は支出超過7万5,016円になり、竜門社は第1次、第2次を通じ伝記資料編纂事業を行ったことにより、実質的に7万5,000円を負担したことになる。編纂事業は期限延長を重ね、敬三は多額の寄附金を注ぎ込んだのであるが、結果的に支出額はこれを上回ったのであった。この累計負担額は竜門社の年間支出額を超えるものであり、しかもその後巨大出版事業が計画されていたわけで、財団の財務関係者にはある種の警戒感を喚起したことが推測される。

1932～1942年度 「渋沢栄一伝記資料」編纂関係収支状況 (単位：円)

	第1次編纂	第2次編纂	合　計
編纂費支出	47,823	137,293	185,116
寄附金収入	20,000	90,100	110,100
収支差額	△27,823	△47,193	△75,016

（△は支出超過を表す）

このように竜門社の財務面への影響という点では、実業史博物館計画よりも伝記資料編纂事業の方が課題を生じていたわけである。もちろん現実にはその後曖依村荘本館等の被爆焼失、戦後インフレ昂進の中での渋沢同族会社解散など、竜門社も時代の激流に直面するので、このような戦前・戦中期の財団会計上の問題などは余り意味が無いかの如くに映じるかも知れないが、実は後年の財務運営上の苦境の萌芽は、既に栄一伝記資料編纂事業の内にあったことが窺い知れよう。しかし一方で、もし伝記資料全68巻の刊行が行われていなかったならば、今日の渋沢栄一記念財団の姿は無かったであろうことも想像されよう。例えば会員親睦機関としての竜門社は存続しているかと推測されるが、研究部、史料館、実業史研究情報センターが栄一の理念を現物資料や電子情報などを通じて社会に発信する体制の構築は、『渋沢栄一伝記資料』公刊の実績の上に初めて可能であったと考えられる。

　前述の通り、栄一没後の竜門社運営は、曖依村荘受贈により新しい段階に進むことになった。庭園公開管理、栄一伝記資料編纂、実業史博物館計画等の新規事業の進行のためには、(基本財産の果実である) 配当金や会費などの経常的収入以外に支援者からの寄附金収入が不可決であった。1931年度に受納した栄一遺贈金以後、決算の判明する1942年度までの間に竜門社が受け取った寄附金（補助金等を含む）は総額90万円に上る。当時の大学卒初任給の１万倍強に当る。

　寄附金の使途別に見ると、実業史博物館に40万円（旧阪谷邸購入資金を含む）、曖依村荘維持に33万円、伝記資料編纂には上記の通り11万円、旧来の基本事業に6万余円となる。寄付者別に見ると、90

万円の内80万円が大口3者によるもので、何れも新規事業に充当されている。すなわち、栄一遺贈金10万円、青淵翁記念会30万余円、そして敬三から40万円である。第2次伝記資料編纂事業と実業史博物館計画とを竜門社に持ち込んだのは敬三であるが、竜門社が1931年の栄一没後1942年度までの間に受け入れた寄附金の44％を敬三が負担したのであった。（付表「寄付者別・事業別一覧」参照）

　前述のように、1931年の栄一永眠後、竜門社にとって敬三は渋沢家当主であると同時に最有力支援者であり事業への協力者であったが、1936年以後は新規事業の主導者として竜門社の間口を拡大する役割を担う存在となった。敬三自身は竜門社の改革を意図したというよりも、自らの理念によって伝記資料編纂と実業史博物館準備に熱意を傾注したのであったが、結果的に社会に向けて活動する意識を竜門社の中に植え付けることになったと見られる。前章に簡記した通り、戦後の伝記資料刊行事業の遂行が渋沢史料館の創設に連なり、更には実業史博物館の電子的提示や伝記資料の電子的提供への展開を生んだのであった。

　竜門社は1909年、栄一の提唱により道徳経済合一説の推進団体として自らを変革したが、栄一没後敬三の活動参加を通じて更に方法意識を拡張、それが戦後の苦境からの復活、また次の段階への進展へと連なったものと解される。渋沢栄一伝記資料の刊行は竜門社のための事業ではなく、学界を含む我が国社会で今日も今後も活用され続ける知的資産の提供であった。昭和戦前・戦中期における敬三と竜門社との共同事業は、その時点では中途にして停止を余儀なくされたが、次の時代に動き出す生命力を内に深く蔵していたのである。

付表　1931年度〜1942年度　竜門社受入寄付金寄付者別・事業別一覧

(単位：円)

寄付者	寄付金額	事業別内訳			
		A. 基本事業	B. 曖依村荘維持	C. 伝記資料編纂	D. 実業史博物館建設準備
渋沢　敬三	400,000		100,000	100,000	200,000
青淵翁記念会	305,500		115,500		190,000
渋沢栄一遺贈	100,000		100,000		
（小　計）	(805,500)	(0)	(315,500)	(100,000)	(390,000)
堀越善重郎	20,000	20,000			
石井　健吾	15,000	15,000			
植村澄三郎	15,000	10,000	5,000		
佐々木勇之助	15,000	5,000		10,000	
諸井　恒平	10,000	10,000			
清水　釘吉	10,000		10,000		
徳川　慶光	10,000				10,000
魚介養殖	3,000				3,000
第一銀行	1,000	1,000			
近藤利兵衛	1,000	1,000			
松崎伊三郎	500	500			
林　友吉	200	200			
矢野　真	100			100	
石川　一郎	50	50			
（小　計）	(100,850)	(62,750)	(15,000)	(10,100)	(13,000)
合　計	(906,350)	(62,750)	(330,500)	(110,100)	(403,000)

(注)「基本事業」とは、会員総会・懇親会、定例的研究会・講演会、機関誌刊行等渋沢栄一生前より恒常的に実施されてきた事業を指す。

(出所)『竜門雑誌』1932年〜1943年発行分所載「彙報」中の寄付金記事より作成。

(注)

(1) 小林光一郎「渋沢敬三役職等在任歴一覧」『渋沢敬三没後50年　企画展図録　祭魚洞祭』渋沢栄一記念財団渋沢史料館128-137頁、および小林光一郎「渋沢敬三役職等在任歴一覧典拠」、同書、138-151頁

(2) 敬三は1932年11月、栄一の一周忌に際して「『棒程願って柱程働いて針程叶った』のが量的に見た祖父の一生かも知れません。」と述べ、叶わなかった事蹟にも注目すべきことを説いている（「祖父の後ろ姿」『竜門雑誌』第530号（1932.11）、8頁）。「失敗史は書けぬものか」にも連なる敬三の人生観であり、敬三自身の生涯にも通じているといえよう。この回想文は渋沢雅英『父・渋沢敬三』（前掲）に詳しく引用されている（40-44頁）。

(3) 本来アチック関係の活動内容をより詳記すべきところであろうが、本稿のテーマに則し、簡記に止める。

(4) 本稿執筆以前より、佐藤健二「渋沢敬三とアチック・ミューゼアム」に多大の教示を受けているが、同論考では、公益活動の視点から敬三の理念の特色として、「生態学の思想」「資料集の思想」「博物館の思想」「研究会の思想」の4項が挙げられている（131-137頁）。

(5) 佐藤健二「渋沢敬三における『もうひとつの民間学』」『歴史と民族：神奈川大学見本常民文化研究所論集』第30号、2014年、80頁。

(6) 戦後1980年代に吉田光邦の主唱により産業技術博物館構想が進行したが、財政事情が許さずやはり幻影に終っている。

(7) 敬三は横浜正金銀行ロンドン支店から帰朝の途次米国でナショナル・シティ銀行などを視察、ファイリングシステムにも着目した。第一銀行役員に転じて、その導入を図り行内規則も制定したが、十分実行されずに終ったという（「渋沢敬三氏金融史談」『日本金融史資料』昭和編、第35巻、304頁）。

参考資料

別表　財団法人竜門社決算状況　貸借対照表(1931〜1942年度)
　　　　　　　　　　　　　　　収支計算書(同上)
略年表(1909〜1944年)
略系図
引用・参考文献一覧

別表　財団法人竜門社決算状況（1931年度〜1942年度）
貸借対照表

科目	昭和6年度 (1931)	同7年度 (1932)	同8年度 (1933)	同9年度 (1934)	同10年度 (1935)
◇資産（借方）					
土地・庭園		284,444.00	284,444.00	284,444.00	284,444.00
建物		67,924.46	67,924.46	67,924.46	67,924.46
什器		20,000.00	20,000.00	20,000.00	20,000.00
器具	50.00				
有價證券	165,800.00	140,700.00	140,700.00	318,600.00	318,600.00
保證金	50.00	50.00	50.00	50.00	50.00
銀行預金	77,430.75	57,079.14	34,170.09	95,881.78	103,714.12
別途定期預金	100,000.00	100,000.00	100,000.00		
振替貯金	783.59	63.11	945.53	77.64	49.73
現金	3.79	40.45	44.08	55.11	60.89
村荘維持假拂金		18,252.10	11,570.41	8,404.01	4,928.67
假拂金					
實博建設假拂金					
合計	344,118.13	688,553.26	659,848.57	795,437.00	799,771.87
◇負債・純資産（貸方）					
基本金	129,092.29	129,092.29	129,092.29	129,092.29	129,092.29
青淵先生遺贈金	（別途仮受金） 100,000.00	100,000.00	100,000.00	100,000.00	100,000.00
青淵先生遺贈物評價金		372,368.46	372,368.46	372,368.46	372,368.46
村荘維持資金				100,000.00	100,000.00
村荘維持積立金					
實博建設資金					
指定寄附金					10,000.00
積立金	115,025.84	87,092.51	58,387.82	93,976.25	88,311.12
（前年度末）	(110,972.34)	(115,025.84)	(87,092.51)	(58,387.82)	(93,976.25)
（當期収支差額）	(4,053.50)	(△27,933.33)	(△28,704.69)	(35,588.43)	(△5,665.13)
（その他）					
合計	344,118.13	688,553.26	659,848.57	795,437.00	799,771.87

参考資料

(単位：円.銭)

同11年度 (1936)	同12年度 (1937)	同13年度 (1938)	同14年度 (1939)	同15年度 (1940)	同16年度 (1941)	同17年度 (1942)
284,444.00	284,444.00	284,444.00	284,444.00	284,444.00	284,444.00	284,444.00
59,785.54	59,785.54	59,785.54	59,785.54	59,785.54	59,785.54	59,785.54
20,000.00	20,000.00	20,000.00	20,000.00	20,000.00	20,000.00	20,000.00
318,600.00	318,600.00	318,600.00	323,600.00	323,600.00	324,100.00	350,975.00
50.00	50.00	50.00	50.00	100.00	95.00	95.00
129,031.81	133,563.26	109,587.14	113,178.99	122,401.60	121,912.97	146,019.08
10.43	23.13	52.01	33.59	683.26	1,394.32	2,111.58
144.52	126.16	161.91	236.06	137.19	252.79	238.80
	2,848.04	19,989.17	24,125.38			
				31,859.60	35,770.70	337,627.86
812,066.30	819,440.13	812,669.77	825,453.56	843,011.19	847,755.32	1,201,296.86
129,092.29	139,092.29	139,092.29	139,092.29	139,092.29	139,092.29	139,092.29
100,000.00	100,000.00	100,000.00	100,000.00	100,000.00	100,000.00	100,000.00
372,368.46	372,368.46	372,368.46	372,368.46	372,368.46	372,368.46	372,368.46
100,000.00	100,000.00	100,000.00	105,000.00	105,000.00	105,000.00	105,000.00
744.71	5,388.35	9,563.15	14,973.48	20,037.35	23,823.40	26,811.65
			4,000.00	5,283.56	4,504.50	69,988.92
109,860.84	102,591.03	91,645.87	90,019.33	101,229.53	102,966.67	388,035.54
(88,311.12)	(109,860.84)	(102,591.03)	(91,645.87)	(90,019.33)	(101,229.53)	(102,966.67)
(21,549.72)	(△7,269.81)	(△10,945.16)	(△1,626.54)	(15,859.13)	(4,429.59)	(287,216.56)
				(△4,648.93)	(△2,692.45)	(△2,147.69)
812,066.30	819,440.13	812,669.77	825,453.56	843,011.19	847,755.32	1,201,296.86

別表　財団法人竜門社決算状況（1931年度～1942年度）
収支計算書

	昭和6年度 (1931)	同7年度 (1932)	同8年度 (1933)	同9年度 (1934)	同10年度 (1935)
◇収入					
配當金	8,000.00	8,000.00	8,000.00	14,600.00	17,200.00
會費	4,486.50	4,545.68	4,499.50	4,496.50	4,459.50
利息	3,885.44	3,318.34	2,015.88	5,850.34	3,260.85
雜收入	255.00	268.00	288.00	457.83	351.30
寄贈金					
寄附金				45,000.00	5,000.00
村荘維持費補助金				6,000.00	9,000.00
青淵翁記念會補助金					
傳記史料編纂寄附金					
合計	16,626.94	16,132.02	14,803.38	76,404.67	39,271.65
◇支出					
會員總會費	521.00	615.47	556.33	526.12	632.89
講演會費	1,117.26	1,316.21	1,006.13	490.74	323.75
雜誌印刷費	3,623.09	3,059.84	3,556.12	3,276.62	2,960.86
原稿費	424.50	826.11	1,201.20	925.33	662.94
俸給及手當	4,310.00	4,659.00	5,673.00	4,019.00	4,754.00
通信費	155.23	274.23	369.76	259.23	262.11
壽杖費	57.87	110.02	186.03	125.38	63.15
雜費	842.49	610.36	647.71	971.67	698.48
遺贈物登録費/雜具費			登録費 17,857.09		
青淵先生追悼会/百年記念祭費	1,372.00				
村荘維持費支拂基金支出				17,613.69	19,263.15
村荘維持費					
村荘維持費積立金支出					
村荘維持資金支出					
傳記史料編纂費支拂基金支出					
傳記史料編纂費		7,444.11	12,454.70	12,608.46	15,315.95
實博建設資金支出					
器具償却	150.00	50.00			
有價證券償却		25,100.00			
建物整理損金					
建物評價損金					
基本金支出（繰入）					
合計	12,573.44	44,065.35	43,508.07	40,816.24	44,936.78
◇収支差額（積立金増減）	4,053.50	△ 27,933.33	△ 28,704.69	35,588.43	△ 5,665.13
實博建設資金繰入					
再計（積立金へ繰入）					

(出所)『龍門雑誌』毎年5月号「彙報」所載の前年度決算承認記事より作成。
(来歴) 下記報告書掲載のものに若干の補正を行った。（使用漢字は当初のまま）
　　青木睦編『文化資源の高度活用「日本実業史博物館」資料の高度活用：2007年度中間報告』資料編、人間文化研究機構国文学研究資料館、2008年＊。
　　＊初出は丑木幸男・人間文化研究機構国文学研究資料館『「日本実業史博物館構想による産業経済コレクションの総合的調査研究」研究成果報告書』本文編・資料編、2006年（文部科学省科学研究費補助金研究成果報告書）。

参考資料

(単位：円．銭)

	同11年度 (1936)	同12年度 (1937)	同13年度 (1938)	同14年度 (1939)	同15年度 (1940)	同16年度 (1941)	同17年度 (1942)
	17,200.00	17,200.00	17,200.00	17,800.00	17,487.50	17,745.00	17,730.00
	4,488.00	4,390.50	4,426.50	4,428.00	4,484.00	4,604.50	4,625.00
	3,344.82	3,952.69	3,770.69	3,122.62	3,202.35	2,979.75	2,721.20
	1,058.86	594.76	570.76	607.15	378.15	361.82	1,760.00
	1,000.00						
	10,000.00	15,000.00	5,000.00	9,000.00		250.00	
		13,500.00	15,000.00				
	12,000.00			15,000.00	15,000.00	15,000.00	15,000.00
	30,000.00			20,000.00		23,950.53	16,149.47
	79,091.68	54,637.95	45,967.95	69,957.77	40,552.00	64,891.60	57,985.67
	748.12	938.97	714.90	543.00	1,432.44	1,852.93	1,073.67
	521.64	1,140.03	1,114.28	949.07	1,039.68	1,227.14	1,031.58
	2,863.56	4,505.97	4,537.71	5,022.34	5,058.05	4,943.88	4,771.45
	852.09	929.87	1,079.39	1,272.07	1,696.78	1,772.63	1,266.23
	5,146.00	5,419.00	5,474.00	5,630.00	5,380.00	6,060.00	5,660.00
	290.12	395.95	340.58	356.14	348.12	444.45	563.61
	63.74	63.20	64.80		30.00	75.00	45.00
	734.25	557.05	625.31	985.52	720.33	777.48	942.06
雑具費	423.38						
				3,266.45			
	22,365.21	19,246.38	21,272.90				
				20,803.88	21,110.49	23,269.07	23,728.74
	574.93	4,643.64	4,174.80	5,410.33			
				5,000.00			
	10,133.61	14,067.70	17,514.44				
				18,345.51	19,736.58	23,950.53	33,543.93
					4,000.00		
	10,738.92						
	2,086.39						
			10,000.00				
	57,541.96	61,907.76	56,913.11	71,584.31	56,552.47	64,373.11	72,626.27
	21,549.72	△ 7,269.81	△ 10,945.16	△ 1,626.54	△ 16,000.47	518.49	△ 14,640.60
					31,859.60	3,911.10	301,857.16
					15,859.13	4,429.59	287,216.56

253

略年表（1909年〜1944年）

(1) 渋沢栄一存命期（1909〜1931年）（第1章関連）

	渋沢栄一	渋沢敬三	竜門社
1909 明治42年	実業界引退。第一銀行、東京貯蓄銀行を除き役員を辞任（6月）	高等師範付属中学入学 三田綱町邸に移転	「道徳経済合一説」推進団体として規則改訂。評議員制開始
1912 大正元年	同族会にて遺言発表、敬三を相続人と指定（1月）		
1915	渋沢同族株式会社設立、敬三を社長に選任（4月）		
		第二高等学校（仙台）英法文科入学（9月）	
1916	第一銀行頭取辞任。後任は佐々木勇之助		
1918	『徳川慶喜公伝』前年完成、同編纂員により栄一伝記編纂着手	東京帝国大学法科経済科入学（9月）	
1920	子爵昇爵	ゼミナールで研究、わが国の工業発展段階史についての論考提出	栄一八十賀、子爵昇爵記念に青淵文庫建築目録贈呈
1921		第1回アチック会合（2月） 東京帝大卒業（3月） 横浜正金銀行入行（4月）	
1922		木内登喜子と結婚（5月） ロンドン支店赴任（9月出発、11月到着）	
1923	関東大震災に際し国内、海外に向けて支援活動を牽引 震災により栄一事績資料多数焼失、伝記編纂中止		

参考資料

	渋沢栄一	渋沢敬三	竜門社
1924			財団法人となる
1925		帰国（8月） 横浜正金銀行退職（12月） アチック復活（12月）	青淵文庫竣工（5月）
1926 昭和元年	敬三主唱により（第3次）雨夜譚会（栄一オーラルヒストリー）開始（10月）		
		竜門社評議員就任（4月）、一時集会委員役を代行	
		第一銀行取締役就任（7月）	
1927		金融恐慌を体験 第一銀行新本店建築委員会主任に就任（8月）	
1928	実業家有志による栄一米寿祝賀会（青淵翁記念会の淵源）（10月）	銀行新本店地鎮祭（1月）	
		竜門社理事就任（6月）	
			栄一米寿祝賀会（9月）
1929		銀行新本店定礎式（6月）	
1930		魚介養殖会長就任 銀行本店竣工（10月）	
1931	栄一、曖依村荘を竜門社に寄贈する旨の遺言書を作成（6月）		
	栄一永眠（11月11日）		
		栄一葬儀、喪主（11月15日）	
		渋沢家代表として栄一遺言書を竜門社理事会に内示	
		各界の栄一追悼行事に出席（11月～12月）子爵襲爵 急性糖尿病で入院（12月）	理事会にて①栄一遺言書による曖依村荘寄贈の受納、②追悼会開催、③栄一の伝記編纂を協議（11月18日） 評議員会にて上記理事会案可決（12月3日） 栄一追悼会開催（12月13日）

(2) 渋沢栄一没後直近期（1932～1935年度）（第1章関連）

	渋沢敬三	竜門社	青淵翁記念会
1932	療養の為、伊豆三津浜逗留（1月～5月） 逗留中に大川家漁業史文書を発見、知己を呼び整理 敬三帰京後、現地作業は藤木喜久馬が担当（5～7月） 竜門社理事退任（6月2日理事会） 岩波茂雄と小諸に幸田露伴を訪ね栄一伝記執筆を依頼（8月） 第一銀行常務取締役就任（8月） 父　篤二永眠（10月6日） 綱町邸内アチックを拡張、漁業史研究室設置。土屋喬雄協力の下に研究者を招集	栄一伝記資料編纂室を第一銀行呉服橋支店内に設置（3月） 佐治祐吉着任（4月）編纂の下準備開始 昭和6年度決算に於いて村荘維持の為の栄一遺贈金10万円をBSに計上 伝記資料編纂主任を幸田成友に委嘱、事業開始（10月15日）期間3カ年 伝記資料編纂室を第一銀行本店5階に移転（11月） 編纂室は栄一関係書類・書翰等蒐集に尽力。借用書翰等の謄写に忙殺	財団法人渋沢青淵翁記念会設立趣意書作成（8月） 「寄付行為」案の事業目的は、①銅像建設計画継承、②栄一伝記編纂、③（竜門社の）曖依村荘保存事業への支援 邦文伝記は幸田露伴に、英文伝記は小畑久五郎に執筆依頼 内務、文部両大臣宛に財団法人設立申請書提出（12月）（総代　郷誠之助）
1933	青淵翁記念会評議員就任（1月） 伝記資料編纂室幸田成友主任の取材に協力 編纂室に大鞄入り栄一書類を貸与	伝記資料編纂費を予算計上（昭和10年度迄毎年実施） 伝記資料編纂室では第一銀行等の編年史料稿作成	財団法人設立許可（1月） 常磐橋公園内に栄一銅像建立（11月）
1934	竜門社に村荘維持資金として10万円、伝記資料編纂費として2万円寄付		竜門社に村荘維持資金として6千円寄付
1935	伝記資料編纂室に白鞄、行李入り栄一書類を貸与	伝記資料編纂室は10月終了予定の処、3カ月延長（第1次）伝記資料編纂事業終了（12月末）	竜門社に村荘維持資金として9千円寄付

参考資料

(3) 敬三の竜門社活動展開期（1936〜1944年度）（第2章、第3章関連）

	竜門社 伝記資料編纂所	渋沢敬三	竜門社 博物館準備室	青淵翁記念会
1936	敬三、土屋喬雄に第2次伝記資料編纂主任への就任を依頼（2月頃） 第一銀行本店内に編纂所開設 土屋主任以下編纂員5名、助手、タイピスト数名で発足（4月）、事業期間は3カ年 土屋主任、栄一の大蔵省退官（1873年）以後の資料は編年体ではなく事業別に編纂する方式を採用 各編纂員は担当分野別に資料の網羅的蒐集と関係者への回顧談話聴取に注力 敬三、竜門社に伝記資料編纂費として2万円寄付。佐々木勇之助も同1万円寄付 敬三子爵家負担により伝記資料編纂用図書大量購入開始（〜1939年迄継続）			竜門社に村荘維持資金として1万2千円寄付
1937	理事会、評議員会にて「第2次伝記資料編纂事業」可決　期間3カ年間、土屋喬雄編纂主任委嘱（1月） 『竜門雑誌』に「青淵先生伝記資料編纂所通信」掲載開始、土屋主任は第二次伝記資料編纂の方針を説明	「魚名集覧」執筆着手（1月） 「曖依村荘利用に関する委員会」設置、敬三にも委員を委嘱（5月） 「一つの提案」（「実業史博物館」建設企画書）作成、委員会に提出 第一銀行本店内に博物館準備室設置、博物館用標本購入開始（6月）	青淵翁記念会は竜門社に「青淵翁記念室」建設案を提議 「曖依村荘利用に関する委員会」答申（7月） 理事会、評議員会にて青淵翁記念博物館建設計画を承認（7月）	小畑久五郎著"AN INTERPRETATION OF THE LIFE OF VISCOUNT SHIBUSAWA"完成（11月） 竜門社に村荘維持資金1万3千5百円寄付

257

	竜門社 伝記資料編纂所	渋沢敬三	竜門社 博物館準備室	青淵翁記念会
1938	編纂員太田慶一戦死（10月）、学芸を思う遺書が称賛を受ける 事業別分類目次案作成	この頃敬三、博物館設計を清水釘吉（清水組）に依頼	資料蒐集支出の累計額を貸借対照表に仮払金として計上、以後毎年同様処理（3月）	竜門社に村荘維持資金として1万5千円寄付
1939	編纂期間2カ年延長 当年度より竜門社予算に伝記資料編纂費計上	竜門社、記念会両財団共催「青淵先生生誕百年記念祭」を曖依存村荘にて挙行、「実業史博物館」地鎮祭実施（5月） 資材調達困難のため博物館建築計画見合わせ（10月） 博物館用各種標本購入は続行		
		敬三、竜門社に伝記資料編纂費として2万円寄付（10月）		幸田露伴著『渋沢栄一伝』完成（5月） 竜門社に村荘維持資金として1万5千円寄付
1940	竜門社第100回会員総会記念展示会に資料出展（5月） 網羅的蒐集より重点考慮方式へ（6月）	「豆洲内浦漁民史料」（漁業史研究室研究成果）農学賞受賞（4月）	竜門社第百回総会記念展示会（曖依存村荘）に蒐集資料多数出展（5月）	
			青淵翁記念会、竜門社に「実業史博物館」建設資金として3万円寄付（6月）	
			東洋経済新報社主催「明治大正昭和経済文化展覧会」（日本橋三越ほか巡回）に「日本実業史博物館」名をもって出展参加（6月〜9月）	竜門社に村荘維持資金として1万5千円寄付

	竜門社 伝記資料編纂所	渋沢敬三	竜門社 博物館準備室	青淵翁記念会
1941	全体進行状況約7割 編纂期間再度2カ年延長（1月）			竜門社に村荘維持資金として1万5千円寄付
	敬三出席して目次編成案検討、全巻構成の明治42年での分断を決定（4月）			
	「伝記資料」の出版計画検討（4月）			
	敬三、竜門社に伝記資料編纂費として総額5万円の寄付を申し出、第1回分1万円払込み（10月）（以後毎年分割払込み、1943年度完了）			
		阪谷芳郎前理事長永眠（11月）。敬三、阪谷希一との間で阪谷邸の処理につき協議 第一銀行副頭取就任（12月）		
1942	理事会・評議員会に於いて岩波書店よりの刊行決定、名称『渋沢栄一伝記資料』、A5判、本文60巻・写真集1巻（6月）岩波書店への出稿開始	日本銀行副総裁就任（3月）、諸会社の役職辞任（竜門社評議員は継続） アチックミューゼアムを日本常民文化研究所と改称	青淵翁記念会、竜門社に「阪谷邸購入資金として10万円、同登録費等の資金として6万円寄付	竜門社に村荘維持資金として1万5千円寄付
		竜門社理事会・評議員会に於いて、敬三寄附金20万円、記念会寄附金16万円を受入れ、内30万円を以て旧阪谷邸を購入して実業史博物館別館（のち「分館」）とすること、6万円を以て関連諸経費に充てることを決定。（6月） 敬三、上記旧阪谷邸購入資金として20万円寄付実行（9月）		
		第一、三井両銀行合併計画に関与（12月）		

	竜門社伝記資料編纂所	渋沢敬三	竜門社博物館準備室	青淵翁記念会
1943	伝記資料編纂終了、編纂委員会解散。第一銀行本店内編纂所返上 資料・原稿は第一銀行本店大金庫内に格納保存（3月）	実業史博物館準備室は第一銀行本店内より旧阪谷邸に移転（3月）。以後は実業史博物館（原町）分館となる。「本館」は曖依村荘内 敬三指示により博物館分館では白木屋等よりガラスケース等必要備品の調達に注力 第一、三井両銀行合併、帝国銀行発足。本店は旧第一銀行本店（4月） 敬三、竹森一則（東洋経済新報社研究所員）蔵書（『索引政治経済大年表』資料）を一括購入し、実業史博物館に寄贈（9月）		（竜門社への寄付状況不明）
1944	岩波書店より『渋沢栄一伝記資料』第1巻刊行（6月）但し以後刊行杜絶	日本銀行総裁に就任（3月）		
		博物館分館にて博物館建設委員会開催、実業史博物館は「非開館」と決定（7月）		
		日本銀行、田中啓文より「銭幣館コレクション」を譲受		

260

（付録）戦後の渋沢敬三と竜門社（1945年〜）（第4章関連）

渋沢敬三

1945 大蔵大臣就任（10月）
1946 新円切替実施（2月）、大蔵大臣辞任（5月）公職追放（8月）
 この頃より多年にわたり、民族学の進展、漁業史資料の学術的保存、民間史料の蒐集保存運動等に指導力を発揮
1951 公職追放解除 以後約10年間、財界、金融界、国際交流活動等に要職を務める
1963 永眠（10月）

竜門社——渋沢栄一記念財団

1945 （戦時）空襲により曖依村荘内の建物の多くを焼失（4月）
1946 （財）竜門社と（財）渋沢青淵翁記念会とが合同、（財）渋沢青淵記念財団竜門社（以下「記念財団竜門社」と記す）と名称変更（10月）
1951 日本実業史博物館準備室の蒐集資料を文部省史料館（現・国文学研究資料館）に寄託（6月）
1954 渋沢栄一伝記資料刊行会を組織し、『渋沢栄一伝記資料』全巻の刊行準備に着手（9月）
1955 渋沢栄一伝記資料刊行会、『渋沢栄一伝記資料』第1巻を刊行（4月）
1962 寄託中の日本実業史博物館準備室旧蔵資料を文部省史料館に寄贈（9月）
1965 渋沢栄一伝記資料刊行会、『渋沢栄一伝記資料』全58巻の刊行を終了し、刊行会解散（2月） 記念財団竜門社は別巻10巻の編集を開始
1971 『渋沢栄一伝記資料』別巻10巻の刊行終了（5月）
1982 記念財団竜門社付属渋沢史料館を開館（11月）
1998 渋沢史料館をリニューアルオープン（3月）
2002 記念財団竜門社に研究部を設立（4月）
2003 同 実業史研究情報センターを設立（11月）
 （財）渋沢青淵記念財団竜門社、（財）渋沢栄一記念財団と名称変更（11月）

略系図

渋沢敬三周辺の親族（抜粋）

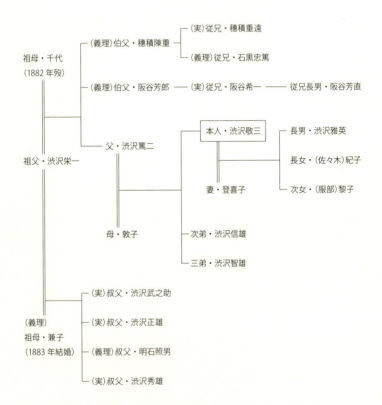

基本的に本書記事関係者並びに敬三の兄弟・子女を掲出。「続柄」は渋沢敬三を起点とする。
(出所)「柏葉年譜」『柏葉拾遺』柏窓会、1956年。『渋沢栄一を知る事典』東京堂出版、2012年。
『渋沢栄一伝記資料』第29巻、渋沢栄一伝記資料刊行会、1960年。

引用・参考文献一覧

1. 竜門社および渋沢栄一記念財団による発行物

『竜門雑誌』
第325号（1915年6月）～第670号（1947年1月）。

『青淵』
第385号（1981年4月）～第752号（2011年11月）。

『渋沢栄一伝記資料』
第1巻、第3巻、第29巻、第37巻、第40巻、第46巻、第52巻、第57巻、別巻第5。

渋沢栄一記念財団渋沢史料館　図録
『日本実業史博物館をつくりたい!!：渋沢敬三の構想と残された蒐集品』2001年。
『竜門社の歩み：青淵先生、想い続けて120年』2006年。
『渋沢栄一とアルベール・カーン：日仏実業家交流の軌跡』2010年。
『渋沢栄一と関東大震災：復興へのまなざし』2010年。
『渋沢敬三没後50年企画展祭魚洞祭』2013年。

竜門社編『青淵先生六十年史：一名近世実業発達史』全2巻、1900年。
長沢玄光『渋沢青淵記念財団竜門社百年史』（『青淵』第447号所載）、1986年。
山田仁美「『渋沢栄一伝記資料』編纂に関する記録調査――『竜門雑誌』掲載記事を中心として――」『渋沢研究』第20号、2008年。
渋沢栄一記念財団編『渋沢栄一とアルベール・カーン：日仏実業家の交流と社会貢献：シンポジウム報告書』2011年。
木村昌人「"民"の力を結集して震災復興を――渋沢栄一に学ぶ――」渋沢栄一記念財団ウェブサイト、2011年 http://www.shibusawa.or.jp/eiichi/earthquake/earthquake01.html（2014年6月6日閲覧、初出は公益法人協会「公法協メール通信」2011年4月11日送信号）。
「渋沢栄一詳細年譜」渋沢栄一記念財団実業史研究情報センター・ウェブサイト http://www.shibusawa.or.jp/eiichi/kobunchrono.html（2014年10月18日閲覧）。

2. 渋沢敬三の著作、伝記等
網野善彦他編『渋沢敬三著作集』第1巻、平凡社、1992年。
「『豆州内浦漁民史料』序」、「本邦工業史に關する一考察」、「アチックの成長」
同上、第3巻、平凡社、1992年。
「日銀収蔵貨幣標本のいきさつ」、「谷口恒二氏を偲ぶ」

「渋沢敬三氏金融史談」日本銀行調査局編『日本金融史資料』昭和編、第35巻、大蔵省印刷局、1974年。
「あとがき」『瞬間の累積——渋沢篤二明治後期撮影写真集——』慶友社、1963年。
「金融界の回顧」『第1回都市銀行研修会講義集』東京銀行協会、1961年。
「祖父の後ろ姿」『竜門雑誌』第530号（1932.11）。

渋沢敬三先生景仰録編集委員会編著『渋沢敬三先生景仰録』東洋大学、1965年。
渋沢敬三伝記編纂刊行会『渋沢敬三』上・下巻、1979年。

渋沢雅英『父・渋沢敬三』実業之日本社、1966年。
中山正則編『柏葉拾遺』柏窓会、1956年（「柏葉年譜」、「旅譜」）。

3. その他（著者名五十音順）
青木睦編『文化資源の高度活用「日本実業史博物館」資料の高度活用：2007年度中間報告』資料編、国文学研究資料館、2008年。
明石照男「渋沢栄一と幸田露伴」『經濟往来』1953年5月号、経済往来社。
アソウ・ノリコ「私的な公共——幻の澁澤青淵翁記念実業博物館」『歴史と民俗』（神奈川大学日本常民文化研究所論集）第23号（2007年2月号）、平凡社。
安倍能成『岩波茂雄傳』岩波書店、1957年。
五十嵐卓「渋沢敬三と日本実業史博物館——草稿『ひとつの提案』にみる博物館への眼差し」『民具マンスリー』第35巻第7号、神奈川大学日本常民文化研究所、2002年。
井上潤、小出いずみ「めざせ文化資源館！——渋沢栄一記念財団附属渋沢史料館、実業史研究情報センターの新展開——」『経営史学』第41巻3号（2006年12月号）、57-65頁。
今井典子「解題」三井文庫編『三井事業史』資料篇2、三井文庫、1977年。
岩崎宏之（分担執筆）『三井事業史』本篇第2巻、三井文庫、1980年。

岩波書店編集部編『岩波茂雄への手紙』岩波書店、2003年。
大阪市立中央図書館「大阪編年史料」2013年http://www.oml.city.osaka.lg.jp/?page_id=1222（2014年6月6日閲覧）。
大谷明史「三井組の西欧会社制度導入計画（下）」『金融経済研究所論集』第2集、金融経済研究所、2001年。
粕谷誠・武田晴人「両大戦間の同族持株会社」『経済学論集』第56巻第1号、東京大学経済学会、1990年。
神奈川大学日本常民文化研究所編『歴史と民俗：神奈川大学日本常民文化研究所論集』第30号、平凡社、2014年。
刈田均「日本実業史博物館」横浜市歴史博物館・神奈川大学日本常民文化研究所編『屋根裏の博物館――実業家渋沢敬三が育てた民の学問――』横浜市歴史博物館・横浜市ふるさと歴史財団、2002年。
小出いずみ「実業人アーカイブズを構成する資料：『渋沢栄一伝記資料』の分析から」『RIM Journal』第23号、ARMA東京支部、2013年。「文化資源を作り出す――（財）渋沢栄一記念財団実業史研究情報センターの活動――」『びぶろす』2007年10月号（電子化38号）、国立国会図書館（http://ndl.go.jp/jp/publication/biblos/backnumber/2007/10/02.html（2014年7月4日閲覧））。
国際電信電話株式会社『国際電信電話株式会社二十五年史』1979年。
国史大辞典編集委員会編『國史大辭典』7、吉川弘文館、1986年。
国文学研究資料館電子資料館http://www.nijl.ac.jp/pages/database/（2014年10月18日閲覧）
国立史料館「日本実業史博物館旧蔵資料（一）解題」『史料館所蔵史料目録』第11集、1965年。
故阪谷子爵記念事業会『阪谷芳郎伝』1951年。
小林勇『蝸牛庵訪問記』岩波書店、1956年。
小林輝次「書簡集解説」『河上肇著作集』第11巻、筑摩書房、1965年。
西藤要子「日本銀行金融研究所貨幣博物館――銭幣館コレクション」『古文書研究』第66号（2008.8）、日本古文書学会。
阪谷綾子編『偶儻不羈の人　追悼・阪谷芳直』阪谷直人、2003年。
佐藤健二「渋沢敬三とアチック・ミューゼアム」川添登・山岡義典編『日本の企業家と社会文化事業』東洋経済新報社、1987年。「渋沢敬三における『もうひとつの民間学』」『歴史と民俗：神奈川大学日本常民文化研究所論集』第30号、平凡社、2014年。
島田昌和『渋沢栄一の企業者活動の研究――戦前期企業システムの創出と出資

者経営者の役割——』日本経済評論社、2007年。

白梅学園『地域と教育——小平から教育を考える』創刊号（2000年11月号）、第3号（2001年1月号）、第13号（2007年2月）

白梅学園短期大学五十周年記念誌編集委員会編『白梅学園短期大学 創立五十周年記念誌』白梅学園短期大学、2009年。

白木屋『白木屋三百年史』1957年。

第一銀行八十年史編纂室『第一銀行史』下巻、1958年。

武田晴人「銀行家　渋沢敬三の横顔」『歴史と民俗：神奈川大学日本常民文化研究所論集』第30号、平凡社、2014年。

土屋喬雄「私の履歴書」『私の履歴書』文化人17、日本経済新聞社、1984年（新聞連載は1967年4月）。

坪谷善四郎『大橋図書館四十年史』（復刻版）博文館新社、2006年（初版は博文館、1942年）。

東洋経済研究所編『索引政治経済大年表』索引篇・年表篇、東洋経済新報社、1943年。

東洋経済新報社百年史刊行委員会編『東洋経済新報社百年史』東洋経済新報社、1996年。

日外アソシエーツ『20世紀日本人名事典（あ〜せ）』2004年。

平井雄一郎「渋沢栄一の『事実／真実』から『存在の謎』へ」『記憶と記録のなかの渋沢栄一』法政大学出版局、2014年。

万代順四郎「帝国銀行成立について」佐々木邦編『在りし日——人としての万代順四郎』万代トミ（私家版）、1964年。

三井銀行『三井銀行八十年史』1957年。

三井文庫『三井文庫——沿革と利用の手引き——』（改訂版）1996年。

宮本常一『渋沢敬三』未来社、2008年。

民族学振興会『財団法人民族学振興会五十年の歩み——日本民族学集団略史——』1984年。

安岡重明『財閥経営の歴史的研究——所有と経営の国際比較——』岩波書店、1998年。『財閥形成史の研究』増補版、ミネルヴァ書房、1998年。

山口和雄「敬三の経済活動——日本銀行転出後——」『渋沢敬三』下巻、渋沢敬三伝記編纂刊行会、1981年。「『豆州内浦漁民史料』解題」、渋沢敬三伝記編纂刊行会『渋沢敬三』上巻、1979年。

山口和雄先生古稀記念誌刊行会編『黒船から塩の道まで』日本経営史研究所、1978年。

山田哲好「日本実業史博物館準備室旧蔵資料」近藤雅樹編『図説・大正昭和くらしの博物誌――民族学の父・渋沢敬三とアチック・ミューゼアム――』河出書房新社、2001年。

由井常彦『西野恵之助伝』日本経営史研究所、1996年。「渋沢敬三の学問、思想と人格形成――前半生の研究」『歴史と民俗：神奈川大学日本常民文化研究所論集』第30号、平凡社、2014年。

あとがき

　2013年10月は澁澤敬三没後50年に当る処から、渋沢栄一記念財団（以下「渋沢財団」と記す）の呼び掛けで2009年に「渋沢敬三記念事業実行委員会（以下「実行委員会」と記す）」が組成され、民俗学、民族学、経済・財政・金融史、社会学等の研究機関代表や研究者が参加した（第4章　注63参照）。参加機関や研究者は、MRA財団の助成を得て、渋沢敬三の多面的な事蹟を繞るシンポジウムや展覧会、出版等多彩な記念事業を実施した（同　注62参照）。本書もこの記念事業の一つとして、澁澤敬三と龍門社の事業活動との関係に就き調査し取纏めたものである。

　本書が刊行物となり得たのは多くの方々の御尽力の御蔭である。実行委員会発足以来、渋沢雅英渋沢財団理事長や由井常彦先生（実行委員会委員長）初め委員会の諸先生には本調査を温く支えて戴いた。

　筆者に対し実行委員会への参加と併せて本書テーマの調査を提案されたのは、渋沢財団井上潤渋沢史料館（以下「史料館」と記す）館長と小出いずみ実業史研究情報センター（以下「情報センター」と記す）センター長とであった。殊に小出センター長には、編集・制作の全過程に於て入念な御差配を戴いた。この「あとがき」は筆者固有の表記に拠っているが、実は本文の初稿も全文この形を以て書上げた処、実行委員会の出版物とするには表記を今日の学界の基準に合せて修正すべき事となった。但し筆者自身は猶初稿の細部補正や補充調査を急いで居た時期であった為、小出センター長の配慮にて実行

委員会事務局の長岡智子氏に、舊漢字の当用漢字への変更、漢字表記(「猶」「事」「固より」等)の仮名表記への修正、ルビ添付(筆者自身は本稿の用語にルビが必要とは全く気付かなかった)等の外、注記形式の整備等の煩雑な処理をお引受願ったのであった。加えて、民族学研究の視点から澁澤敬三を追究している小林光一郎氏に全章に互って精読願い、貴重な指摘を受ける事が出来た事や、更には拙稿を勉誠出版・岡田林太郎社長に御紹介戴いた事も同センター長の御配慮に依る。

又、他の記念事業同様本書に関しても豫算面では毛原清MRA財団専務理事の御配慮を忝くした。

井上、小出両氏より筆者に上記の声掛けを戴いた事には前段があって、それは2005年から2006年にかけて国文学研究資料館(以下「国文研」と記す)の「日本實業史博物館(以下「實博」と記す)設立準備室に関わる原記録の総合的研究」に参加した事である。この時のお誘いは、実質的に研究チームを主導して居られた青木睦国文研准教授に依るものであった。2006年3月に實博準備過程に関する研究報告会が当時戸越にあった国文研で開催され、筆者も短時間ながら一齣を割当てられて、「實博準備が龍門社の経理上どのように処理されていたか」に就いて報告した(報告内容は青木准教授が中心になり編纂された報告書＜第2章・注25参照＞中に収載された)。井上館長と小出センター長はこの国文研研究会に出席して居られたので(既に旧知の間柄ではあったが)一層御縁が深まる機縁になった。小出センター長からは、その後昭和10年代の『龍門雑誌』に連載されていた「青淵先生傳記資料(以下「傳記資料」と記す)編纂室より」「傳記資料編纂室たより」「傳記資料編纂所通信」全回分のコピーを頂戴したので、筆者としては實博準備と並び「傳記資料編纂」に就い

てもその進行過程と龍門社執行部の対応状況への関心を搔立てられ、又その調査を進めるべく或る種の負債感を抱く事にもなった。そうした経緯の上での「実行委員会」参加への御誘いであった。『龍門雑誌』「彙報」その他関連記事の閲覧複写には専ら国立国会図書館のマイクロフィッシュを利用したが、史料館で御世話になった事もあった。写真等図版掲載に就いても史料館や国文研の御協力を戴いた。最後には勉誠出版・岡田社長に諸事御手数をかける事になった。更に、世間には澁澤敬三先生への関心深き方少なからず、何人かの方より様々な情報や所見を戴いた。今本書の成るに際し、関係の方々の御厚誼に対し、深く御礼申し上げる次第である。

　澁澤敬三先生と龍門社との関係の調査に際しては、龍門社自体は固より青淵翁記念會や澁澤同族株式會社の内部資料に依り確認したい事項が多々存するが、それらの昭和期の記録は現時点では開示不可の事情にあり、本調査は総て公開されている資料のみに拠って行った。従って、例えば1939年10月の實博建築計画留保（事実上の中止）事情も推測に止める外なく、更に敬三先生と同族會社との資金的関係の問題に就いては全く触れ得なかった。（其処には、個人、子爵家、同族會社の三重構造があったと想像されるが、総て単純に『龍門雑誌』記事中の表示に従って記述した。）尤も本書は「敬三先生と龍門社」のテーマに関する素朴な一歩に過ぎないので、何れ将来には然るべき専門家に依ってこれらの疑問点も解明される事と楽観視している。刊行されている文献だけでも敬三先生の事蹟に関する資料は博大であり、それを思えば、老齢低能率なる筆者には公開資料の範囲内に限定された事が寧ろ幸いであったと言えよう。固より筆者はそれら諸文献の一部を瞥見したに過ぎず、より有用な資料を見落としてい

る可能性を否定出来ない。御指摘、御教示を得られれば有難く拝聴したい。

本書の構成に就いては、当初は傳記資料編纂と實博準備とを分けて記述する心算であった。然し、資料を読込んで行く内に両者の進行上の相互関連性が感得され、敬三先生の意識に迫るには両者を成可く共時的に把える方が適切であろうと考えるに至り、両者並行記述方式に切換えた。筆者に少しでも民族学分野に関する基礎的素養があれば、各時期の事蹟の記述内容をもう少し立体的に組立て得た事であろうが、浅学の身には如何ともし難かった。猶瑣末な事項であるが、執筆の順序は、主題叙述の中心を成す第2章から第4章部分を先に作成し、次いで第1章を記述して第5章に至った。第1章の記述事項を何処から発するかに就いて多少勘考する処があったが、余り遡って詳述すると全体のバランスを失するので「明治42年（1909年）に於ける榮一の実業界引退と龍門社の改革」を始点とした。

記述内容の終点に就いては、当初本書の主題に即して、敬三先生が傳記資料編纂と實博準備活動への関与を凍結した1944年度迄に止め、その後の事業の経緯の説明は注記か「あとがき」での簡記に止める予定であった。然し、第4章を執筆中に、事業自体が未解決の状態で叙述を終了しては読み手の方に不満足の感を催すであろうとの思いに取付かれ、傳記資料刊行を含む戦後の展開をも同章の本文中に略記する事に変更した。これは論文執筆の態度と言うよりも、史的叙述を優先した姿勢であったと省みる処である。但し、戦後の展開に関する部分は本書中の付随的記述であるので、結論に当る第5章では考察対象に入れていない。

本調査が成り立った所以は「編纂所通信」や「準備室日記」等、

現場の記録が保存せられていた事にある。前者に就いては、小出センター長もその論考中に指摘しているように、『龍門雑誌』編集上、榮一や龍門社の記録保存媒体としての意識が存した事の顕れであろう。会員に運営上の議事内容（予算、決算もこれに含まれる）や個々の寄附金受納等を伝えていた「彙報」記事も、当時の龍門社事情を知る為には不可欠の情報源である。又「一つの提案」草稿群や、「購入品原簿」類そして「準備室日記」が、實博コレクションと共に文部省史料館（現国文研）に寄贈されて今日に伝えられた事は、敬三先生の明確な意思に基づくものと解される。このような原記録保存意識の存在は、近代の我が国の諸機関では貴重な事例であると考えられる。こうした事象は、敬三先生が組織内で職務を遂行していた時期にも、意識上は（日本的組織人ではなく）自由人であった事に起因しているとも考えられよう。これらの実博関係原記録類は、前述の国文研・研究チームに依り（抜粋ではなく）全文が復刻されて（筆者が恩恵に与った事は固より）公共的史料として後世に伝えられる事になった。

尤も「編纂所通信」や「準備室日記」の記載内容は断片的たらざるを得ず、プロセスが判明しないので残念と言う部分もある。傳記資料編纂に関して、例えば明治42年（1909年）で第2編と第3編とを分つ事にした時、「実業・経済」部門と「社会公共事業」部門との順序を入換える案に敬三先生がどう考えたかが気に掛るが、議論の経過は伝えられていない。（私見を申せば、この2部門の配置を第3編で入換えた事は、「傳記資料編纂」の理念よりも「傳記編纂」の理念を優先したように解される。）又實博準備に関しては、例えば舊阪谷邸への移転後、具体的な展示方法に就いての敬三先生の考えを知りたい処であるが、「準備室日記」の記事中にそれを窺う事は出来ない。筆者に

はこれら情報の欠落部分を推理に依り補うだけの学識が当然備わっていないので、本書の記述内容は未成熟であると評されても致方ない。然し、先に述べたように、こうした疑問点も何れ専門家に依って解明せられる日が來るものと楽観視している。(その頃には筆者は在世していなくとも、それはどうでも良い事である。)斯くの如く内容上の不十分に加え、これは論文か史的著述かジャンルも曖昧だとの御批判を受ける事も予想している。唯筆者とすれば、世間のジャンル分類如何に拘らず、上記資料群を目にしてそれらを「敬三先生と龍門社」のテーマの下に構成し表現したいとの衝動が生じ、唯これに従った結果であると言う外ない。

　澁澤榮一に対する敬三先生の意識を忖度すると、(渋沢雅英理事長旧著『父・渋沢敬三』中にも示唆されているが)　徳川慶喜に対する榮一の意識との相似が窺われる。固より慶喜は栄誉を失っていた存在であり、榮一は栄誉に溢れていた存在であったが、それぞれの実像を明らかにしたいとの真摯な思いは二つの事例に共通であった。浅学にして「昔夢會筆記」と「(第3次)雨夜譚會談話筆記」との構造的対比を採上げた論考を未だ見ていないが、識者の御教示を得たい。

　本年8月に平井雄一郎・高田知和編『記憶と記録のなかの渋沢栄一』(法政大学出版局)が発兌されたが、既に本書の当初稿全章を書上げ細部を補修している段階であったので、ごく一部に本文修正の材料の教示を得る事が出来たものの、執筆上全面的に活用させて戴く事は叶わなかった。(本書を御高覧下さる方に申す必要もないであろうが)同書には『渋沢栄一伝記資料』の意味を改めて考える上で重要な論考が収載されている。

　本書の文中に登場せらるる方々の敬称は総て省略させて戴いた。本調査に依り敬三先生と言う巨象の極く小部分を撫でさせて戴いた

が、先生と龍門社との関係に就いての研究が更に展開されて行く上で、本書が地下の礎石の一片たり得れば身に余る光栄である。

(2014年12月)

索引

事項索引

【あ】

曖依村荘　20, 27-29, 47-54, 59, 64, 81-83, 85-88, 98-102, 114, 116, 118, 125, 144, 146, 147, 151-153, 157, 158, 181, 189, 200, 201, 208, 219, 227, 239, 240, 243, 247

飛鳥山邸　12, 18, 20, 22-27, 57, 60

アチック　7, 14, 21, 28, 58, 60, 61, 69, 71, 93, 103, 106, 107, 159, 160, 178, 211, 228, 231-233, 241, 248, 256, 257, 259

アチックミューゼアム　14, 21, 58, 60, 93, 106, 107, 160, 178, 221, 228, 231, 233, 248, 257, 259

遺書　12, 20, 168, 239

伊勢辰　103, 152, 187

岩波書店　30, 57, 61, 69, 94, 164, 165, 168, 170, 172, 175, 192, 194, 197, 210, 211, 256-258

うさぎや　89, 90, 103, 109, 119, 121, 122, 150, 159

雨夜譚会　14-17, 26, 28, 31, 32, 35, 58, 68, 71, 77, 193, 194, 233, 266

【か】

刊行会　60, 64, 65, 106, 107, 110, 175, 211-215, 227, 254, 256, 258

旧阪谷邸（舊阪谷邸）　4, 142, 147, 149, 157, 161-164, 172, 181, 183, 190, 198, 200, 201, 203, 204, 209, 215, 225, 232, 234, 240, 243, 245

漁業史研究室　27, 56, 68, 71, 93, 97, 150, 232, 233

研究部　221, 221

甲州文庫　90, 122

国文学研究資料館　60, 62, 104, 108, 161, 190, 202, 209, 221-223, 229, 236, 243, 252, 256, 257, 262

【さ】

祭魚洞文庫　56, 68, 93, 97, 142, 237

阪谷邸　4, 142-147, 149, 151-154, 156-164, 169, 172, 181, 183, 190, 198, 200, 201, 203, 204, 209, 215, 225, 234, 240, 243, 245, 265

実業史研究情報センター　60, 221-223, 228, 229, 245, 255-257

実博　109, 174, 224, 238, 265

渋沢栄一記念財団　3, 7, 11, 47, 51, 57, 58, 60, 62, 63, 82, 83, 221-223, 228, 229, 231, 239, 245, 248, 255-257

渋沢栄一伝記資料（澁澤榮一傳記資料）　1, 3, 7, 8, 33, 47, 57, 59-62, 64, 93, 106, 109, 110, 132, 135, 175, 176, 178, 179, 198, 210-212, 217, 222, 224, 225, 227, 229, 231-233, 238, 244-246, 254, 255, 257, 266

渋沢栄一伝記資料刊行会　64, 211, 212, 227

渋沢（澁澤）事務所　2, 12, 14, 15, 17, 18, 26, 28, 35, 37, 39, 44, 59, 71, 114, 121, 142, 156, 157, 159, 161, 172, 174, 184, 233, 236, 241-243,

渋沢史料館　17-20, 25, 57, 58, 60, 62, 70, 72, 102, 107, 108, 110, 116, 134, 143, 144, 149, 177, 193, 218, 219-223, 228, 229, 246, 248, 255, 256, 261

渋沢青淵翁記念会（澁澤青淵翁記念會）　18, 21, 29, 48, 49, 86, 102, 208, 239

渋沢同族株式会社（澁澤同族株式會社）　12, 58, 120, 142, 144, 145, 149, 156, 177, 208, 209, 245

清水組　14, 21, 90, 99, 156-158, 182

社会教育協会（社會教育協會）　203, 207, 209, 226

白木屋　157, 158, 160-162, 181, 182, 224, 258

青淵文庫　13, 14, 45, 146, 147, 201, 218-220

銭幣館（錢幣館）　113, 131, 173, 183, 199, 226, 227, 257

【た】

（第3次）雨夜譚会（雨夜譚會）　14, 26, 266

大日本人造肥料　43

庭園管理　8, 28, 163, 240

帝国劇場　17, 18, 59

帝國ホテル　17, 60, 68, 74, 195

伝記資料編纂室　34, 61, 62, 262

伝記資料編纂所　59, 70, 72, 77, 78, 88, 89, 93, 94, 106, 113-116, 121, 128, 130, 134, 135, 142, 149, 158, 161, 169, 192, 211, 241, 262

東京会館　17

東京海上火災保険　43

東京瓦斯　42, 43, 114

東京株式取引所　43

東洋経済新報社（東洋經濟新報社）　105, 107, 114, 116, 118, 173, 174, 182, 224, 237, 257, 258

【な】

日本銀行　1, 3, 49, 57, 113, 147-149, 160, 175, 177, 182, 183, 186, 197, 199, 225, 226, 256-258

日本工業倶楽部　44, 49, 98, 208

日本実業史博物館（日本實業史博物館）　1, 3-5, 7, 8, 13, 62, 81, 101, 102, 104, 107-111, 115, 117, 118, 142, 143, 151, 164, 174, 181, 198, 199, 210, 219-221, 223-225, 228, 229, 231, 232, 234, 238, 252, 255-257, 259

日本常民文化研究所　2, 107, 160, 167, 221, 223, 226, 229, 233, 256-259

【は】

博物館準備室　4, 5, 59, 88-90, 92, 103-105, 107, 113, 114, 116-118, 120, 121, 130, 142, 149, 150, 158, 161, 162, 168, 169, 181, 190, 202, 207, 222, 228, 241-243, 259

博物館分館　157, 170, 172, 181, 191, 200, 201, 215

原町分館　190, 191, 197, 232, 234, 243

一つの提案　85, 86, 88, 89, 98-100, 104, 108, 109, 122, 123, 144, 166, 188, 189, 192, 218, 220-223, 225, 236, 242, 243, 265

編纂室たより　34, 36, 38, 40-45, 61-65, 67, 68, 105, 175, 262
編纂室より　34, 35, 37, 38, 62, 262
編纂所通信　59, 77, 78, 80, 91, 95, 96, 106, 107, 109, 110, 127, 128, 133, 135, 137, 164, 167-170, 173-178, 193, 225, 262, 264, 265

【ま】

三田綱町渋沢邸　150
三井銀行　59, 155, 158, 169, 170, 177, 258
三井文庫　44, 64, 118, 131, 132, 174, 175, 227, 229, 256, 258
文部省史料館　209-211, 215, 219, 221, 227, 237, 265

【や】

横浜正金銀行（横濱正金銀行）　13, 14, 149, 248

【ら】

理化学研究所　43
竜門社分館　240
錬成所　203-206

人名索引

【あ】

明石照男　12, 14, 18-20, 23, 24, 28, 30, 36, 37, 42, 50, 58, 61, 64, 69, 74, 75, 82, 87, 96, 106, 115, 126, 127, 130, 133, 137, 140, 156, 161, 171, 177, 189, 191-193, 195, 197, 200, 203, 204, 208, 211, 213, 225, 241, 254, 256
朝倉文夫　29, 49
浅野総一郎　14
石井健吾　11, 14, 19, 22-24, 28, 29, 37, 49, 50, 148, 155, 247
石橋湛山　114, 117
岩波茂雄　30, 61, 94, 137, 165, 256, 257
植村甲午郎　210, 211, 213, 216
植村澄三郎　11, 14, 23, 28, 37, 49, 75, 96, 126, 247
宇野脩平　56, 65, 93, 131, 137, 178
遠藤武　90, 103, 104, 107-109, 111, 142, 150, 174, 210, 220, 224
大川平三郎　14, 37, 42
大隈重信　39, 206
太田慶一　70-72, 92-94, 106, 109, 110, 136, 241
大橋新太郎　29, 37, 49, 61, 82, 108, 126, 133
小畑久五郎　17, 49, 91

【か】

楫西光速　56, 93, 97, 136, 150, 185
兼子　18, 48, 57, 254
賀屋興宣　147, 149
功刀亀内　90
郷誠之助　17, 23, 24, 29, 48, 49, 77, 82, 102
幸田成友　22, 31-37, 39, 40-42, 46, 47, 54, 55, 63, 64, 67, 69-71, 76, 193, 235, 236, 227, 235
幸田露伴　29, 49, 61-64, 100, 101, 193, 256
幸田文　30

後藤謙三　191, 200
小林勇　30, 61, 257
小林輝次　13, 103, 111, 150, 169, 181, 190, 227, 257
小松謙助　108, 109, 111, 203-207, 209, 224, 226

【さ】

酒井杏之助　212, 216
阪谷希一　2, 144, 145, 154, 156, 157
阪谷芳直　111, 142, 143, 176, 201, 254, 257
阪谷芳郎　11-14, 18, 21, 22, 28, 37, 49, 59, 73-75, 82, 87, 96, 126, 142, 145, 152, 173, 176, 203, 225, 226, 254, 256, 257
桜田（櫻田）勝徳　106, 178, 226
佐々木修二郎　23, 25, 28, 50, 82, 99, 127, 137, 149, 161, 195, 208, 226
佐々木勇之助　11, 12, 14, 19, 21-25, 28, 29, 31, 37, 49-51, 61, 75-77, 140, 148, 155, 167, 244, 247
佐治祐吉　17, 28, 30-32, 34, 36, 38, 41, 42, 44, 45, 54, 55, 59, 64, 67, 71-73, 81, 89, 91, 92, 94, 95, 97, 106, 107, 109, 110, 225, 241
幣原喜重郎　205
渋沢篤二　11, 12, 14, 18, 21, 23, 57, 58, 254, 256
渋沢秀雄　18, 26, 36, 37, 50, 62, 75, 82, 87, 137, 140, 216, 254
渋沢正雄　14, 18, 36, 37, 50, 178, 254
渋沢雅英　1, 4, 49, 59, 216, 217, 220, 226, 248, 254, 256, 261, 266
清水釘吉　11, 14, 19, 26, 50, 82, 87, 90, 96, 99, 103, 140, 146, 225, 247

清水康雄　140, 146, 212, 225
白石喜太郎　12, 15, 16, 19, 26, 37, 50, 59, 75, 82, 87, 96, 99, 115, 133, 137, 140, 145, 151, 156-160, 169, 181, 184, 185, 187, 191, 195, 200
杉本行雄　12, 105, 121, 122, 142, 150, 151, 159, 174, 176, 201, 206, 226
清沢洌　117
膳桂之介　29, 49, 99, 100, 101, 208

【た】

高橋毅一　12, 114, 119, 150, 152, 155, 158-160, 165, 172, 181, 182, 195, 200, 224
高橋善十郎　72, 95, 127, 130, 168, 170
竹森一則　114, 117, 182, 237
田中啓文　113, 131, 199
土屋喬雄　13, 47, 56, 58, 65, 68, 69, 71, 72, 74, 78, 88, 94, 105, 107, 108, 110, 113, 117, 131, 137, 146, 178, 194, 216, 217, 227, 240, 258
寺田寅彦　30, 42
徳川慶光　123, 137, 140, 146, 247

【な】

中山正則　13, 14, 58, 199, 226, 256
成瀬隆蔵　14
西野恵之助（恵之助）　29, 37, 49, 59, 75, 82, 85, 87, 99, 100, 101, 133, 140, 146, 181, 224, 259

【は】

服部金太郎　14, 49
塙保己一　47
樋畑雪湖　88, 90, 173
樋畑武夫　88, 89, 92, 103, 109, 152, 159

平沼騏一郎　100, 101
藤木喜久馬（喜久麿）　28, 56, 61, 64, 71, 72, 89, 97, 104, 105, 110, 114, 116-118, 121, 122, 131, 135, 142, 150, 156, 158, 159, 161, 169, 172, 176, 204
古河虎之助　14, 37
穂積（穗積）重遠　14, 18, 26, 37, 50, 52, 203, 209, 226, 254
穂積（穗積）陳重　11, 12, 15, 254
堀越善重郎　11, 26, 28, 49, 247

【ま】

万代順四郎　155, 177, 258
三上参次　47, 64
宮武外骨　45
宮本馨太郎　103
宮本常一　107, 159, 160, 258
諸井貫一　13, 210, 213
諸井恒平　11, 14, 247

【や】

山口栄蔵（榮藏）　45, 64, 131, 227
山口和雄　56, 60, 65, 92, 95, 97, 110, 136, 175-177, 185, 225, 258
山崎覚次郎（覺次郎）　13, 42
結城豊太郎（豐太郎）　61, 149, 155, 177, 199

【わ】

渡辺（渡邊）得男　12, 14, 19, 23, 26, 28, 37, 49, 50, 75, 82, 87, 99, 137, 177, 191, 208

【著者プロフィール】

大谷明史（おおたに・あきのぶ）

1934年生まれ。早稲田大学第一商学部卒。三井銀行（後にさくら銀行）勤務。行史、史料集等の編纂に関与。多年、企業史料協議会理事を務める。論考に「三井組の西欧会社制度導入計画」「企業アーカイブズ試論」など。

渋沢敬三と竜門社
――「伝記資料編纂所」と「博物館準備室」の日々

2015年3月31日　初版発行

著　者　大谷明史
発行者　池嶋洋次
発行所　勉誠出版　株式会社

〒101-0051　東京都千代田区神田神保町 3-10-2
TEL：(03)5215-9021(代)　FAX：(03)5215-9025

〈出版詳細情報〉http://bensei.jp/

印刷・製本　シナノ
装丁　黒田陽子（志岐デザイン事務所）
組版　トム・プライズ

ⒸOTANI Akinobu 2015, Printed in Japan
ISBN 978-4-585-22112-8 C0021

乱丁・落丁本はお取り替えいたします。定価はカバーに表示してあります。